STUDIENKURS SOZIALE ARBEIT

Lehrbuchreihe für Studierende der Sozialen Arbeit an Hochschulen und Universitäten

Praxisnah und in verständlicher Sprache führen die Bände der Reihe in die zentralen Anwendungsfelder und Bezugswissenschaften der Sozialen Arbeit ein und vermitteln die für angehende Sozialarbeiter:innen und Sozialpädagog:innen grundlegenden Studieninhalte. Die konsequente Problemorientierung und die didaktische Aufbereitung der einzelnen Kapitel erleichtern den Zugriff auf die fachlichen Inhalte. Bestens geeignet zur Prüfungsvorbereitung u.a. durch Zusammenfassungen, Wissens- und Verständnisfragen sowie Schaubilder und thematische Querverweise.

Birgit Dorner

Ästhetische Bildung und Bildende Kunst in der Sozialen Arbeit

Onlineversion
Nomos eLibrary

Die Deutsche Nationalbibliothek verzeichnet diese Publikation in der Deutschen Nationalbibliografie; detaillierte bibliografische Daten sind im Internet über http://dnb.d-nb.de abrufbar.

ISBN 978-3-7560-0230-6 (Print)

ISBN 978-3-7489-3754-8 (ePDF)

1. Auflage 2024

Inhalt

1 Einführung Ästhetische Bildung und Bildende Kunst in der Sozialen Arbeit

Zusammenfassung

In diesem einführenden Kapitel wird kurz die historische Tradition der Ästhetischen Bildung und der Kunstpädagogik in der Sozialen Arbeit dargestellt. An dem für die Soziale Arbeit historisch bedeutenden Projekt des *Hull House* von Jane Addams und Ellen Gates Starr werden die seither geltenden Ziele künstlerischer Angebote in der Sozialen Arbeit skizziert und diese durch neuere Entwicklungen ergänzt. Ästhetische Bildung und Bildende Kunst in der Sozialen Arbeit wollen Wahrnehmungs- und Ausdrucksfähigkeit, Selbstreflexion, Kommunikation, kulturelle und soziale Teilhabe fördern sowie Adressat*innen bei der Lebensbewältigung unterstützen.

Ästhetische Bildung und Kunstpädagogik haben eine lange Tradition in der Sozialen Arbeit, um Menschen zu empowern und sie bei Prozessen der Lebensbewältigung zu unterstützen. Durch Ästhetische Bildung und Kunstpädagogik wird die Wahrnehmungs- und Ausdrucksfähigkeit von Adressat*innen gefördert, kreative und gestalterische Prozesse bereichern soziale Interventionen und bieten innovative Ansätze, um gesellschaftliche Herausforderungen zu bewältigen.

Der Begriff Ästhetische Bildung meint durchaus sehr Verschiedenes: Einerseits umfasst er die Selbstbildung auf der Basis ästhetischer Erfahrungen in der Auseinandersetzung mit der wahrnehmbaren Umwelt, andererseits wird er als Oberbegriff für alle ‚Kunst'-Pädagogiken verwendet, also beispielsweise Musikpädagogik, Theaterpädagogik und Kunstpädagogik.

Ein vergleichbar breites Spektrum an Bedeutungen und Verwendungen wie beim Begriff der Ästhetischen Bildung gibt es auch bezüglich dem der Kunstpädagogik. Zum einen wird darunter der schulische Kunstunterricht und die schulische Kunstdidaktik verstanden, zum anderen umfasst er aber auch alle ästhetisch-bildnerischen Praktiken im außerschulischen Feld, also auch in der Sozialen Arbeit. Kunstpädagogik ist ein Bereich Ästhetischer Bildung, der besonders visuelle Gestaltungen und Vorstellungen, also Bilder, in den Fokus setzt, sei es im Anstoßen und Anleiten gestalterischer, bildnerisch-künstlerischer Prozesse, sei es durch Mittel der Kunstrezeption und Bildbetrachtung. Ihre zentralen Bezugsdisziplinen sind die Bildende Kunst und die Pädagogik. Kunstpädagogik will gerade im außerschulischen Bereich und daher auch in der Sozialen Arbeit Wahrnehmungs-, Erfahrungs-, Handlungs- und damit Entwicklungsmöglichkeiten fördern (vgl. Dorner 2004: 84).

Im Zentrum der Kunstpädagogik steht die Überzeugung, dass künstlerische Prozesse und ästhetische Erfahrungen sowie Kunstbetrachtung wesentliche Beiträge zur persönlichen Entwicklung, zur Kommunikation sowie zur sozialen und kulturellen Teilhabe leisten können. Dieses Buch führt ein in die theoretischen Grundlagen, in praktische Ansätze und aktuelle Forschungserkenntnisse, die die Ästhetische Bildung und die Kunstpädagogik in der Sozialen Arbeit prägen. Ebenso wird dargestellt, wie Kunst als Medium der Kommunikation, Selbstreflexion und Präsentation in verschiedenen Kontexten Sozialer Arbeit eingesetzt wird.

Dieses Lehrbuch richtet sich an Studierende und Praktizierende, die sich für die Schnittstelle zwischen künstlerischer Ausdruckskraft und Praxis Sozialer Arbeit interessieren.

1.1 Kurze Geschichte der Ästhetischen Bildung und der Kunstpädagogik in der Sozialen Arbeit

Ästhetische Bildung und Kunstpädagogik haben eine lange Tradition in außerschulischen Feldern, in Jugendkunstschulen, in Kursen der Volkshochschulen, aber besonders auch in der Sozialen Arbeit. Im Anschluss sollen nun ein historischer Schnappschuss und einige Entwicklungen der langen Tradition von Kunstpädagogik in der Sozialen Arbeit dargestellt werden. Den Beginn macht ein wegweisendes Projekt für die Professionalisierung Sozialer Arbeit in den USA im 19. Jahrhundert, das in keinem Lehrbuch zur Geschichte der Sozialen Arbeit fehlt.

Die bekannten US-amerikanischen Sozialreformerinnen Jane Addams (1860–1920) und Ellen Gates Starr (1859–1940) setzten in ihrem *Settlement Hull House* in hohem Maße auf künstlerische und kunsthandwerkliche Bildungsangebote. Das *Settlement Hull House*, eine Vorläuferform heutiger Gemeinwesenarbeit, wurde 1889 in einem armen Arbeiterviertel von Chicago mit hohem Anteil von Migrant*innen gegründet und richtete sich mit seinen Unterstützungs- und Bildungsangeboten an die Bewohner*innen des Stadtteils. Das *Hull House* war ein Stadtteil- und Begegnungszentrum für tausende von Menschen, das intensiv genutzt wurde. Es bot eine breite Palette von sozialen Unterstützungsangeboten für die arme Stadtbevölkerung wie Kinderbetreuung und medizinische Hilfen, vielfältige allgemeine Bildungsangebote wie eine Abendschule für Erwachsene sowie Leseclubs aber auch kulturelle Angebote wie Konzerte und Angebote der kulturellen wie künstlerischen Bildung (vgl. Packard 1976: 11).

Addams und Gates Starr gingen davon aus, dass alle Menschen ein kreatives Potenzial haben, das durch die Beschäftigung mit Kunst, in aktiven gestalterischen Prozessen genauso wie durch Kunstbetrachtung, Kreativität, angeregt und gefördert wird. Der Gebrauch von Phantasie und Imaginationsfähigkeit bereicherte ihrer Auffassung nach die Einzelnen genauso wie lokale Gemeinschaften, aber auch die Gesellschaft im Ganzen. Im *Settlement Hull House* wurde zudem eine Kunstgalerie integriert, um den Menschen im Stadtteil die Begegnung mit Originalen der Bildenden Kunst zu ermöglichen, wozu diese sonst kaum eine Chance gehabt hätten, und so kulturelle Teilhabe über die Ausstellungen zu schaffen. Mit dem Einsatz von bildnerisch-gestalterischen Methoden und Kunstbetrachtung verfolgten die Gründerinnen des *Hull Houses* Ziele, die auch heute noch als zentral für das Handlungsfeld Bildende Kunst in der Sozialen Arbeit gelten: (Selbst-)Ausdruck, Gruppenerfahrung und Austausch in einem dem Alltag enthobenen, handlungsentlasteten Raum, Förderung der Wahrnehmungsfähigkeit und Imagination, Förderung kultureller Teilhabechancen, sinnvolle Freizeitgestaltung genauso wie kunsthandwerkliches Lernen als Vorbereitung für eine mögliche (kunst-)handwerkliche Berufspraxis (vgl. Packard 1976: 11f.).

Historische Fotos der kunstpädagogischen Aktivitäten im *Hull House* zeigen die breite Palette des Einsatzes künstlerischer Mittel. Auf einem Foto sind Kinder bei freien malerischen Aktivitäten in einer sehr entspannten Atmosphäre zu sehen. Jedes Kind scheint ein eigenes Thema zu bearbeiten und auch die für sich selbst passende Malhaltung, am Boden sitzend, am Maltisch stehend oder sitzend, wählen zu können. Andere Fotos von künstlerischen Aktivitäten im *Hull House* zeigen die Unterweisung sowohl von Kindern und Jugendlichen als auch von Erwachsenen in verschiedene künstlerische und kunsthandwerkliche Techniken wie z. B. dem Anfertigen von Ton- und Gipsskulpturen sowie im Weben.

Die Jahrhundertwende vom 19. zum 20. Jahrhundert, die Zeit, in der auch das *Hull House* entstanden ist, ist eine Zeit vielfältiger Bildungsreformen und Bildungsinitiativen in den USA genauso wie in Deutschland. Es ist auch die Zeit der Gründungen von Ausbildungsinstituten für Soziale Arbeit ebenso wie die Zeit der Reformpädagogik, deren durchaus heterogene pädagogische Ansichten und Diskurse vielfältige Reformbestrebungen im (sozial-)pädagogischen Feld initiiert oder verstärkt haben und deren Einfluss bis in Gegenwart in Bildungswissenschaften und Sozialpädagogik reicht.

In mehreren reformpädagogischen Schulen wurde die soziale Wirkmächtigkeit der Künste genauso wie ihre Bildungswirkung intensiv diskutiert (vgl. Steigerwald 2019: 119ff.). Unter der Reformpädagogik versteht man eine Reihe von internationalen pädagogischen Reformbewegungen zur Zeit der Wende vom 19. zum 20. Jahrhundert, die alle weitreichende Reformen im pädagogischen Bereich anstrebten. Diese Bewegungen entstehen zeitgleich an verschiedenen Orten weltweit mit einigen Gemeinsamkeiten und durchaus auch vielen Unterschieden. Einige dieser Gemeinsamkeiten sind, die ‚Erziehung vom Kinde aus', das kreative, schöpferische Kind, die Entwicklungen alternativer Praktiken der Erziehung für eine neue Gesellschaft und Schulentwicklung (Link 2018). Teil der Bewegungen der Reformpädagogik ist auch die Kunsterziehungsbewegung, die eine breite künstlerische Bildung der Bevölkerung fördert, schöpferische Kräfte von Kindern und generell Freude am eigenen Schaffen weckt, Anleitung zu künstlerischen Prozessen gibt, ästhetische Genussfähigkeit stärken will (vgl. Skladny 2013: 164ff.).

Der Einfluss dieser reformpädagogischen Diskurse spiegelt sich in den ersten Curricula für Soziale Arbeit, in den zu Beginn des 20. Jahrhunderts in Deutschland entstehenden höheren Fachschulen für Sozialpädagogik, wider. Künstlerisch-kulturelle Bildungsangebote im Bereich von Musik, Theater und Bildender Kunst finden sich dort von Anfang an wieder und werden etliche Jahrzehnte später, Anfang der 1970er-Jahre, auch in die ersten Studienprogramme Sozialer Arbeit nach Gründung der Fachhochschulen übernommen (vgl. Fuchs 2018: 833f.).

Nach dem Zweiten Weltkrieg liegt der Fokus der Sozialen Arbeit in Deutschland und anderen vom Krieg betroffenen Ländern auf dem Wiederaufbau und der Demokratisierung der Gesellschaft. Ästhetische Bildung wird nun als Mittel gesehen, um kritische Denkfähigkeit zu fördern, die Auseinandersetzung mit der eigenen

Identität und der nationalen Geschichte zu unterstützen und zur kulturellen Erneuerung beizutragen. Diese Aspekte bleiben auch in der weiteren Geschichte für Ästhetische und künstlerische Bildung in der Sozialen Arbeit wichtig.

Die Curricula der 1970er-Jahre der künstlerischen Fächer im Studium der Sozialen Arbeit sind geprägt von den sich seit dem Ende der 1960er-Jahre entwickelnden verschiedenen gesellschaftlichen Reformbewegungen wie die Studenten- und Frauenbewegung, in deren Rahmen kulturpolitische Diskussionen an Bedeutung gewonnen haben. Kulturpolitik wird zunehmend als integraler Bestandteil der Gesellschaftspolitik betrachtet, wobei die Forderung nach kultureller Teilhabe für alle sowie eine Erweiterung des Kultur- und Kunstverständnisses im Vordergrund stehen. Unter dem Leitsatz ‚raus aus den Institutionen' wendet man sich von der traditionellen und auch musealen Hochkultur ab. In dieser Zeit entstehen Soziokulturbewegungen, die zur Entwicklung einer ‚neuen' Kulturpädagogik bzw. Kulturellen Bildung beitragen. Diese neuen Ansätze streben danach, die Trennung zwischen den einzelnen künstlerischen Disziplinen wie Musik, Bildende Kunst, Tanz und Theater zu überwinden und betonen stattdessen das generelle emanzipatorische Potenzial jeglicher ästhetisch-kreativer Disziplinen (vgl. Fuchs 2018: 834). Viele Projekte und Institutionen in der Sozialen Arbeit dieser Zeit setzen auf dieses emanzipatorische Potenzial, sowohl auf individueller als auch auf gesellschaftlicher Ebene, indem sie künstlerisch-ästhetische Arbeitsweisen integrieren (vgl. Dorner 2022: 410f.).

Die 1980er- und 1990er-Jahre waren von einer zunehmenden Pluralisierung der Gesellschaft und der Anerkennung kultureller Vielfalt gekennzeichnet. In der Sozialen Arbeit wurde Ästhetische Bildung zunehmend dazu genutzt, interkulturelle Kompetenzen zu fördern, das Verständnis für unterschiedliche kulturelle Hintergründe zu vertiefen und Diskriminierung entgegenzuwirken. Kunstprojekten und kulturellen Bildungsangeboten fällt nun auch die Aufgabe der Stärkung der Identität von Minderheiten und der Förderung eines interkulturellen Dialogs zu.

1.2 Ästhetische Bildung und Kunstpädagogik in der Sozialen Arbeit heute

Mit dem Eintritt ins 21. Jahrhundert und der fortschreitenden Digitalisierung eröffneten sich neue Möglichkeiten und Herausforderungen für die Ästhetische Bildung in der Sozialen Arbeit. Digitale Medien und Technologien werden zu wichtigen Werkzeugen, um kreative Ausdrucksformen zu fördern und soziale Teilhabe zu ermöglichen. Gleichzeitig rückt das Thema Inklusion stärker in den Fokus, mit dem Ziel, durch Ästhetische Bildung allen Menschen, unabhängig von ihren individuellen Voraussetzungen, Teilhabe an Kunst und Kultur zu ermöglichen.

Heute verfolgt der Einsatz ästhetischer, also auch bildnerisch-künstlerischer Methoden in der Sozialen Arbeit vielfältige Zielsetzungen, die all die zuvor bereits genannten miteinschließt und sich bezogen auf die einzelnen Künste durchaus in Teilen unterscheidet. Die ästhetisch-bildnerische Praxis in der Sozialen Arbeit knüpft immer an den Ressourcen, dem vitalen Handlungspotenzial der Adressat*innen an. Sie regt durch die Initiierung von Gestaltungsprozessen zum Handeln an und geht davon aus, dass ästhetisch-gestalterische Prozesse selbstaktivierendes, selbstrehabilitierendes sowie Ich-stärkendes und gemeinschaftsstärkendes Veränderungspotenzial haben. In der Anleitung zur Bildbetrachtung und in der Gestaltung von eigenen Werken fördert sie Bildkompetenz. Sie kann sowohl präventiv wie rehabilitativ arbeiten (vgl. Dorner 2004: 84).

Allem Einsatz ästhetisch-künstlerischer Methoden in der Sozialen Arbeit ist gemein, dass damit Ziele verfolgt werden sollen, die mit Zielen der Sozialen Arbeit im jeweiligen Handlungsfeld und mit der jeweiligen Zielgruppe verknüpft sind und so in aller Regel nicht rein künstlerische Ziele verfolgt werden sollen. Ästhetische Bildung und Praxis in der Sozialen Arbeit knüpft auch an die theoretischen Grundlagen der Wissenschaft Sozialer Arbeit an und ganz besonders an Konzepte der Lebensweltorientierung, der Lebensbewältigung und des Empowerments.

Beschäftigt man sich mit Ästhetischer und künstlerischer Bildung in der Sozialen Arbeit, trifft man auf eine Vielzahl von Begriffen, die größtenteils synonym oder zumindest sich breit überschneidend gebraucht werden:

> „Ästhetische Praxis, Kulturpädagogik, Gestaltungspädagogik, Angebote und Aktivitäten aus dem Bereich Kunst-Ästhetik-Medien, Verfahren aus den Künsten, Ästhetik und Kommunikation, Ästhetische Erziehung, Ästhetische und Kulturelle Bildung [...] – besonders in der Praxis [wird] auch von Medienpädagogik gesprochen (heute jedoch verstärkt auf digitale Medien bezogen). Auch die Begriffe Soziale Kulturarbeit und Kulturelle Sozialarbeit sind zu finden." (Meis/Mies 2018: 9)

Diese Aufzählung könnte noch um historisch ältere Begriffe wie musische Erziehung und musische Bildung erweitert werden. Zudem haben die jeweiligen Begriffe in den einzelnen Fachdisziplinen wie der Kunstpädagogik und -didaktik, der Sozialpädagogik oder in der Sozialen Arbeit partiell unterschiedliche Verwendungsweisen. Es würde den Umfang dieses Buches völlig sprengen, auf die Facetten und Traditionen der jeweiligen Begriffsdefinition und deren Einbettung in wiederum unterschiedliche Fachdiskurse einzugehen. In diesem Lehrbuch werden in den folgenden Kapiteln Ästhetische, ästhetisch-kulturelle und Kulturelle Bildung ebenso wie die Kunstpädagogik definiert. Sollten weitere Begriffe, wie die eben genannten, in Zitaten benutzt werden oder vorkommen, sind sie als Synonyme für die im Abschnitt behandelten Begriffe zu verstehen.

Bevor weitere Grundlagen der Ästhetischen Bildung und der Kunstpädagogik in der Sozialen Arbeit in den Blick genommen und ihr Verhältnis zur Ästhetischen Bildung erläutert werden, soll zunächst in den Begriff der Kultur, der kulturellen Teilhabe und im Anschluss in die Bildende Kunst als zentrale Bezugswissenschaft der Kunstpädagogik eingeführt werden.

Empfohlene Literatur:

Dorner, Birgit (2022): Bildende Kunst, in: Anne van Rießen/Christian Bleck (Hrsg.): Handlungsfelder und Adressierungen der Sozialen Arbeit, Stuttgart: Verlag W. Kohlhammer, S. 410–417.

Fuchs, Max (2018): Kulturelle Bildung, in: Hans-Uwe Otto/Hans Thiersch/Rainer Treptow/Holger Ziegler (Hrsg.): Handbuch Soziale Arbeit: Grundlagen der Sozialarbeit und Sozialpädagogik, München: Ernst Reinhardt Verlag, S. 831–840.

2 Kultur und kulturelle Teilhabe

Zusammenfassung

Da Kunst, Kunstpädagogik und Soziale Arbeit ein Teil von Kultur sind, werden nun die Begriffe Kultur und kulturelle Teilhabe umrissen. Der Begriff ‚Kultur' wird als Pluralitätsbegriff beschrieben, da er zahlreiche Bedeutungsaspekte umfasst, die oft gleichzeitig bei der Verwendung des Begriffs mitschwingen. Kulturelle Teilhabe wiederum ist ein dynamisches Konzept, das als die Möglichkeit verstanden wird, am kulturellen und gesellschaftlichen Leben aktiv teilzunehmen. Sozioökonomische Faktoren, individuelle Ausstattungsmerkmale sowie Bildung beeinflussen die kulturelle Teilhabe maßgeblich. Adressat*innen Sozialer Arbeit erfahren häufig vielfältige Teilhabehürden.

Kunst, Kunstpädagogik und damit auch die Kunstpädagogik in der Sozialen Arbeit werden klar in der Welt der Kultur verortet. Ähnlich wie wir das Adjektiv ‚ästhetisch' im alltäglichen Sprachgebrauch benutzen, ist auch der Begriff ‚Kultur' ein Alltagsbegriff, den wir meist verwenden, ohne dass wir uns in der Regel über seine tatsächliche Bedeutung und seine Bedeutungsvielfalt Gedanken machen.

2.1 Kultur

Aufgrund seiner Bedeutungsvielfalt wird der Kulturbegriff auch als Pluralitätsbegriff bezeichnet. Bei der Verwendung des Begriffs Kultur schwingt meist eine Mehrzahl seiner Bedeutungsaspekte gleichzeitig mit.

Ein historischer Gegensatz zur Kultur ist die Natur, beide Begriffe stehen geistesgeschichtlich im globalen Norden in einer Spannungsbeziehung. Diese spannungsreiche Tradition beginnt in der römischen Antike. Im lateinischen Begriff *cultura* vereinigen sich die *cultura animi* als Gestaltung der inneren Natur, also der Selbstgestaltung, und die *cultura agri*, der Ackerbau, also die Gestaltung der äußeren Natur durch die tätige Auseinandersetzung der Menschen mit ihr. Bildung ist ein zentraler Bestandteil der *cultura animi* (vgl. Fuchs 2008: 12f.).

> „Der Kulturbegriff der Antike bezeichnet das Ineinanderwirken der kulturellen Bearbeitung von äußerer Natur und dem eigenen Leben. In ihm formuliert sich das erwachende Selbstverständnis des europäischen Kulturmenschen, das alle folgenden Kulturbegriffe prägen sollte: Aufgabe der Kultur ist die Gestaltung und Pflege oder anders formuliert: die Disziplinierung und Beherrschung der menschlichen und der äußeren Natur." (Korte/Schäfers 2006: 218)

Seit der Aufklärung im 18. Jahrhundert bis weit in das 20. Jahrhundert fokussiert der Begriff Kultur die Überwindung des Naturzustandes durch Zivilisierung bzw. Zivilisation und ist damit als Fortschrittskonzept für die Entwicklung des modernen Menschen zu sehen. In der Zeit der Aufklärung wird der Kulturbegriff auch zum ersten Mal in einem Lexikon definiert, nämlich durch Johann Georg Walch. In seinem *Philosophischen Lexicon* von 1775 definiert er Kultur folgendermaßen:

> „Cultur, zeigt eine Verbesserung einer Sache an, so durch hülfreiches Zuthun und Bemühen erreicht wird. Man sagt sowohl von leblosen als auch von lebenden Dingen, sie sind cultiviert, wenn sie nämlich in einen vollkommenern Zustand versetzet worden, in welchem sie nicht von Natur aus sich befinden." (Walch 1775: 666)

Die Natur, die Umwelt und auch die Menschen sind also aus der Perspektive dieser Traditionslinie des Kulturbegriffs erst einmal von Natur aus unvollkommen und müssen durch Zivilisierung, Kultivierung in einen wünschenswerteren Zustand versetzt werden. Hier stellt sich natürlich die Frage, wer dann definiert, was so ein wünschenswerterer Zustand konkret meint, wer hier die Definitionsmacht hat. Traditionell ist dieser Kulturbegriff auch mit einem für alle Menschen gültigen Wertekanon verknüpft, aufgestellt von unterschiedlichen einflussreichen Wissenschaftlern (bis ins 20. Jahrhundert ausschließlich männlich und weiß), die Kriterien für diesen verbesserten Zustand aufzeigen. Dieser Kulturbegriff wird auch universalistischer Kulturbegriff genannt, da er eben von der Annahme ausgeht, dass es für die gesamte Menschheit allgemeingültige Normen und Prinzipien gibt. Bestehende Unterschiede zwischen Menschen und kulturellen Stilgemeinschaften werden systematisch ausgeblendet. In der westlichen Welt war diese Perspektive auf den Kulturbegriff lange sehr verbreitet und hat diesem Ansatz auch den Vorwurf des Eurozentrismus aufgrund der Verallgemeinerung westlicher Werte eingebracht (vgl. Nünning 2009).

Im Gegensatz zum universalistischen Kulturbegriff hebt der relativistische Kulturbegriff die simultane Existenz und die Gleichwertigkeit verschiedener Kulturen hervor. Gemäß diesem Verständnis erfolgt die Beurteilung einzelner kultureller Praktiken, wie beispielsweise das Tragen von Kopftüchern, nicht auf Basis eines interkulturellen Vergleichs, sondern ausschließlich innerhalb des jeweiligen kulturellen Kontextes, dem diese Praktiken entstammen. Aus einer solchen Perspektive kann es aber dann keine Anerkennung von universell gültigen kulturellen Werten und Normen, wie etwa den Menschenrechten, geben, die für alle Menschen als gegeben vorausgesetzt werden. Dies offenbart ein beträchtliches Spannungsfeld innerhalb des Kulturdiskurses, insbesondere in Bezug auf das Verhältnis zwischen dem Allgemeinen und dem Besonderen. Es ergibt sich dabei die Frage nach der Ausrichtung des Blickwinkels und des Handelns: Soll der Fokus auf den Differenzen oder den Gemeinsamkeiten der Menschen liegen?

Kultur kann aber auch aus einer Perspektive betrachtet werden, die sich durch einen erweiterten Kulturbegriff im Sinne eines *doing culture* (Hörning/Reuter 2004) auszeichnet. In diesem Verständnis wird Kultur als die Gesamtheit der gelebten Kultur(en) begriffen. „Kultur ist dynamisch; sie ist in action" (ebd.: 9). Das Konzept des *doing culture* geht davon aus, dass Kultur nicht einfach existiert, sondern durch die Praktiken und Handlungen der Menschen kontinuierlich hervorgebracht und modifiziert wird. Kultur ist demnach nicht als ein statisches Set von Werten, Normen oder Symbolen zu verstehen, sondern als ein dynamischer Prozess, in dem Individuen durch ihre Interaktionen und ihr Handeln Kultur ‚tun'. Diese Perspektive erweitert das Verständnis von Kultur über die bloße Betrachtung materieller oder symbolischer Kulturgüter hinaus und fokussiert auf die sozialen Praktiken, durch die Kulturen lebendig werden und sich verändern. Im Alltag manifestiert sich *doing culture* in vielfältigen Formen: In der Art und Weise, wie Menschen miteinander kommunizieren, in ihren Routinen und Ritualen, in ihrer Nutzung und Aneignung von Raum und in der Art, wie sie Objekte und Technologien nutzen. Diese Praktiken sind nicht nur Ausdruck kultureller Identitäten, sondern auch Mittel, durch die diese Identitäten beständig neu hervorgebracht, verhandelt und gestaltet werden. Aus dieser Perspektive erwachsen Kulturen eben nicht aus abstrakten geistigen Konzepten, sondern emergieren aus dem alltäglichen Tun und den Interaktionen der Individuen sowohl untereinander als auch mit Objekten und Lebewesen in ihrem Umfeld. Kulturen bilden somit Räume gemeinsamer Erfahrungen, innerhalb derer sich kulturelle Werte und Normen aus der Praxis und den fortlaufenden Prozessen heraus entwickeln. *Doing culture* lenkt die Aufmerksamkeit auf die Praktiken des Alltagslebens und die Rolle, die individuelle Akteure bei der Gestaltung kultureller Realitäten spielen. Hörning und Reuter (2004) charakterisieren den Menschen in diesem Kontext als ein Kulturwesen, das produktiv mit Kultur interagiert.

Klepacki konzeptualisiert Kultur in ähnlicher Weise als ein Konglomerat kollektiver Sinnsysteme, die durch geteilte Wissensordnungen sowohl handlungsermöglichend als auch handlungsstrukturierend wirken. Laut Klepacki entwickeln sich diese Sinnsysteme aus und werden innerhalb sozialer Praktiken tradiert und transformiert (vgl. Klepacki 2020: 176). Kultur manifestiert sich demnach in einer Vielzahl von Formen, einschließlich kollektiver symbolischer Orientierungs- und Ausdrucksformen, alltäglicher Routinen, Ritualen jeglicher Art sowie in sämtlichen materiellen Erzeugnissen, der Infrastruktur von Gesellschaften und deren institutionellen sowie politischen Formen (vgl. ebd.). Aus dieser Perspektive stellt Kultur ein soziales Konstrukt dar, das eigene Regeln generiert, welche temporär innerhalb einer spezifischen kulturellen Gemeinschaft Gültigkeit besitzen. Eine kulturelle Gemeinschaft ist keineswegs an die Grenzen eines Nationalstaates gebunden, sondern orientiert sich eher an Lebensstilgemeinschaften, also kulturellen Gemeinschaften, die einen ganz ähnlichen Lebensstil teilen. Dabei können Individuen im Rahmen ihrer Lebenspraxis in diverse Kulturen eingebunden sein, wobei hier der Fokus auf einer Vielzahl unterschiedlicher Kulturgemeinschaften und Lebensstilgemeinschaften innerhalb einer Nation liegt oder auch nationenübergreifend, die sich durch gemeinsame soziale Praxis formieren. Wir gehören also beispielsweise gleichzeitig einer bestimmten Familienkultur innerhalb einer Milieukultur an, zeitgleich aber auch einer bestimmten Berufskultur usw. Deutlich wird hier, dass Menschen trotz ihrer Individualität in erster Linie soziale Wesen sind, die durch die kulturellen Gemeinschaften, in die sie eingebunden sind, geprägt und geformt werden. Das ist gerade auch für die Praxis Sozialer Arbeit relevant, da Sozialpädagog*innen meist nicht den gleichen Kulturen wie ihre Adressat*innen angehören. Professionelle in der Sozialen Arbeit müssen daher in doppelter Weise kultursensibel agieren: Sie müssen sich ihrer eigenen kulturellen Verwobenheit bewusst sein und genauso auf kulturspezifische Handlungs- und Denkmuster ihrer Adressat*innen achten, die von ganz anderen Wertekanons geprägt sind. Kultur ist aus dieser Perspektive dann eben nicht nur relevant, wenn

Soziale Arbeit mit Menschen arbeitet, die aus irgendeinem Grund nach Deutschland eingewandert sind oder in deren Familie es Migrationsgeschichte gibt, denn wie schon dargelegt, spielt Nationalkultur nur eine untergeordnete Rolle im ‚Konglomerat der Kulturen', dem wir angehören.

Dabei impliziert ‚Kultur' immer auch unmittelbar die Thematisierung von Andersartigkeit und Unterschieden (vgl. Fuchs 2013). Kultur(en) schaffen Zugehörigkeiten und setzen Grenzen, zu dem bzw. zu denen, die nicht dazugehören. Kultur umfasst ein komplexes, sich veränderndes System von Werten, Normen, Symbolen und Praktiken, das die Wahrnehmung, das Denken und Handeln von Individuen innerhalb einer Gemeinschaft beeinflusst. Zugehörigkeit zu einer Kultur schafft Handlungsorientierung, wir wissen implizit, wie wir uns richtig verhalten. Die gemeinsamen, geteilten Werte und Normen, die durch Kultur(en) vermittelt werden, fördern soziale Kohäsion und Gruppensolidarität. Sie schaffen ein Gefühl der Zugehörigkeit und Identität unter den Mitgliedern einer Gemeinschaft. Gleichzeitig definieren sie die Grenzen des akzeptablen Handelns und Verhaltens und tragen zur Aufrechterhaltung der sozialen Ordnung bei. Konformität mit kulturellen Normen wird in kulturellen Gemeinschaften durch zum Teil sehr subtile soziale Sanktionen verstärkt, was die Einhaltung dieser Normen fördert. Zusammenfassend lässt sich sagen, dass Kultur bzw. Kulturen als Orientierungsrahmen eine entscheidende Rolle im Leben von Individuen und Gemeinschaften spielen. Sie prägen nicht nur Verhaltensweisen und soziale Interaktionen, sondern dienen auch als Grundlage für die soziale Ordnung und Kohäsion.

Da Kultur als Orientierungsrahmen für Verhalten dient, kann sie auch zur Quelle von Konflikten werden, besonders wenn unterschiedliche kulturelle Systeme aufeinandertreffen. Divergierende Werte und Normen können zu Missverständnissen und Spannungen zwischen Gruppen führen. In der beruflichen Praxis der Sozialen Arbeit ist daher der kulturelle Aspekt in seiner Mannigfaltigkeit bei Missverständnissen und Konflikten mitzudenken, ohne soziale Probleme zu kulturalisieren. Das meint, soziale Probleme auf die Zugehörigkeit zu einer Kultur, einer Lebensstilgemeinschaft zurückzuführen, also beispielsweise bei Menschen mit einer Migrationsgeschichte, die Probleme im Bildungssystem haben, diese Probleme auf ihre Herkunft zurückzuführen und nicht auf die mangelnde Inklusionsorientierung des Bildungssystems.

Die Perspektive des *doing culture* bietet hierbei einen fruchtbaren Rahmen für das Verständnis der Komplexität und Dynamik kultureller Prozesse. Es ermutigt dazu, Kultur nicht als gegeben hinzunehmen, sondern die vielfältigen Weisen zu erkunden, in denen Kultur im alltäglichen Tun der Menschen gestaltet wird und gestaltet werden kann. Dieser Ansatz betont die aktive Rolle des Individuums in der Kulturproduktion und bietet eine lebendige Perspektive auf die ständige Neuschöpfung kultureller Welten.

Eine weitere Perspektive auf Kultur ist für dieses Buch relevant. In einem differenztheoretischen Kulturbegriff wird Kultur in einem engen Verständnis als das Gebiet der Künste betrachtet, der Bildenden Kunst, Architektur, Musik, des Theaters, Tanzes und der Literatur (vgl. Nünning 2009). Innerhalb dieser Kulturdefinition gibt es eine für die Entwicklung der Kulturellen Bildung wichtige Perspektive, die ihren Ursprung in der philosophischen Tradition hat, die von Immanuel Kants *Kritik der Urteilskraft* (1790) bis zu Friedrich Schillers *Briefen zur ästhetischen Erziehung* von 1795 reicht, in der die Künste als wesentlicher Antrieb kultureller Entwicklung und damit als integraler Bestandteil einer politischen Freiheitsvision verstanden werden, die zudem mit einer (kultur-)pädagogischen Vision verbunden ist (siehe auch Kapitel 9.2.1). Im Verlauf des 19. Jahrhunderts und mit dem Aufkommen der Kultursoziologie erweitert sich das Verständnis von Kunst als Kultur um den Aspekt der systematischen Selbstreflexion von Kultur und Gesellschaft durch die Künste mit einer tendenziell kulturkritischen Haltung (vgl. Fuchs 2013). Somit erfüllen die Künste bezogen auf Kultur sowohl eine kritisch-reflexive als auch eine visionär-imaginative Funktion. Die Frage, wie der Mensch sich selbst in seinem Umfeld versteht und wie er, auch im Kontext von Nachhaltigkeit, seine zukünftige Existenz in der Welt gestaltet, stellt ein Kernthema der Bildenden Kunst dar (vgl. Wagner 2020: 181).

2.2 Kulturelle Teilhabe

Je nachdem, welchen Lebensstilgemeinschaften wir zugehören, definieren wir Kunst und Kultur in unterschiedlicher Art und Weise. Gleichzeitig bilden wir durch das Verinnerlichen kultureller Regeln und Werte unserer Kulturgemeinschaft kulturspezifische Verhaltens- und Denkmuster aus, die sich in ästhetischen und performativen Ausdrucksformen zeigen. Wir bilden durch unsere Sozialisation und Enkulturation in eine spezifische Kultur und Lebensstilgemeinschaft einen unterschiedlichen kulturellen Habitus aus: „[…] also das, was ich einen Habitus nenne, ist eine inkorporierte Geschichte, eine Körper gewordene Geschichte, eingeschrieben im Gehirn, aber auch in die Falten des Körpers, die Gesten, die Sprechweisen, den Akzent, in die Aussprache, die Ticks, in alles, was wir sind. Diese inkorporierte Geschichte ist der Ursprung, von dem aus wir antworten […]“ (Bourdieu 2001: 165). Durch diese Zugehörigkeiten zu Lebensstilgemeinschaften bilden sich aber auch unterschiedliche Möglichkeiten der kulturellen Teilhabe aus.

Kulturelle Teilhabe bezeichnet zum einen die Möglichkeit für Individuen, am kulturellen Leben ihrer Lebensstilgemeinschaft aktiv teilzunehmen, zum anderen aber auch die Chancen, am gesamtgesellschaftlichen kulturellen Leben teilzunehmen. Kulturelle Teilhabe umfasst den Zugang zu Kultur in ihren vielfältigen Formen – von bildender Kunst über Literatur bis hin zu digitalen Medien. In dem Begriff der Teilhabe schwingen verschiedene Bedeutungsaspekte mit wie Mitbestimmung, Mitwirkung, Zugang haben, Eingliederung, Integration, Inklusion, Beteiligung, Teilnahme, Einbezogensein und Chancengleichheit.

Der Politikwissenschaftler Peter Bartelheimer unterscheidet vier Ebenen der gesellschaftlichen und damit kulturellen Teilhabe:

- Teilhabe am System gesellschaftlicher Arbeitsteilung über Erwerbsarbeit,
- Teilhabe in informellen sozialen Nahbeziehungen,
- Teilhabe durch Rechte und politische Partizipation,

- kulturelle Teilhabe durch den Erwerb von Kompetenzen und durch geteilte gesellschaftliche Wertorientierung (vgl. Bartelheimer 2008: 16).

Kulturelle Teilhabe bezieht sich sowohl auf die Dimension der Ungleichheit als auch die der gesellschaftlichen Zugehörigkeit. Teilhabe ist relativ, eine generelle, universelle Teilhabe kann es nicht geben. Sie ist nur möglich bezogen auf eine konkrete historische Gesellschaft und auf eine spezifische Situation zu verstehen. Kulturelle Teilhabe ist genauso wie Kultur selbst ein dynamisches Konzept, der Grad der Teilhabe hängt von verschiedensten Faktoren ab und ist wandelbar. Sie wird durch Handeln und in sozialen Beziehungen angestrebt und verwirklicht. Um teilzuhaben, braucht es auch aktive Teilnahme, ohne eine eigene Aktivität ist Teilhabe ist nicht möglich (vgl. Bartelheimer 2008: 13f.).

Kulturelle Teilhabe ist ein grundlegendes Menschenrecht, verankert im Artikel 27 (1) der UN-Menschenrechtscharta: „Jeder hat das Recht, am kulturellen Leben der Gemeinschaft frei teilzunehmen, sich an den Künsten zu erfreuen und am wissenschaftlichen Fortschritt und dessen Errungenschaften teilzuhaben." (DGVN o.J.)

Aber dennoch ist kulturelle Teilhabe nicht selbstverständlich, es gibt eine Reihe von Barrieren für viele Menschen, besonders aber für Adressat*innen Sozialer Arbeit. So haben sozioökonomische Faktoren, das Bildungsniveau, eine Beeinträchtigung jeglicher Art, die geografische Lage und soziale In- bzw. Exklusion direkten Einfluss auf die Möglichkeiten und Chancen kultureller Teilhabe. In unserer digitalisierten Zeit verschärft der *Digital Divide*, also die digitale Spaltung, diese Problematik zusätzlich, da so der Zugang zu digitalen kulturellen Inhalten nicht für alle Bevölkerungsteile gleichermaßen verfügbar ist.

Kulturelle Teilhabe ist dabei aber ein wesentlicher Bestandteil einer lebendigen demokratischen Gesellschaft. Deshalb braucht es ein anhaltendes Engagement vonseiten der Politik, der Kulturinstitutionen und der Lebensstilgemeinschaften, um sicherzustellen, dass alle Individuen die Möglichkeit haben, am kulturellen Leben teilzunehmen. Die Förderung des Zugangs zu Kultur und die Anerkennung vielfältiger Ausdrucksformen sind entscheidend für die Stärkung der sozialen Kohäsion und die Förderung einer inklusiven Gesellschaft. Um kulturelle Teilhabe zu fördern, sind gezielte politische Maßnahmen und entsprechende Programme erforderlich, die auf die Verringerung von Zugangsbarrieren abzielen. Dazu gehören auch die Programme zur Kulturellen und Ästhetischen Bildung sowie die Förderung eines breiten Zugangs zur Nutzung digitaler Technologien.

Im Begriff der kulturellen Teilhabe wird aber auch die Problematik der Wertschätzung von unterschiedlichen Lebensstil- und Milieukulturen in unserer Gesellschaft deutlich. Es gibt Milieukulturen aus dem bürgerlichen Sektor, die bestimmte kulturelle Standards in unserer Gesellschaft definieren, wie z. B. die Inhalte der schulischen Bildung. Von daher gibt es in jeder Gesellschaft Dominanzkulturen. Durch die schulische Bildung wird eine Gesellschaft zumindest teilweise homogenisiert. Verschiedene Milieu- und Lebensstilgemeinschaften sind aber unterschiedlich nah an diesen kulturellen Standards und haben daher unterschiedliche Zugangs- und Teilhabechancen (vgl. Dietrich/Krinninger/Schubert 2012: 101). So gibt es trotz aller Bemühungen um Anerkennung der kulturellen Vielfalt ein Spannungsfeld im Bereich der kulturellen Teilhabe. Kulturelle Teilhabe kann also immer bezogen sein auf eine Lebensstilgemeinschaft oder auf eine gesamte Gesellschaft.

In beiden Fällen hat aktive Teilnahme am kulturellen Leben positive Auswirkungen auf die individuelle Entwicklung, einschließlich der Förderung kognitiver Fähigkeiten, der emotionalen Intelligenz und der kreativen Ausdruckskraft. Bei der Förderung kultureller Teilhabe kommt Bildung, ästhetisch-kultureller und damit auch künstlerischer Bildung eine zentrale Rolle zu, z. B. in Settings informeller und formaler Bildung, in Bildungsinstitutionen und außerhalb. Dennoch wäre es naiv anzunehmen, dass die Künste, kulturelle Praktiken und die damit verbundene kulturelle Bildung keine Rollen bei der Aus- und Abgrenzung in unserer Gesellschaft spielen. Die Auseinandersetzung mit den Künsten und die Teilnahme an kulturellen Aktivitäten dienen schon seit der Renaissance, wie der französische Soziologe Pierre Bourdieu (1930–2002) in seinem Werk *Die feinen Unterschiede* (1987) feststellt, der gesellschaftlichen Distinktion, also der Unterscheidung der dominanten gesellschaftlichen Gruppen von anderen. „Von allen Produkten, die der Wahl der Konsumenten unterliegen, sind die legitimen Kunstwerke die am stärksten klassifizierenden und Klasse verleihenden [...]“ (ebd.: 36). Kunst und Kultur sowie der Zugang zu Bildungsangeboten in diesem Bereich werden oft genutzt, um soziale und gesellschaftliche Grenzen zu ziehen und zu verstärken. In bestimmten sozialen Milieus gilt beispielsweise der Besuch einer Musikschule als Teil des guten Tons, und es ist nicht unüblich, dass insbesondere Mädchen zusätzlich zum Ballettunterricht angemeldet werden. Anderen gesellschaftlichen Gruppen fehlen allein dafür oft schon die finanziellen Mittel. Und gleichzeitig gibt es beim Besuch kultureller Institutionen auch unsichtbare Hürden, auch wenn es dort freien oder extrem reduzierten Eintritt für einkommensschwache Personen gibt. Diese unsichtbaren Hürden entstehen durch fehlende Zugangsmöglichkeiten und fehlende Bildungsmöglichkeiten in den Welten der Künste. Dies lässt Menschen sich in Institutionen der ‚Hochkultur‘ wie Museen am falschen Platz fühlen. Die Möglichkeit, am kulturellen Leben teilzunehmen, ist so untrennbar mit der allgemeinen gesellschaftlichen Teilhabe verbunden. Soziale Arbeit muss für ihre Adressat*innen auch Zugänge zu Kunst und Kultur eröffnen, um gesellschaftliche Teilhabechancen zu erweitern und die Potenziale der Künste und der ästhetisch-künstlerischen Praxis für das eigene Leben zu nutzen.

3 Bildende Kunst

Zusammenfassung

Bildende Kunst ist Teil der visuellen Kultur einer bestimmten historischen Zeit. Daher gibt es vielfältige Begriffsdefinitionen der Bildenden Kunst, also unterschiedliche Kunstbegriffe. In diesem Kapitel wird ein sinnvoller Kunstbegriff für die Soziale Arbeit vorgestellt. Im Weiteren wird die Beziehung von Gesellschaft und Kunst am Beispiel verschiedener künstlerischer Strömungen ab den 1920er-Jahren dargestellt, die die Intention hatten/haben, gesellschaftsverändernde Wirkung zu entfalten. Abschließend wird das fördernde Potenzial der Künste erläutert.

Bildende Kunst ist eine visuell wahrnehmbare Kunst, sie gestaltet in aller Regel visuell wahrnehmbare Werke. Es existieren viele unterschiedliche Definitionen von Bildender Kunst, die oft auch nur als Kunst bezeichnet wird.

Bildende Kunst heute bedient sich neben den traditionellen Kunstformen der Malerei, Grafik, Plastik, einer Fülle von Ausdrucksformen wie z. B. digitalen, medialen Gestaltungen, Rauminstallationen, Videoarbeiten, Performances, Arbeit mit Alltags- und Naturmaterialien usw. Es gibt fast kein Material, das nicht für die Herstellung von Kunstwerken verwendet werden kann und schon verwendet worden ist. Zeitgenössische Kunst widersetzt sich auch einer Zuordnung zu festgelegten Stilen. Daher sind die Erscheinungsformen Bildender Kunst außerordentlich vielfältig.

Was als Kunst in einer Kultur definiert wird, ist immer kulturspezifisch. Was also Bildende Kunst ist, kann immer nur bezogen auf eine bestimmte kulturelle Gemeinschaft, eine Gesellschaft und eine bestimmte historische Zeit beantwortet werden. Es gibt keine kulturübergreifenden und überhistorischen Wertmaßstäbe für Kunst. Ein Kunstwerk muss weder schön sein noch sich auf den ersten Blick den Betrachter*innen erschließen. Oft muss man einiges zum kulturellen Kontext wissen, damit man sich ein Werk erschließen bzw. es verstehen kann (vgl. Feige/Siegmund 2015: 7).

So vielfältig künstlerische Kulturen sind, so klar zeigt sich auch, dass es keine kulturellen Gemeinschaften ohne künstlerische bzw. gestaltete Artefakte gibt. Menschheitsgeschichte ist immer auch Kunstgeschichte, keine Gesellschaft lebt(e) ohne gestaltete Artefakte. Vieles was wir über vergangene Kulturen wissen, wurde über Kunstwerke vermittelt. Bildende Kunst ist ein Teilbereich der visuellen Kultur einer bestimmten Zeit und Gesellschaft. Andere Bereiche visueller Kultur unserer Zeit neben der Bildenden Kunst sind die vielfältigen, uns umgebenden medialen Welten wie Social Media, aber auch Mode und Produktdesign gehören zur visuellen Kultur. Bildende Kunst ist zudem ein Berufsfeld Bildender Künstler*innen mit ganz eigenen ‚Spielregeln' und einem eigenen Markt, dem Kunstmarkt. Dieser prägt neben den Kunstwissenschaften das, was wir als Kunst[1] definieren. Objekte, die mit dem Etikett ‚Kunst' versehen werden, haben eine Machtposition

1 Bildende Kunst und Kunst werden in diesem Buch synonym gebraucht.

in unserer Wahrnehmung, weil sie durch ihre Zuordnung zur Kategorie Kunst gesellschaftlich als besonders wertvoll deklariert werden. So haben sie oft auch Einfluss auf die Gestaltung von Alltagsdesign, wenn auch manchmal erst Jahrzehnte später, wenn eine bestimmte Kunstform, die ehemals als Avantgarde galt, zum Designmainstream geworden ist. Heute begegnen wir beispielsweise der Formensprache des Malers Piet Mondrian (1872–1944) auf Shampooflaschen.

Wie könnte nun eine mögliche Definition von Bildender Kunst in unserem westlichen Kulturkreis sehr allgemein und weit gefasst aussehen?

Kunstwerke ‚sprechen' immer über etwas, sie zeigen uns etwas. Arthur C. Danto, ein einflussreicher US-amerikanischer Kunsttheoretiker, geht davon aus, dass man Kunst nicht aufgrund einer Bewertung ihrer visuellen Erscheinung und ihrer visuellen Aspekte festmachen kann. Es gibt also keine visuellen, gestalterischen Kriterien (mehr), an denen sich festmachen ließe, ob es sich bei einem Objekt um Kunst handelt oder nicht. Dennoch gibt es auch heute Kriterien für die Definition von Kunst: „In a crude way, my definition had two main components in it: something is a work of art when it has a meaning – is about something – and when that meaning is embodied in the work – which usually means: is embodied in the object in which the work of art materially consists. My theory, in brief, is that works of art are embodied meanings." (Danto 2013: 149)

Das Charakteristische eines Kunstwerks ist nach Danto die „aboutness" (ebd.), das ‚Über-etwas-Sein'. Das heißt, Kunstwerke verkörpern immer Bedeutungen, über die sie durch ihre materielle Verfasstheit mit den Betrachtenden in Dialog kommen wollen. Das, was die Betrachtenden sehen und erfahren, wenn sie das Kunstwerk betrachten, die Bedeutung, die es für sie hat, muss nicht identisch sein mit dem, was der/die Künstler*in ausdrücken wollte. Der Künstler Thomas Lehnerer geht davon aus, dass der Grund künstlerischer Produktivität nicht bestimmbar ist, er bezeichnet ihn als Freiheit. Immer geht es jedoch um Ausdruck und Kommunikation. Kunstschaffen ist dabei nicht nur professionellen Künstler*innen vorbehalten, jede/r kann in künstlerische Prozesse eintreten (vgl. Lehnerer 1994: 102).

Bei den allermeisten Werken Bildender Kunst wird die Bedeutung, die die Werke verkörpern, nicht über sprachliche Kanäle vermittelt. Diese Nichtsprachlichkeit der Kunstwerke macht die sprachliche Definition von Kriterien für (gute) Kunst so schwierig. Viele Expert*innen im Bereich der Kunsttheorie beschreiben immer wieder, sie hätten Kriterien zur Beurteilung von Kunstwerken, aber diese sind *tacit knowledge*, also schweigendes Wissen, das man kaum explizit machen kann. Dieses *tacit knowledge* erlernt man durch den häufigen Umgang mit Kunst, durch oftmaliges und langes Betrachten von Kunstwerken (vgl. Kunstforum 2015).

Werke der Bildenden Kunst sind vielfach mehrdeutig, manchmal paradox und widerständig, sie hinterfragen das Gegebene und Gewohnte und zeigen mit visuellen Mitteln, dass Veränderungen möglich sind. Allerdings sind ihre Antworten und Lösungsvorschläge selten linear (vgl. Niederreiter 2021: 26f.). „Ein Gutteil der Strategien hat mit dem Aufspüren und der mit ungewöhnlichen, so noch nicht gesehenen Mitteln vorgenommenen Sichtbarmachung von Phänomenen der aktuellen Wirklichkeit zu tun.“ (Niederreiter 2021: 26) Werke der Bildenden Kunst sprechen zudem oft sehr direkt unsere emotionale Wahrnehmung an, sie können Gefühle übermitteln und Gefühle auslösen, sei es, dass man sich zunächst von den Werken abgestoßen fühlt. Der Philosoph Gernot Böhme schreibt der Kunst die Möglichkeit zu, über die emotionalen Kanäle auch Wissen und Erkenntnis zu vermitteln: „die Erkenntnis im sinnlichen Bereich und die Wissensvermittlung durch Kunst [geht] über die Affekte.“ (Böhme 2005: 22)

Kunstwerke möchten mit ihrem ‚Sosein‘ die Betrachtenden in einen nichtsprachlichen Dialog und Verstehensprozess verwickeln. Der Philosoph Wolfgang Welsch verweist auf den Nutzen eines solchen Dialogs mit Kunst: „Was man in ihr am besten finden kann, ist der Sinn für Andersheit und Abweichung, und was man von ihr lernen kann und an ihr schulen kann, ist aisthetische Kompetenz.“ (Welsch 1991: 207) *Aisthesis* ist das griechische Wort für sinnliche Wahrnehmung, aisthetische Kompetenz ist also sinnliche Wahrnehmungskompetenz. Welsch verweist darauf, wie hilfreich Kunstbetrachtung für die Schulung von Wahrnehmung sein kann. Wahrnehmungskompetenz ist für Praktiker*innen in der Sozialen Arbeit elementar wichtig, aber auch Adressat*innen profitieren von einer erweiterten Wahrnehmungskompetenz.

Zentral für die Existenz eines Kunstwerks sind die Betrachtenden. Ohne den/die Betrachter*in gibt es kein Kunstwerk, sie/er hat eine zentrale Rolle für das Entstehen und Vervollständigen eines Kunstwerks inne. Der Bildwissenschaftler Alois Riegl prägt in der Mitte des 19. Jahrhunderts die Sichtweise, dass der/die Betrachter*in einen Anteil an der Entstehung eines Kunstwerks und besonders bei der Vervollständigung eines Kunstwerks hat, durch seine/ihre besondere Perspektive, durch die je eigenen Assoziationen zum Bild, die geprägt sind von den individuellen Lebenserfahrungen (vgl. z. B. Riegl 2018: 162). Kunstwerke können also für die Betrachtenden über andere Themen sprechen, eine andere *aboutness* haben, als von den Künstler*innen intendiert. Kunstwerke, Bilder lösen beim Betrachten Assoziationen, bildliche Assoziationen aus. Erinnerungen aus den eigenen Lebenserfahrungen, sinnliche Erinnerungen werden wach. Wir imaginieren ein Vorher oder Nachher zu einem Kunstwerk, denken uns eine Geschichte dazu aus. So sieht jede Person ein Kunstwerk mit anderen Augen, es hat für jede*n einen anderen Sinngehalt. In Kunstwerken können wir also unseren eigenen Lebensthemen begegnen, diese sinnlich verkörpert wahrnehmen. Aus diesem Grund werden beispielsweise Kunstwerke in der Biografiearbeit in der Sozialen Arbeit eingesetzt (siehe Kapitel 10.5).

Bildende Kunst ist Teil der visuellen Kultur einer bestimmten Zeit. Sie prägt und verändert unsere Sehgewohnheiten, prägt unsere kulturelle Identität. Sie gestaltet in verschiedener Form gesellschaftliches Leben mit, indem sie Bezug nimmt auf gesellschaftliche Gegebenheiten, politisch Stellung bezieht im Kontext ihrer Zeit und oftmals zu vielfältigen Reflexionen anregt.

> „An Kunst kann man wie sonst kaum irgendwo lernen, was Pluralität und Inkommensurabilität bedeuten und welche Forderungen sie auferlegen. In reflektiertem Kunstumgang bildet sich Vertrautheit mit einem Normenka-

talog heraus, der Aufmerksamkeit auf Einzelne und Beachtung der Eigenlogik genauso gebietet sowie Übergriffe und Monopolisierungen verbietet.“ (Welsch 1993: 209)

Bildende Kunst ist Gestalterin von ästhetischen Objekten mit verschiedener Funktion. Oft wird zwischen freier und angewandter Kunst unterschieden: Zur freien Kunst gehören all die Werke wie Malerei, Plastiken, Rauminstallationen usw., die keinen Zweck verfolgen außer Werke der Kunst zu sein und mit den Betrachtenden in kommunikativen Austausch zu gehen, während angewandte Künste etwas für den Gebrauch Gestaltetes herstellen, wie Architektur, Möbel- und Produktdesign, Textilkünste usw. Beiden Kunstformen gemeinsam ist, dass sie ein Gegenüber brauchen, eine Interaktion, ohne Betrachter*innen und Gebraucher*innen kein Werk.

Bildende Kunst war in ihrer Geschichte immer mit gesellschaftlichen Themen verknüpft, darunter zählen auch religiöse. Mit Kunstwerken wurden Machtansprüche deutlich gemacht, wirkmächtige Botschaften jenseits von Sprache vermittelt. Mit gesellschaftlichen Wandelprozessen kam es sehr häufig auch zu neuen Stilrichtungen in der Bildenden Kunst. Orte der Kunst, die für viele zugänglich waren, waren zunächst oft religiöse Orte wie Kirchen. Die Herrschenden und Reichen schmückten sich dagegen die eigenen Häuser mit Kunstwerken, sie hatten häufig größere Kunstsammlungen. Ausstellungsräume und Museen dagegen sind eine eher junge Entwicklung, die Etablierung von Museen für eine breitere Öffentlichkeit begann erst ab dem Ende des 17. Jahrhunderts. Dennoch sind heute Museen und Galerien aus unserer Wahrnehmung der Welt der Kunst nicht mehr wegzudenken. Die Geschichte der Bildenden Kunst im 20. und 21. Jahrhundert ist geprägt von einer zunehmenden Öffnung ihres Rahmens und der Erweiterung von künstlerischen Praktiken. Gesellschaftliche Themen werden nun mit Kunstwerken und -praktiken auch jenseits von klassischen Kulturinstitutionen in die Gesellschaft hineingetragen.

Hier sollen einige Meilensteine dieser Verknüpfung von Kunst und Gesellschaft mit einer gleichzeitigen Ausweitung des Kunstbegriffs in der Bildenden Kunst aufgezeigt werden. Die Fragmenthaftigkeit der Darstellung ist der Autorin sehr bewusst.

Am Anfang dieses Zeitrahmens steht Dada, eine avantgardistische künstlerische Bewegung, die während des Ersten Weltkrieges in der Schweiz, in Zürich, ihren Ursprung fand. Gegründet von einer Gruppe von Künstler*innen und Literat*innen, darunter Hugo Ball, Tristan Tzara und Emmy Hennings, die sich aus Protest gegen die Schrecken des Krieges und die als korrupt wahrgenommene bürgerliche Gesellschaft zusammenschlossen, um mit künstlerischen Mitteln auf diese Themen aufmerksam zu machen. Dada nutzte dabei die Kraft der Absurdität, des Zufalls und des Antikunstbegriffs, um bestehende Kunstrichtungen und gesellschaftliche Normen infrage zu stellen (vgl. Hieber/Moebius 2009: 8ff.).

Die Dada-Bewegung verbreitete sich schnell über Zürich hinaus nach Berlin, Köln, Hannover, Paris und New York, wobei jede Gruppe ihre eigene Interpretation und

Methodik entwickelte. Zentral für die Dada-Kunst war die Ablehnung konventioneller Kunstformen und die Förderung von Experimenten, die die Grenzen zwischen Kunst und Alltagsleben verwischten. Dada-Künstler*innen bedienten sich einer Vielzahl von Medien und Techniken, darunter Collage, Fotomontage, Assemblage, Ready-mades und Performances, um ihre antikünstlerischen Botschaften zu übermitteln. Dada war auch bekannt für seine Performances absurder und provokativer Natur, die Kabarett, Poesie, Musik und visuelle Künste umfassten. Diese Veranstaltungen fanden in Dada-Zentren wie dem Cabaret Voltaire in Zürich statt. Durch den Einsatz von Lärm, Zufall und Spontaneität zielten Dada-Künstler*innen darauf ab, die Zuschauer*innen zu provozieren, desorientieren und zum Nachdenken über die Bedeutung von Kunst und Kultur anzuregen (vgl. ebd.).

Obwohl Dada als Bewegung relativ kurzlebig war und Mitte der 1920er-Jahre in andere Avantgarde-Bewegungen wie den Surrealismus überging, hinterließ sie ein dauerhaftes Erbe. Dada beeinflusste nicht nur die Entwicklung moderner Kunstformen wie Performancekunst, Konzeptkunst und Installation, sondern trug auch dazu bei, die Rolle der Künstler*innen in der Gesellschaft neu zu definieren und den Weg für kritische Auseinandersetzungen mit kulturellen, politischen und sozialen Themen in der Kunst zu ebnen. Durch ihre radikale Infragestellung von Kunst und Autorität bleibt Dada ein wesentlicher Bezugspunkt für Künstler*innen, die sich mit den Grenzen des Kunstsystems und der Rolle des Individuums innerhalb dieses Systems auseinandersetzen (vgl. ebd.: 10).

Nach dem Zweiten Weltkrieg, während des Kalten Kriegs in den späten 1950er- und 1960er-Jahren, entwickeln sich quasi als Erbe der Dada-Bewegung zwei internationale künstlerische Phänomene: die Fluxus-Bewegung und das Happening, die sich zum Teil unterscheiden, aber auch vieles gemeinsam haben. Fluxus und Happening lehnen wie Dada traditionelle Kunstformen, den etablierten Kunstbetrieb ab, haben den Anspruch einer Bewusstseins- und teilweise auch der Gesellschaftsveränderung durch Kunst und strebten danach, Kunst und Leben miteinander zu verschmelzen. „Fluxus ist ja keine stilistisch konforme Geschichte. Fluxus war so vielfältig wie die Partizipanten an dieser Bewegung, es war so ungefähr das widersprüchlichste, was man sich überhaupt denken kann." (Joseph Beuys in Wick 1974) Fluxus und Happening sind geprägt von einer starken Betonung des künstlerischen Prozesses. Vor allem das Happening setzt auf die direkte Beteiligung des Publikums, während bei vielen Fluxus-Aktionen die klassische Trennung von Künstler*in und Publikum eher beibehalten wird. Kunst wird als ein Mittel zur Förderung der Kreativität und der direkten Erfahrung angesehen und nicht als etwas, was ein zu bewahrendes Objekt schafft. Fluxus- und Happening-Künstler*innen bedienen sich einer Vielzahl von künstlerischen Ausdrucksformen, die ineinanderfließen, darunter Musik, Performance, Poesie, Film und bildende Kunst (vgl. Wick 1974). Fluxus-Events und auch Happenings werden nur grob in collageartigen Aktionsabläufen von den Künstler*innen geplant, das weitere Geschehen entwickelt sich situationsbedingt im Zusammenspiel von Publikum und Zufall. Sie arbeiten mit Humor, Provokation und schockierenden, grenzüberschreitenden Elementen mit dem Ziel, konventionelle Kunstformen und kulturelle Hierarchien zu untergraben.

Happenings sind geplante, aber gleichzeitig improvisierte und oft interaktive Performance-Events, die die Grenzen zwischen Künstler*innen und Publikum, Kunst und Leben verwischten. Sie finden gewöhnlich außerhalb traditioneller Kunsträume wie Galerien oder Museen statt, etwa in öffentlichen Räumen oder privaten Wohnungen, und beziehen das Publikum aktiv in das Werk ein. Das Happening betont die Wichtigkeit des Moments. Die flüchtigen, einmaligen Ereignisse sollen die Teilnehmer*innen dazu anregen, gewohnte Wahrnehmungsweisen und Verhaltensmuster zu hinterfragen und eine direktere, unmittelbare Begegnung mit der Kunst und dem Leben zu erleben. Fluxus genauso wie das Happening tragen wesentlich dazu bei, den schon durch Dada erweiterten Kunstbegriff nun radikal zu auszudehnen. Fluxus und Happening beeinflussen auch aktuelle Formen aktivistischer Kunst und den *Artivismus* (siehe Kapitel 11.2)

Ein Fluxus-Künstler, der in Texten zu Bildender Kunst und ästhetisch-kultureller Bildung in der Sozialen Arbeit immer wieder zitiert wird, ist der deutsche Künstler Joseph Beuys (1921–1986). Er zählt zu den einflussreichsten Figuren der Nachkriegskunst. Sein weitreichendes Oeuvre umfasst Skulpturen, Zeichnungen, Installationen, Performances, Vorträge und theoretische Skizzen, durch die er maßgeblich zur Definition seines *Erweiterten Kunstbegriffs* beitrug. Beuys' Erfahrungen als Funker der Luftwaffe im Zweiten Weltkrieg und seine Auseinandersetzung mit Schriften der Anthroposophie, den Naturwissenschaften und der Philosophie prägten seine Überzeugungen und seinen künstlerischen Ansatz. Er lehrte als Professor an der Kunstakademie Düsseldorf und war maßgeblich an der Gründung der deutschen Studentenbewegung in den 1960er-Jahren beteiligt. Diese vielfältigen Einflüsse führten zur Entwicklung seiner Theorie der *Sozialen Plastik*, die Kunst und Leben als untrennbar miteinander verbunden ansieht und alle Menschen dazu aufruft, Gesellschaft kreativ mitzugestalten. Beuys' Konzept der *Sozialen Plastik* steht im Zentrum seiner künstlerischen und theoretischen Arbeit und repräsentiert seinen innovativen Ansatz zur Nutzung von Kunst als Mittel gesellschaftlicher Transformation.

> „Beuys selbst verstand seine plastische Utopie als ein „aus der Zukunft" kommendes „Gegenkonzept" zu einer Gegenwart, [...] als eine die Menschen „aus den Sesseln" reißende Strategie, um „das Unmögliche möglich zu machen", als eine auf „Langzeitwirkung" zielende Idee, die voraussetze, dass jeder Mensch ein Künstler sei. Das heißt: Wir alle – unabhängig von unserer Herkunft, unserer kulturellen Zugehörigkeit, unserer sexuellen Orientierung, unserem Bildungsgrad oder Beruf – besitzen ein kreatives Potenzial. Begreifen wir uns als Künstler/innen, die wir laut Beuys sind oder „sein müssen", so sind wir in der Lage, unser Leben und unsere Umwelt aktiv mitzugestalten. Das Formen beginne bereits im Sprechen und Denken. Alle menschlichen Fragen, so Beuys, könnten nur Fragen der Gestaltung sein." (Nichols 2021: 121)

Der Beuys'sche *Erweiterte Kunstbegriff* und sein Konzept der *Sozialen Plastik*, also das gestaltende Eingreifen in Gesellschaft, werden in vielen Werken zur ästhetischen, künstlerischen und kulturellen Bildung in der Sozialen Arbeit aufgegriffen.

Neben solchen stark gesellschaftsfokussierenden, aktionistischen Kunstformen waren und sind bis heute auch ganz klassische künstlerische Formen wie Malerei und Plastik, genauso wie Videoarbeiten und -installationen im Kunstbetrieb präsent.

Seit den frühen 1990er-Jahren ist erneut in der zeitgenössischen Bildenden Kunst eine signifikante Zunahme relationaler und aktivistischer Formate zu verzeichnen. Parallel dazu ist in der Disziplin der Sozialen Arbeit eine zunehmende Ressourcen- und Community-Orientierung auch unter der Perspektive der Demokratieförderung zu beobachten. Bildende Kunst und Soziale Arbeit beginnen sich immer wieder zu kreuzen und sogar zu überschneiden, sowohl in theoretischen wie praktischen Aspekten. Sei es, dass Soziale Arbeit verstärkt künstlerische Praktiken für ihre Ziel nutzt oder Bildende Kunst sich in ihren Zielen teilweise an die der Sozialen Arbeit annähert. Diese Entwicklungen unterstreichen auch die wachsende Bedeutung kultureller Praktiken mit ihrer Fähigkeit zur Herstellung von Verbindungen und zur Community-Bildung und ihres Potenzials, Reflexionsprozesse zu initiieren, individuelle Fähigkeiten zu entwickeln und kritische Perspektiven zu artikulieren. Seit den 1990er-Jahren wagt sich Bildende Kunst auch zunehmend in die Felder Sozialer Arbeit:

> „Die Künstler_innengruppe WochenKlausur errichtet auf dem Lutherplatz in Kassel ein rotes Häuschen zur „mobilen Sozialarbeit mit Schlichtungsfunktion" (2013). Der Künstler Rirkrit Tiravanija kocht mitten im Ausstellungsraum einer Galerie und verteilt das Essen kostenlos an die Besucher_innen (1992). Mit Gangway Beatz legen Straßensozialarbeiter_innen in Berlin gemeinsam mit benachteiligten Jugendlichen ein Plattenlabel auf (2007)." (Menrath 2022: 435)

Beispiel

Projekt ‚Arbeit ohne Beschäftigungsbewilligung', 1995, der Künstler*innengruppe *WochenKlausur*

Die Wiener Künstler*innengruppe *WochenKlausur*, die kollaborativ Kunst schafft, agiert auf der Basis des *Erweiterten Kunstbegriffs* von Joseph Beuys. Beuys' Konzept der *Sozialen Plastik* dient nicht nur als theoretische Basis ihrer Arbeit, sondern findet vor allem auch praktische Anwendungen, die Menschen, häufig Adressat*innengruppen Sozialer Arbeit, effektiv unterstützen. Beispielsweise engagierte sich die Gruppe während des ‚steirischen herbstes' 1995 in Graz, wo sie neun Wochen lang Projekte für Migrant*innen ohne Arbeitsgenehmigung durchführte, um ihnen eine selbstständige Lebensführung zu ermöglichen. In Österreich benötigen Immigrant*innen eine Arbeitsgenehmigung, doch Künstler*innen aus dem Ausland sind von dieser Regelung ausgenommen, wenn sie sich durch künstlerische Arbeit selbstständig ernähren können. Die Migrant*innen wurden während der Aktion von *WochenKlausur* zu Künstler*innen. *WochenKlausur* vermittelte sieben Patenschaften für sieben Geflüchtete, die aus politischen Gründen nicht in ihre Heimatländer zurückkehren konnten.

Diese Paten beauftragten die Erstellung von ‚Sozialen Plastiken‘, das waren beispielsweise eine Sammlung von Babynahrung für kurdische Gemeinden oder Kleidung sowie Schulmaterialien für Kinder in Bosnien. Einer der Migranten reparierte Fahrräder für Studierende in Graz. Die Projektergebnisse wurden 1996 während des nächsten *steirischen herbstes* in der Ausstellung ‚Projekt Soziale Plastik‘ präsentiert. Gelder für die Finanzierung des Projekts kam aus dem Budget von unterschiedlichen Kunst- und Kulturfördermaßnahmen.
Diese Aktivitäten ermöglichten es den Migrant*innen, legal zumindest für ein Jahr in Österreich zu bleiben. Einige von ihnen kehrten später nach Bosnien zurück oder fanden, wie zwei von ihnen, eine weitere Beschäftigung als Künstler*innen. Dieses Projekt trug dazu bei, dass der Begriff *Soziale Plastik* fast nebenbei offizielle Anerkennung in einer breiteren Öffentlichkeit fand.
Die Projekte von *WochenKlausur* geben einen Anstoß, dass bestimmte Themen stärker in der Öffentlichkeit präsent werden und zeigen gleichzeitig Lösungen auf. Um langfristige Effekte zu erzeugen, braucht es aber dann die Kooperation mit Institutionen Sozialer Arbeit, wie zum Teil auch geschehen, um die angestoßenen Projekte weiterzuführen und ggf. zu modifizieren (vgl. Voigt 2015b: 103f.). Siehe auch: wochenklausur.at/index.php

3.1 Kunst im digitalen Raum

In den letzten Jahrzehnten hat die Digitalisierung wie viele Bereiche der Gesellschaft auch die Bildenden Kunst massiv beeinflusst, es entwickelte sich Kunst in digitalen Räumen. Diese neue Sparte begann ab den 1970er-Jahren mit der Entwicklung des Personal Computers (PC) zu wachsen und hat sich mit den jeweiligen technologischen Fortschritten weiterentwickelt, also von einfachen pixelbasierten Bildern zu komplexen 3-D-Animationen und virtuellen Realitäten.

Doch auch schon weit vor den 1970er-Jahren experimentierten Künstler*innen mit den neuen digitalen Werkzeugen in Kooperation mit großen Rechenzentren, da die Computer beispielsweise in den 1950er- und 1960er-Jahren noch raumfüllend groß waren. Schon in den 1960er-Jahren gab es erste Ausstellungen von Computerkunst. Frieder Nake und Georg Nees, beide eigentlich Mathematiker, haben 1965 in einer Galerie in Stuttgart erste Computergrafiken ausgestellt (vgl. Weibel 2021: 19f.). Künstler*innen und Informatiker*innen experimentierten dazu auch mit der Entwicklung von spezieller Software, dies kann man als die Anfänge von Softwareart bezeichnen. Der ‚Graphomat‘, den Georg Nees entwickelte, erzeugt beispielsweise mittels eines programmierten Zufallsgenerators maschinell erzeugte Grafiken. Diese Software war in der Lage, eigenständige Kunstwerke zu erstellen, was die Frage aufwarf, was künstlerische Kreativität wirklich bedeutet (vgl. Klütsch 2007: 114).

Ebenfalls Mitte der 1960er-Jahre begann Georg Nees mit Computerskulpturen zu experimentieren, dabei steuerte ein Computer eine Fräsmaschine. Diese Arbeiten gehören zu den frühesten komplett computerkontrolliert erzeugten Skulpturen.

Edward Ihnatowicz (1926–1988, PL/UK) entwickelte 1970 eine interaktive Roboterskulptur, die mit ihren Bewegungen auf Ausstellungsbesucher reagierte und bis 1974 immer weiterentwickelt wurde (vgl. Fritz 2011: 35). Bis in diese Zeit reichen die Ansätze von interaktiven computergenerierten und computerunterstützten Kunstwerken zurück.

Mit dem kommerziellen Durchbruch des Internets in den 1990er-Jahren erweiterte sich die Reichweite der digitalen Kunst mit der Netzkunst erheblich. Netzkunst benutzt das Internet sowohl als Medium als auch als Ort und Material. So bedient sich Netzkunst beispielsweise an Suchmaschinen oder Hypertext (vgl. Arns 2001: 237). „Das holländisch-belgische Künstlerpaar Jodi dekonstruiert den HTML-Code19, indem es anstelle der glatten Web-Oberfläche die ASCII-Zeichen des Quellcodes20 verwendet, den Quellcode selbst also zum Bild werden lässt." (ebd.: 239 Beim Besuch der Website von Jodi, oder anderen sehr bekannten Vertreter*innen der Netzkunst oder net.art hat man den Eindruck, ein Virus hätte sie zerstört. „Jodi arbeitet – und das ist typisch für frühe Formen der Netzkunst um 1996/97 – mit den materiellen Voraussetzungen des Mediums Internet und widmet sich dem, was normalerweise als technische Dysfunktion unterdrückt wird: der medialen Störung in der Kommunikation zwischen Maschinen. Interaktion wird hier radikal dekonstruiert." (ebd.)

Zunehmend nahm die digitale Kunst eine noch komplexere Form an durch die Einführung von 3-D-Modellierung und Animationstechniken. Ebenfalls wurden soziale Medien zu einer zentralen Plattform für digitale Künstler. Künstler*innen entwickeln Apps als Kunstwerke, sie schaffen in der Kombination von Apps und Rundgängen, *Augmented Reality*-Erfahrungen. Ausstellungen finden online und in virtuellen Welten statt. Ebenso wird Künstliche Intelligenz (KI) für die Erstellung von Werken genutzt.

Eine jüngere Entwicklung in der digitalen Kunstwelt ist außerdem die Einführung von Blockchain-Technologie und NFTs (Non-Fungible Tokens; dt.: nicht austauschbare Wertmarken). Im Jahr 2021 wurde das digitale Kunstwerk *Everydays: The First 5000 Days* des Künstlers Beeple, eine digitale Collage für über 69 Millionen Dollar, als NFT (vgl. Myers 2023: 184) verkauft.

Die erzielten Verkaufssummen von Kunstwerken auf dem Kunstmarkt sind allerdings für den Einsatz künstlerischer Methoden und die Begegnung mit Kunstwerken im Rahmen Sozialer Arbeit völlig unerheblich. Hier interessiert vielmehr, inwiefern digitale künstlerische Mittel Adressat*innen der Sozialen Arbeit bei ihrem Selbstausdruck, beim Führen eines gelingenden Lebens unterstützen können, sie empowern und ihnen helfen können, schwierige Lebenssituationen zu bewältigen, was im Folgenden noch dargestellt werden wird.

3.2 Die Künste und ihr Förderpotenzial

Alle Künste und die Beschäftigung mit ihnen fördert zuallererst künstlerische Bildung. Das bedeutet zum einen die Förderung der sinnlichen Wahrnehmung, aber auch die Förderung des Selbstausdrucks, der Gestaltungskompetenzen und der Präsentationsfähigkeiten. Verbunden mit künstlerischer Bildung ist auch die Förderung von motorischen Fähigkeiten, das Erleben von Selbstwirksamkeit und die Förderung von Schlüsselkompetenzen wie Kreativität, Kommunikationsfähigkeit, Frustrationstoleranz und Ambiguitätstoleranz. Die weltweite Metastudie *Der Wow-Faktor* der australischen Kunstpädagogin und Bildungswissenschaftlerin Anne Bamford lieferte zum Förderpotenzial der Künste und der künstlerischen Bildung zentrale Einsichten (Bamford/Liebau/Liebau 2010).

Bamfords zentrale Erkenntnis ist, dass Kinder und Jugendliche grundsätzlich vielfältig von künstlerischer Bildung profitieren, aber nur von Angeboten mit einer hohen Qualität (vgl. ebd.: 24). Wichtige Qualitätskriterien für qualitativ hochwertige künstlerische Bildung sind die künstlerische Ausbildung und Haltung der Lehrenden und die Inklusion der Teilnehmenden. In den Angeboten stehen das gestalterische Tun der Teilnehmenden und die Anregung zu forschendem Lernen sowie die Förderung der Entfaltung von Ressourcen der Teilnehmenden wie deren Interessen und ihre Fähigkeiten im Zentrum. Ebenso wichtig sind die Förderung von Teamwork und Zusammenarbeit.

Ähnliche Charakteristika beschreibt auch die Studie zu institutionalisierter kultureller Bildung *The Quality of Qualities. Understanding Excellence in Arts Education* (Hetland et al. 2009). Ihr zufolge fördern künstlerische Angebote der kulturellen Bildung immer viele unterschiedliche Lernerfahrungen gleichzeitig, besonders aber den expressiven Selbstausdruck und kreatives Denken, und sie steigern das Selbstwertgefühl.

Die WHO-Studie zur Wirkung der Künste auf die Gesundheit zeigt die vielfachen gesundheitsförderlichen Aspekte der Künste und auch der künstlerischen Bildung auf. In der Studie werden mit dem Modell *A logic model linking the arts with health* (vgl. Fancourt/Finn 2019: 2ff.) Qualitätsmerkmale aufgezeigt, die Angebote der künstlerischen Bildung aufweisen müssen, um bei Adressat*innen eine gesundheitsförderliche Wirkung entfalten zu können. Dies sind z. B. das ästhetisch-künstlerische Engagement, die Einbindung der Vorstellungskraft, die Aktivierung der Sinne, das Hervorrufen von Emotionen, die kognitive Stimulation und soziale Interaktion, die körperliche Aktivität. Ebenso sind die Reaktionen der Teilnehmenden auf die Angebote wichtig, auf psychischer Ebene (z. B. verbesserte Selbstwirksamkeit, Bewältigung, emotionale Regulierung), physischer (z. B. geringere Stressreaktion) wie sozialer Ebene (z. B. weniger Einsamkeit und Isolation, mehr soziale Unterstützung) (vgl. ebd.).

Warum genau aber sollten wir in der Sozialen Arbeit unser Augenmerk auch auf künstlerische Bildung legen? Der Künstler Thomas Lehnerer (1955-1995) beschreibt Kunst ‚als Methode aus Freiheit‘ (vgl. Lehnerer 1994), für die das freie Spiel die Basis ist. Dieses freie Spiel der Kunst ist auch ein kommunikatives Tun und Darstellung des lebendigen Selbst, das Menschen sich und Gemeinschaft als lebendig erleben lässt.

Viele Adressat*innen Sozialer Arbeit haben Probleme mit der sinnlichen Wahrnehmung. Die Bedeutung der sinnlichen Wahrnehmung wird in den folgenden Kapiteln noch weiter ausgeführt. Sie haben Problemfelder mit dem Selbstausdruck und ganz oft große Schwierigkeiten in der Gestaltung ihres eigenen Lebens (vgl. Meis/Mies 2018: 25). Adressat*innen Sozialer Arbeit erleben sich nur selten als selbstwirksam. Sie kommen selten in den Genuss, selbst Geschaffenes einer Öffentlichkeit präsentieren zu können und darüber Selbstwirksamkeitserfahrungen zu machen, die das eigene Selbstwertgefühl befördern können. Eine Reihe von Adressat*innen Sozialer Arbeit haben zudem Probleme im motorischen Bereich. So ist tatsächlich eine Förderung von Schlüsselkompetenzen wie Kreativität und Kommunikations-fähigkeit zentral in der Arbeit der Sozialen Arbeit. Da nicht immer alles sofort gelingen kann und sich vieles im Leben als widersprüchlich darstellt, ist es wichtig, dass Menschen eine hohe Frustrationstoleranz und eben auch eine Ambiguitätstoleranz, also den Umgang mit Widersprüchlichkeiten, entwickeln können. Dazu kann künstlerische Bildung und künstlerisches Gestalten einen wertvollen Beitrag leisten.

Empfohlene Literatur:

Bamford, Anne/Liebau, Eckart/Liebau, Anke (Hrsg.) (2010): Der Wow-Faktor: eine weltweite Analyse der Qualität künstlerischer Bildung, Münster/München/Berlin: Waxmann.

Dietrich, Cornelie/Krinninger, Dominik/Schubert, Volker (2012): Einführung in die Ästhetische Bildung, Weinheim: Beltz Juventa.

Menrath, Stefanie Kiwi (2022): Kreativressource, sozialer Kitt oder (selbst-)kritische Kulturproduktion?: Kulturarbeit zwischen Subjekt und Gesellschaft, politischen Erwartungen und Eigenwert, in: Sozial Extra 46, 6, S. 435–440.

4 Ästhetik, ästhetische Wahrnehmung und ästhetische Erfahrung

Zusammenfassung

Dieses Kapitel widmet sich der Ästhetik als philosophische Disziplin, die als Wissenschaft der sinnlichen Erkenntnis und als Urteilsästhetik definiert wird. Da Ästhetik sich auf die sinnliche Wahrnehmung als eine zentrale menschliche Erkenntnisquelle stützt, wird im Anschluss die sinnliche Wahrnehmung und ihre Bedeutung für die ästhetische sowie ästhetisch-künstlerische Bildung dargestellt. Neben der sinnlichen Wahrnehmung ist die leibliche Wahrnehmung und die Wahrnehmung von Atmosphären über das leibliche Spüren für künstlerisches Gestalten und Kunstbetrachtung zentral. Ebenso lassen sich gerade in den Künsten vielfältige ästhetische Erfahrungen machen, so wird abschließend dieses Phänomen erläutert.

Kunstpädagogik ist Ästhetische Bildung, dieser Begriff wiederum enthält zwei Bestandteile, Ästhetik und Bildung. So bedarf es erst der Einführung in den Begriff der Ästhetik, um dann auch das Bildungsverständnis von Ästhetischer Bildung zu klären.

Ästhetisch wird in der Alltagssprache meist als Bezeichnung für etwas Schönes verwendet. Den Begriff aber wie in der Alltagssprache auch im Fachdiskurs nur als Synonym für ‚schön' zu setzen, wäre eine extreme Reduzierung der Bedeutungsvielfalt des Ästhetischen in wissenschaftlicher Hinsicht. Die Bedeutungen, die der Begriff des Ästhetischen umfasst, sind vielfältig. Sie reichen vom sinnlich Wahrnehmbaren über das Hedonistische, das Sinnliche, das Schöne, die Schönheit, die Harmonie, das Künstlerische, den Geschmack, das Spielerische, das Fiktive bis hin zum Virtuellen, wie der Philosoph Wolfgang Welsch (geb. 1944) beschreibt (vgl. Welsch 1993: 24f.). Die unterschiedlichen Bedeutungen vom Ästhetischen sind also durchaus sehr verschieden, haben aber eine ‚Familienähnlichkeit'. Das heißt, diese unterschiedlichen Bedeutungen sind in gewisser Weise alle miteinander verbunden wie Familienmitglieder. Im Folgenden soll sich nun dem Begriff des Ästhetischen und der Ästhetik weiter angenähert werden. Dieser hat sich Laufe der Geschichte immer wieder verändert und so sind die Definitionen genauso wie die Breite des Begriffs des Ästhetischen keinesfalls überhistorisch, jede Zeit hat spezifisch eigene Auffassungen und Definitionen davon.

Die Wissenschaft, die sich zentral dem Phänomen des Ästhetischen annimmt, ist die Ästhetik, eine philosophische Disziplin. Der Philosoph Gernot Böhme (1937–2022) bezeichnet sie neben der Ontologie, der Erkenntnistheorie und der Ethik als Grunddisziplin der Philosophie (vgl. Böhme 2001: 11). Die philosophische Ästhetik entwickelte sich seit der Mitte des 18. Jahrhunderts, gewöhnlich wird Alexander Gottlieb Baumgartens Schrift *Aesthetica* von 1750 als ihr Anfang genannt (vgl. Dietrich/Krinninger/Schubert 2012: 16). Auch wenn der Philosoph Alexander Gottlieb Baumgarten (1714–1762) als Begründer der philosophischen Disziplin der Ästhetik gilt, gibt es Schriften in der Philosophiegeschichte, die man heute als Ästhetik klassifizieren würde, die viel älter sind als die Gründungsdaten der philosophischen Disziplin der Ästhetik und bis in die Antike zurückreichen (vgl. Böhme 2001: 12).

Baumgarten, der schon im Jahr 1742 Vorlesungen über die Ästhetik hielt (vgl. Welsch 1993: 7), definiert diese als Wissenschaft von der sinnlichen Erkenntnis. Er meint damit, dass wir über unsere sinnliche Wahrnehmung zu Erkenntnis über die Welt, über unser Gegenüber, über uns selbst gewinnen. Ästhetik als Wort wurzelt im Griechischen, es kommt von *Aisthétiké* (*aisthètikós, aisthánestai*), was im Griechischen wahrnehmen, wahrnehmbar bedeutet. Aisthesis ist griechisch und bedeutet sinnliche Wahrnehmung. Diese Wortwurzel beeinflusst auch die Bedeutung des Begriffs der Ästhetik. Ästhetik ist Baumgartens Ansicht nach der Logik und dem logischen Denken gleichwertig, als eigenes genuines Erkenntnisvermögen, über sie kann man also in gleichem Maße Erkenntnis generieren, nur eben über einen anderen Weg und mit womöglich anderen Ergebnissen. „Wenn man bei den Alten von der Verbesserung des Verstandes redete, so schlug man die Logik als das allgemeine Hilfsmittel vor, das den ganzen Verstand verbessern sollte. Wir wissen jetzt, daß die sinnliche Erkenntnis der Grund der deutlichen ist; soll also der ganze Verstand gebessert werden, so muß die Ästhetik der Logik zur Hilfe kommen.“ (Baumgarten 1983: 80)

Ästhetik ergänzt also die Logik, das diskursive Denken, sodass Logik und Ästhetik zusammen die umfassende Kognitionsfähigkeit des Menschen ausmachen und Denken eben mehr ist als verstandesmäßige, logische und diskursive Schlüsse zu ziehen (vgl. Dietrich/Krinninger/Schubert 2012: 16). Baumgarten schuf damit einen „Gegenpol zum Rationalismus“ (Böhme 2001: 12).

In der Geschichte der philosophischen Disziplin der Ästhetik wurde das Baumgarten'sche Verständnis von Ästhetik als Wissenschaft von der sinnlichen Erkenntnis zunächst kaum entfaltet und es entwickelte sich schnell eine lang andauernde, in der Philosophie dominante Strömung, die Urteilsästhetik, die Kriterien für das Schöne, das Erhabene und die Kunst aufstellt (ebd.). Diese begründete auch die Kunstphilosophie, eine theoretische Basis der Kunstwissenschaften, die auch speziell für die Kunstpädagogik relevant ist. In der Urteilsästhetik wurzelt auch unser Alltagsgebrauch des Adjektivs ‚ästhetisch‘ als synonym für ‚schön‘.

4.1 Ästhetik und Soziale Arbeit

Was aber haben nun das Ästhetische und die Ästhetik mit Sozialer Arbeit zu tun?

Wenn wir das Ästhetische als das sinnlich Wahrnehmbare definieren, dann kann es zunächst als ein Alltagsphänomen verstanden werden, was der Pädagoge Gerd Schäfer (geb. 1942) durch dieses Zitat ausdrückt: „Jedes Ereignis ist ästhetisch oder es existiert nicht.“ (Schäfer 2006: 185). Als Alltagsphänomen hat das Ästhetische bzw. unterschiedliche Aspekte des Ästhetischen in verschiedener Hinsicht auch Auswirkungen auf den Alltag, sowohl von Adressat*innengruppen Sozialer Arbeit als auch auf Sozialpädagog*innen. In diesem Sinne wird es an verschiedenen Stellen in diesem Buch Thema sein.

Für die Profession der Sozialen Arbeit wurde Ästhetik als philosophische Disziplin und Bezugswissenschaft erst interessant, als die Ästhetik sich in den 1970er-Jahren auf ihre Ursprünge im Baumgarten'schen Sinne als Wissenschaft der sinnlichen

Erkenntnis, also der Erkenntnis durch die sinnliche Wahrnehmung zurückbesann, und diese um die Wahrnehmungsdimension des eigenleiblichen Spürens erweiterte. Diese Bewegung in der Ästhetik als philosophische Disziplin wird auch als Neue Ästhetik bezeichnet. Hierbei spielten die Rezeption der Leibphänomenologie[2] des Philosophen Hermann Schmitz (1928–2021) und die Schriften Gernot Böhmes eine wesentliche Rolle. Die Neue Ästhetik greift Themenkomplexe wie Atmosphären und die Ästhetisierung, also die zunehmende Durchdringung unserer Alltagswelt mit ästhetischen Merkmalen, auf. Letzteres macht sie als Bezugswissenschaft für die Soziale Arbeit gerade durch die Verknüpfung mit lebenswertorientierten Theorien der Sozialen Arbeit wie der von Hans Thiersch interessant.

Für die Kunstpädagogik in der Sozialen Arbeit ist die Neue Ästhetik besonders relevant; dadurch allerdings, dass die Kunstpädagogik als wichtige Bezugsdisziplin die Bildende Kunst hat, greift sie auch Schriften der Urteilsästhetik auf.

4.2 Sinnliche Wahrnehmung

Ästhetik haben wir definiert als Wissenschaft von der sinnlichen Erkenntnis, der sinnliche Wahrnehmung zugrunde liegt. Was aber ist eigentlich sinnliche Wahrnehmung?

Sinnliche Wahrnehmung ist die aktive Auseinandersetzung mit der uns umgebenden Welt und meint einen Prozess des sich Erschließens dieser Umgebung (vgl. Ansorge/Leder 2017: 1f.). „Wahrnehmungen stellen unseren unmittelbarsten Kontakt zur Außenwelt und zu unserem Körper dar und bilden eine wesentliche Voraussetzung für das Gewinnen kurz- und langfristiger Erfahrungen und für die Steuerung und Kontrolle unseres Verhaltens.“ (Zihl 2012: 1)

Wie viele Sinne haben wir eigentlich? In diesem Buch werden wir sechs Sinne differenzieren, nämlich die klassischen fünf Sinne wie das Sehen, Hören, Schmecken, Riechen und Tasten sowie das eigenleibliche Spüren, auch Leibsinn genannt. Es gibt allerdings noch weitere, andere Kategorisierungen der Sinne, die jeweils zu einer unterschiedlichen Anzahl von Sinnen führen und oftmals mit der Bedeutung einer spezifischen Unterteilung für ein bestimmtes Feld einhergehen. So fokussiert und unterteilt beispielsweise Renate Zimmer, eine Forscherin aus dem Bereich der Psychomotorik, die Sinne sehr differenziert, die im Zusammenhang mit (motorischer) Bewegung stehen und fügt den fünf klassischen Sinnen das kinästhetische System (Bewegungsempfinden) und das vestibuläre System (Gleichgewichtssinn) hinzu (vgl. Zimmer et al. 2020: 9).

Neben der Kategorisierung nach einzelnen Wahrnehmungskanälen kann die sinnliche Wahrnehmung auch dahingehend unterteilt werden, in welcher Beziehung der eigene Körper zu den Wahrnehmungsreizen steht. So unterteilt Gerd Schäfer die sinnliche Wahrnehmung in die Wahrnehmung über die Fern- und die Körper-

2 Die Leibphänomenologie ist eine philosophische Richtung, die die unmittelbaren subjektiven Erfahrungen des eigenen Leibs als lebendiges Subjekt untersucht, im Gegensatz zu einer objektiven Betrachtung des Körpers. Über den Leib, als Struktur des lebendigen Subjekts, spüren wir uns selbst in unterschiedlichen Situationen. Diese leiblichen Erfahrungen prägen unsere Wahrnehmung und unsere Interaktion mit der Welt.

sinne. Fernsinne sind nach Schäfer das Sehen, Hören und Riechen. Über die Fernsinne erfahren und interpretieren wir die Wirklichkeit außerhalb unseres Selbst. Die Körpersinne, das Tasten, Schmecken und die Körpersinne wie das Raum-Lage-Empfinden, der Gleichgewichtssinn und kinetische Sinn, registrieren welche Wirkung die Wirklichkeit auf uns und unseren Körper hat (vgl. Schäfer 2016: 247f.).

Wahrnehmung wird oft fälschlicherweise als Reiz-Reaktions-Schema verstanden, ist aber ein hochkomplexer Vorgang und umfasst sowohl die Informationsaufnahme über die Sinnesorgane wie auch deren Verarbeitung im Gehirn unter Beteiligung von motorischen und emotionalen Aspekten:

> „Reize werden über Sinnesorgane aufgenommen, in zuverlässige neuronale Kodes übersetzt und an die zentralen Strukturen des Gehirns weitergeleitet. In den vorwiegend im Großhirn angesiedelten Strukturen findet die eigentliche Informationsverarbeitung statt; diese Strukturen stellen somit die entscheidende Voraussetzung für so genannte elementare (Entdecken, Lokalisieren, Unterscheiden [von einzelnen Reizen]) und komplexe Wahrnehmungsleistungen (Identifizieren bzw. Erkennen und Wiedererkennen) dar." (Zihl 2012: 1)

In der Großhirnrinde, dem Kortex, gibt es neuronale Funktionseinheiten, kortikale Areale, die auf die Analyse und Kodierung bestimmter Informationsaspekte aus den einzelnen Sinneskanälen spezialisiert sind. So finden sich beispielsweise im visuellen Kortex Areale für die Analyse von Farben, Formen, Bewegung, Positionen im Raum und Entfernungen sowie von Objekten, Gesichtern und auch von schriftsprachlichem Material, während sich im auditorischen Kortex Areale für die Verarbeitung von Tönen, Geräuschen, Musik und Sprache befinden. Die Aufteilung in die verschiedenen neuronalen Funktionseinheiten erlaubt die parallele, miteinander vernetzte und damit rasante Verarbeitung von Informationsanteilen (vgl. ebd.: 1f.)

Die Informationen, die das Gehirn aus den Wahrnehmungsreizen gewinnen kann, werden dort abgespeichert und mit jeder Wahrnehmung eines ähnlichen Reizes modifiziert und erweitert. So baut das visuelle System darauf auf, Informationen über visuelle Reize so im Gehirn zu speichern, dass über das Abspeichern charakteristischer Merkmale von Objekten ein Wiedererkennen auch unter veränderten Wahrnehmungsbedingungen wie unterschiedlichen Lichtverhältnissen oder anderer Raumposition möglich wird und so ähnliche visuelle Reize zukünftig schneller verarbeitet werden können. Je häufiger wir also etwas wahrnehmen, desto mehr vermehrt sich unser ästhetisches Wissen über einzelne Dinge und den Grad der Differenziertheit dieses Wissens.

An dieser Stelle wird schon sehr deutlich, dass differenziertes Wahrnehmen-Lernen stark abhängig ist von zugänglichen Umgebungsreizen, Wahrnehmungsangeboten und Wahrnehmungserfahrungen. Wahrnehmung ist eben kein einfach gegebenes, angeborenes menschliches Grundvermögen, sondern muss gelernt und trainiert werden. Wahrnehmung braucht viel Anregung, um sich entwickeln zu können. Adressat*innen Sozialer Arbeit sind oft in Umgebungen aufgewachsen, die wenig oder wenig unterschiedliche Reize geboten haben oder die durch ein Zuviel, also durch Reizüberflutung geprägt waren, beispielsweise durch übermäßigen Fernseh- oder Medienkonsum. Beides behindert die Entwicklung einer sensiblen Wahrnehmung. Ebenso fördern bestimmte Lebensumstände eine Haltung, sich selbst eher vor zu viel und zu klarer Wahrnehmung schützen zu müssen, was die eigene Wahrnehmungsfähigkeit auf Dauer verkümmern lässt.

Wahrnehmen wird zwar schwerpunktmäßig in der frühen Kindheit erlernt, doch konnten die Neurowissenschaften zeigen, dass die Wahrnehmungsfähigkeit aufgrund der Plastizität unseres Gehirns, also seiner beständigen Formbarkeit, auch noch im Erwachsenenalter trainiert werden kann (vgl. Schwiedrzik/Singer/Melloni 2011). Mit jeder neuen Wahrnehmungserfahrung formt und verändert sich unsere sinnliche Wahrnehmung, wir werden nie wieder so wahrnehmen wie vor diesem Wahrnehmungsereignis. „Perceptual learning not only improves sensitivity, but it also changes our subjective experience." (Ebd.: 4506)

Wahrnehmung ist immer komplex, wir nehmen nie nur über einen Sinneskanal war. Sie ist daher immer synästhetisch und szenisch. Wahrnehmung ist immer auch zeitgleich ein Nichtwahrnehmen, da in jedem Moment so viel Reize auf uns einströmen, dass wir nie alle mit unseren Sinnen und unserem Gehirn verarbeiten könnten.

Übung

Dazu ein kurzes Experiment: Machen Sie einen kurzen Wahrnehmungsspaziergang an einem beliebigen Ort. Es kann sein, dass man Sie während dieser Übung ‚schräg' anschaut, da Sie Dinge tun werden, die man so normalerweise nicht macht. Von daher kann ein wenig frequentierter Ort hilfreich sein, das hängt von ihrem Schamgefühl ab.

Halten Sie während ihres Wahrnehmungsspaziergangs immer wieder inne und achten sie auf die Informationen all ihrer sechs Sinne. Häufig sprechen wir davon, dass wir fünf Sinne haben, das Sehen, Hören, Riechen, Schmecken und Tasten. Der sechste Sinn, unser eigenleibliches Spüren, also wie wir uns in einer Umgebung fühlen, wird oft ausgeblendet, wenn es um das Thema Sinneswahrnehmung geht (mehr dazu im nächsten Kapitel). Nehmen Sie bewusst wahr, was sie sehen, hören, riechen, schmecken, tasten und wie sie sich fühlen.

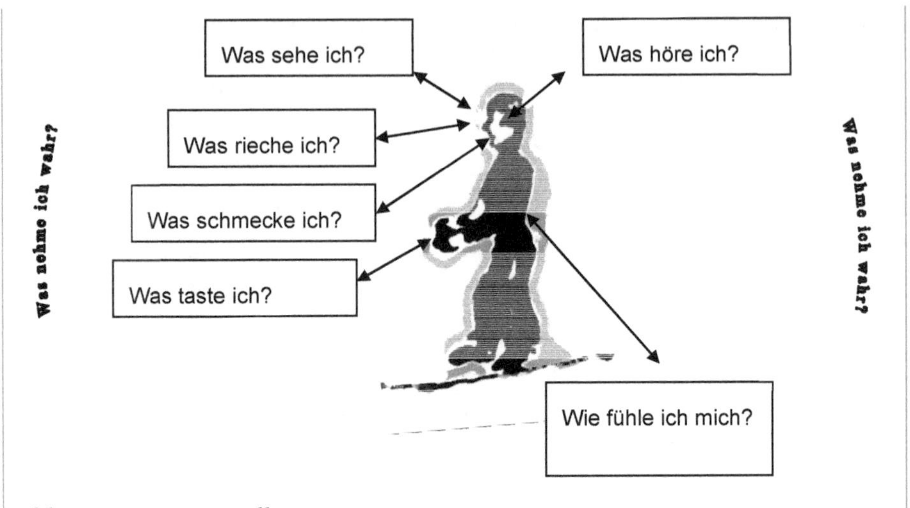

Abb. 1: Eigene Darstellung.

Versuchen Sie, nachdem Sie sich zuerst auf die Wahrnehmungen der einzelnen Sinnesorgane separat konzentriert haben, sich auf mehrere Wahrnehmungskanäle gleichzeitig zu konzentrieren. Wie gut gelingt Ihnen das? Mit wie vielen Sinnesorganen können Sie gleichzeitig wahrnehmen?

Möglicherweise konnten Sie sehr klar wahrnehmen, dass es unmöglich ist, sich auf mehrere Sinneswahrnehmungen gleichzeitig zu konzentrieren. Vielleicht gelang es Ihnen noch bewusst, gleichzeitig zu hören und zu sehen, also sich auf zwei Sinneskanäle zur gleichen Zeit zu fokussieren, mehr ist für die meisten Menschen unmöglich. Wahrnehmen ist also gleichzeitig immer auch Nichtwahrnehmen oder selektives Wahrnehmen, jedenfalls was die bewusste Wahrnehmungserfahrung betrifft. Durch die Fokussierung unserer Aufmerksamkeit auf bestimmte Sinneskanäle und bestimmte Reize werden immer auch Informationen für die Wahrnehmungsverarbeitung im Gehirn ausgewählt und andere ausgeblendet, nicht weiterbearbeitet, weil sie in einer bestimmten Situation oder für eine Person nicht relevant erscheinen. Jeder Mensch hat durch solche Selektionsprozesse verschieden gut trainierte Sinnesorgane und damit Stärken und Schwächen in der Wahrnehmungsfähigkeit. Berufliche Anforderungen und Hobbys tragen zu diesen ganz unterschiedlichen Wahrnehmungskompetenzen bei. Wer ein Instrument spielt oder im Chor singt, trainiert besonders das Hören, wer viel mit Ton formt, entwickelt besonders den Tastsinn im Umgang mit dem Material. Dies wiederum führt bei sinnlich besonders trainierten Menschen zu unterschiedlichem Wahrnehmen, Erleben, Bewerten und Erinnern von Situationen.

Wahrnehmungsübungen wie diese können, wenn wir sie in einem Gruppensetting durchführen und uns dann über die Erfahrungen austauschen, ein Einstieg für die Arbeit zum Thema Selbst- und Fremdwahrnehmung sein, sie können aber auch gestalterisches Arbeiten einleiten:

> „In den meditativen Ansätzen des Wiedergewinnens von Empfindungsfähigkeit und über den bewusst verlangsamten Prozess der Wahrnehmung werden – während die ästhetische Erfahrung sich konstituiert – Zug um Zug fast von selbst gestalterische Fähigkeiten frei, auch und gerade bei Laien, die sich bisher nicht in den Künsten geübt oder die sich dafür als „unbegabt" erlebt haben." (Selle 1993: 34)

Eine differenziert sinnliche Wahrnehmung ist also eine große Hilfe beim gestalterischen Arbeiten und gleichzeitig hilft das Gestalten dabei, die Wahrnehmung weiterzuentwickeln. Äußere Wahrnehmungsbilder bilden die Grundlage für innere Bilder und Imaginationen, die zwar mit Bildern aus der Seherfahrung angereichert sein können, aber nicht notwendigerweise auf sie angewiesen sind.

Sehen ist neben dem Tasten die Grundlage für den Umgang mit Bildern und für das Gestalten. Diese beiden Sinne werden dann aber auch spezifisch durch das Gestalten gefördert. Gerade bei dreidimensionalen Bildwerken tritt der Primat des Sehsinns aber in den Hintergrund, diese können genauso von blinden Menschen über den Tastsinn erfahren und gestaltet werden. Die Ausübung vieler anderer bildnerisch-künstlerischer Aktivitäten umfasst handwerkliche Fertigkeiten, die eng mit dem visuellen Wahrnehmungsvermögen und dem Bildgedächtnis verknüpft sind. Jedoch ist eine enge Wechselwirkung zwischen Seh- und Tastsinn im künstlerischen Prozess unverkennbar. Beide Sinne sind für die kreative Arbeit gleichermaßen wichtig und wir müssen uns ihrer jeweiligen Bedeutung und Wertigkeit im Rahmen künstlerischen Schaffens bewusst sein. In vielen Schriften der Kunsttheorie und manchmal auch der Kunstpädagogik wird allerdings die haptische Komponente des Bildschaffens und damit die Bedeutung des Tastsinns ignoriert. Das hat eine lange Tradition, denn in Kunsttheorie und -philosophie wird häufig eine Verbindung zwischen dem Sehvermögen und dem Intellekt hergestellt, wobei dem Sehsinn deshalb eine höhere Bedeutung als dem Tastsinn zugeschrieben wird, der in dieser Tradition mit Sinnlichkeit assoziiert wird (vgl. Lammert 2022: 249).

Wahrnehmung ist immer individuell und sozial: Wahrnehmung hat immer zwei Resultate, über Wahrnehmung bilden wir Repräsentationen der Umgebung in unserem Gehirn und dabei gleichzeitig subjektive Repräsentationen, die sich von Person zu Person unterscheiden können. Wahrnehmung ist immer individuell, denn je nach den eigenen schon gemachten Erfahrungen mit unserer physischen und sozialen Umwelt, werden sinnliche Wahrnehmungsreize unterschiedlich von unserem Gehirn gefiltert, verarbeitet und bewertet (vgl. Ansorge/Leder 2017: 5f.). Mit jeder neuen Wahrnehmung lernt unser Gehirn dazu, Wahrnehmungsinhalte werden modifiziert und erweitert. Wahrnehmung ist damit immer in einen individuellen, lebensgeschichtlichen sowie kulturellen Kontext eingebettet.

Auf uns prasseln in jeder Sekunde unzählige Sinneseindrücke unserer Umgebung ein, nicht alle kann und will unser Gehirn zu Wahrnehmungseindrücken verarbeiten und sie damit dem Erleben und Gebrauch zugängig machen (vgl. Zihl 2012: 9). Anhand eines sehr individuellen Selektionsprozesses, der auf unseren individuellen mentalen Modellen und Kategorien, also unserem Vorwissen beruht, selektiert das Gehirn in einem uns völlig unbewussten Prozess diejenigen Reize, die es als relevant erachtet, und verarbeitet diese weiter, die anderen werden verworfen (vgl. Karnath/Thier 2012: 76). Manche davon kommen dabei in unser Bewusstsein, andere nutzt das Gehirn beispielsweise für die uns meist unbewusste Steuerung unserer Motorik. Wäre dieser Selektionsprozess gestört, würde es zu einer völligen Reizüberflutung kommen und wir würden handlungsunfähig (vgl. ebd.: 308).

Die individuelle Wahrnehmungskompetenz ist auch geprägt von emotionalen Faktoren und personalen Voraussetzungen wie Neugierde, Aufmerksamkeit, Motivation, Stimmung, kognitiven Funktionen, Gedächtnis, Sprache und Motorik. Diese beeinflussen unsere Wahrnehmung und werden wiederum von derselben beeinflusst (vgl. Zihl 2012: 2).

Die dritte Form der Wahrnehmung, neben der zuvor beschriebenen Wahrnehmung über die Fernsinne und über den eigenen Körper, ist nach Gerd Schäfer die emotionale Wahrnehmung. Im Wahrnehmungsgedächtnis wird neben dem Wahrgenommenen auch die emotionale Bewertung des Wahrnehmungsereignisses abgespeichert. Diese fokussiert auf die Beziehung zwischen dem Subjekt und dem Wahrgenommenen in der jeweiligen Situation, verleiht ihr Ausdruck und schafft zudem Ordnung und Struktur im Wahrnehmungsgedächtnis (vgl. Schäfer 2016: 248).

Auch hier zeigt sich der individuelle Aspekt der Wahrnehmung und des Wahrgenommenen. Die unterschiedlichen Erfahrungen, die wir in unserer Umwelt mit unseren Bezugspersonen in der frühen Kindheit machen, die emotionale Bewertung dieser Wahrnehmungserfahrungen, können lange Zeit, bis sie durch neue Wahrnehmungserfahrungen revidiert oder modifiziert werden, unsere Sicht auf bestimmte Gegenstände, Sachverhalte genauso prägen wie unsere inneren Bilder von etwas – und diese Prägung wiederum ist sehr individuell. Bei jeder Wahrnehmung entstehen innere Repräsentationen, innere Bilder des Wahrgenommenen. „Anscheinend kann man nicht wahrnehmen, ohne dabei ein Bild vom Wahrgenommenen zu entwerfen." (Ebd.: 245) Diese inneren Bilder sind zentral, wenn es um das eigene kreative Gestalten geht, spielen aber auch bei jeder Bildbetrachtung eine große Rolle.

Sich der Individualität der Wahrnehmung und der individuellen Bilder von Wahrgenommenem permanent bewusst zu sein, ist in der professionellen Praxis Sozialer Arbeit von zentraler Wichtigkeit. Jede Person, mit der wir arbeiten, hat ihren eigenen Modus Dinge zu sehen, Situationen wahrzunehmen, es kann keine objektive Wahrnehmung von etwas geben kann. Daher ist es sehr sinnvoll, sich mit den Menschen, mit denen wir arbeiten, immer wieder über ihre jeweiligen Wahrnehmungen und inneren Bilder auszutauschen. Eine Hilfe dabei kann auch die Verbildlichung dieser durch künstlerisches Gestalten sein.

Wahrnehmen ist aber auch ein soziales Phänomen.

> „Wenn man damit davon ausgeht, dass das Soziale in Form sozialer Praktiken immer schon spezifische Aktivitäten sinnlicher Wahrnehmungen enthält, dann setzt diese Perspektive ganz grundsätzlich voraus, dass das

> Soziale weder separiert vom Mentalen noch von der Körperlichkeit bzw. Leiblichkeit gedacht wird, sondern von vornherein durch den Körper und durch die mentalen Prozesse hindurch wirkt. Die Körper sind nicht nur dadurch soziale Körper, dass sie implizite Wissensformen „inkorporieren", sondern auch dadurch, dass ihre Mobilisierung der Sinne sozial reguliert wird." (Reckwitz 2016: 224)

Darüber hinaus sind die Wahrnehmungen der Individuen nicht nur persönliche, interne Vorgänge; sie sind integraler Teil der sozialen Praxis und der Art und Weise, wie Individuen mit ihrer Umwelt interagieren. Soziale Wahrnehmungen entstehen daher nicht nur durch intersubjektive Orientierung, sondern auch dadurch, dass das Wahrnehmen (wie Sehen und Hören) innerhalb einer sozialen Praxis spezifisch geformt wird (vgl. ebd.).

Wahrnehmung ist immer sinnliche Wahrnehmung, emotionale und leibliche Wahrnehmung – letztere gilt es nun im Folgenden zu klären.

4.3 Leibliche Wahrnehmung

Die Neue Ästhetik betont neben der Erkenntnis über die sinnliche Wahrnehmung auch die Erkenntnis über das eigenleibliche Spüren, die leibliche Wahrnehmung, und definiert diese als eigenen Wahrnehmungskanal.

In dem Terminus der leiblichen Wahrnehmung ist der Begriff des Leibes enthalten, der heute oft als ein veralteter Begriff von Körper (miss-)verstanden wird. Kaum jemand benutzt mehr in der Alltagssprache den Begriff des Leibes, von seiner früheren Gebräuchlichkeit zeugen noch Begriffe wie das Leibchen oder die Leibspeise. In der Philosophie und dort vorwiegend in der Leibphänomenologie wird der Begriff des Leibs jedoch verstärkt seit den 1970er-Jahren wieder aufgegriffen. Die Leibphänomenologie ist ein Bereich der Philosophie, der sich mit der Erforschung und Analyse der menschlichen Erfahrung aus der Perspektive des Leibs befasst. Sie wurde von Philosophen wie Maurice Merleau-Ponty (1908–1961), Hermann Schmitz und Gernot Böhme entwickelt.

Hermann Schmitz definiert den Leib folgendermaßen: „Unter dem eigenen Leib eines Menschen verstehe ich das, was er in der Gegend seines Körpers von sich spüren kann, ohne sich auf das Zeugnis der fünf Sinne [...] und des perzeptiven Körperschemas (d.h. des aus Erfahrungen des Sehens und Tastens abgeleiteten Vorstellungsgebildes des eigenen Körpers) zu stützen." (Schmitz 1998: 12)

Schmitz betont in dem Zitat, dass der äußerlich wahrnehmbare Köper mit seinen uns bekannten Ausmaßen und unseren körperlichen Funktionen nicht alles ist, was wir von uns selbst wahrnehmen können. Der Leib ist in der Leibphänomenologie unsere lebendige Struktur, das was ich an mir „spüre und erlebe mit dem ich mich bewege und der als Wahrnehmungs- und Handlungszentrum meine absolute Orientierung in der Welt ist." (Bonnemann 2018: 421) Der Körper dagegen hat dinglichen Charakter, er ist gegenständlich erfassbar, ein Objekt, das betastet und gesehen werden kann, während der Leib von außen nicht sichtbar ist. Der Leib ist auch nicht mit den Körpergrenzen identisch. Je nach Regung und im Zusammenhang mit äußerlicher Erfahrung kann er sich ein Stück über die Grenzen der Haut ausdehnen oder sich auf winzige Leibinseln zusammenziehen. Wir spüren dann an uns selbst nur mehr etwas in der Körperregion, in der sich diese Leibinsel bildet. Als ein Beispiel seien starke Schmerzen an einem Bein genannt, wir spüren von uns selbst dann nur mehr diese schmerzende Stelle. Ebenso zieht sich bei extremem Hunger die einzig spürbare Leibinsel auf die Gegend rund um unseren Magen zusammen.

Wir haben leibliche Regungen wie Hunger, Durst, Schmerz, Müdigkeit, Frische, die wir mit keinem Sinnesorgan wahrnehmen können und dennoch oft sehr intensiv spüren. Wir befinden uns außerdem stets in einer bestimmten Stimmung. Diese Stimmungen haben einen unterschiedlichen Charakter, wir können heiter, unkonzentriert, traurig oder angespannt sein und unsere Stimmung kann auch im Laufe eines Tages wechseln. Wir spüren, wenn wir uns in einer Umgebung unwohl oder wohlfühlen, nehmen diese Umgebung wiederum ganz unterschiedlich wahr, als heiter oder bedrückend. Sowohl in realen als auch in virtuellen Umgebungen können wir von etwas in den Bann gezogen werden. Wir können vor Freude ganz ‚aus dem Häuschen' sein, erfasst von einem erhebenden, nach oben und außen drängenden Gefühl. All das sind Erfahrungen, die wir auf leiblicher Ebene machen. Mit dem Leib also spüren wir, und zwar in die Welt hinaus und auch in unseren Körper hinein (vgl. Uzarewicz/Moers 2012: 102).

Der Leib ist das Zentrum der subjektiven Wahrnehmung, er ist Wahrnehmungsorgan (vgl. ebd.: 105). Der Modus der leiblichen Wahrnehmung ist das Spüren, d.h. sich spüren beim Spüren von etwas. Mit unserem Leib haben wir auch teil an der Welt, partizipieren an ihr. Vieles, was uns tagtäglich begegnet, macht uns durch die leibliche Wahrnehmung affektiv betroffen, es berührt uns, und dies ruft eine leibliche Reaktion hervor.

> „Auch in der Sinneswahrnehmung bleibt der Leib stets der latente Bezugspunkt, das Orientierungszentrum. Sehen, Hören, Riechen, Schmecken oder Tasten sind als Sinne auf die Gegenden, Grenzen und Richtungen des Leibes bezogen. Nur eine physio-logistische Verengung begreift etwa das Sehen als bloße Reizaufnahme in das optische System – tatsächlich ist es z. B. ein aufmerksames Beobachten, ein ängstliches Um-sich-Blicken, ein abschätziges Mustern oder ein gespanntes Ausspähen usw., an dem der ganze Leib mitbeteiligt ist. Wahrnehmen bedeutet somit immer ein ganzheitliches Verhalten." (Fuchs 2000: 11)

Sinnliche Wahrnehmung und leibliches Spüren gehen also ‚Hand in Hand', wir sehen oder riechen etwas ekelerregendes und spüren am ganzen Leib großen Ekel, genauso verhält es sich mit Scham und Schreck. Bevor wir überhaupt realisiert haben, was unsere Sinne wahrnehmen, haben wir den Ekel schon längst gespürt. Wir sind affektiv von ihm betroffen.

Unser Leib ist auch Ausdrucksmedium, der Leib steuert unsere Körperhaltung, wenn wir krumm vor Schmerzen sind oder unseren Ekel mimisch ausdrücken.

Warum aber sind nun diese Erkenntnisse der Leibphänomenologie wichtig, wenn wir uns mit Ästhetischer und künstlerischer Bildung in der Sozialen Arbeit auseinandersetzen?

Kunstmachen und Kunst betrachten berührt.

> „Berührung ist dabei bestimmt als affektive Betroffenheit […]durch die Art und Weise, wie jemand die je eigene Involvierung in Kontaktformen mit Anderen, sich selbst und der Umwelt erfährt. Kontaktformen sind dabei nicht nur als Körperkontakte zu verstehen, sondern können ebenso Blickkontakte oder andere Momente der Wahrnehmung von etwas bezeichnen." (Fritz-Hoffmann 2017: 217)

Wir lassen uns berühren durch eine bestimmte Farbe und dies beeinflusst unseren Schaffensprozess. Künstlerisches Gestalten funktioniert nicht ohne leibliche Wahrnehmung, ohne berührt zu werden und sich dabei spüren bzw. etwas zu spüren. Die zentralen Sinnesorgane, die ins künstlerische Gestalten involviert sind, sind der Tastsinn und der Sehsinn. Über die Wahrnehmungen dieser beiden Sinne werden wir berührt. Wir tasten die Geschmeidigkeit des Materials Ton oder das spröde Holz, diese sinnliche Berührungserfahrung lässt uns leiblich reagieren. „Wir spüren uns und begegnen im Spüren dem Anderen, dem Pinsel, der Farbe, dem Material. Stärker als bei anderen Wahrnehmungsformen empfinden wir uns beim Tasten selbst in unserer Leiblichkeit mit." (Dorner 2023: 476)

Alle leiblichen Erfahrungen, also auch die leiblichen Erfahrungen während des Gestaltens, werden genauso wie die sinnlichen Wahrnehmungen in unserem Gehirn abgespeichert und prägen unsere Fähigkeit und Kompetenzen. So sind Handfertigkeit und Kunstfertigkeit Phänomene des Leibgedächtnisses.

Beispiel

Übung ‚Ich als Baum'
Eine Gruppe Frauen während einer beruflichen Fortbildung wird aufgefordert, sich locker im Raum zu verteilen, um eine Spürübung zu machen. Die anleitende Sozialpädagogin bittet die Teilnehmenden, wenn möglich, die Augen zu schließen und weist darauf hin, dass die Teilnehmenden die Übungsschritte gegebenenfalls den eigenen körperlichen Einschränkungen anpassen mögen. Die Spürübung ist eine Visualisierung eines Baumes, der dem eigenen Körpererleben in diesem Moment entspricht und wird mit folgenden Sätzen begleitet:
Es ist Winter, alle Lebenssäfte schlummern im inneren der Erde (Wir sitzen in der Hocke). Der Frühling hält Einzug, langsam steigen die Lebenssäfte nach oben. Sie beginnen zu wachsen, sich langsam aus der Hocke zu erheben, sich zu strecken. Nun stehen Sie.
Spüren Sie, wie sie verwurzelt sind, spüren sie ihre Fußsohlen. Wie ist ihre Aufrichtung, haben sie Kurven, haben Sie eine längere und eine kürzere Seite? Oder stehen sie ganz aufrecht, nach oben gestreckt. Wie viel Energie steckt in ihnen?
Nun breiten Sie Ihre Hände aus, diese sind Ihre Baumkrone. Wie fühlt sich Ihre Baumkrone an, dehnt sie sie sich aus, steht sie voll im Saft, oder hängen die

Äste von ihr herab. Ist sie voller Blätter? Ist Ihr Kopf mit in die Aufrichtung einbezogen? Spüren Sie Wind in Ihrer Krone, oder ist es ganz still?
Die Seminarleitung hat für die anschließende Arbeitsphase natürliche Erdpigmente mit schadstofffreiem Tapetenkleister angerührt, diese Erdfarben haben eine Konsistenz wie Fingerfarben. Erden gibt es in vielen unterschiedlichen Farbtönen, von Gelb über ein intensives Rot, Braun, aber auch Grün. Diese können über den Pigmentehandel bezogen werden. Zudem haben die Teilnehmenden vor der Spürübung den eigenen Arbeitsplatz vorbereitet, ein DIN A1 oder DIN A0 großes Blatt ausgebreitet und eine Palette mit Klecksen der Erdfarben.
Nach der Spürübung bittet die Seminarleitung alle Teilnehmenden zum eigenen Arbeitsplatz zurückzukehren und mit den Erdfarben den gespürten Baum bildlich umzusetzen. Dabei wird mit den Fingern gearbeitet. Die Teilnehmenden sind überrascht von den Erdfarben, das angenehme Gefühl, sie anzufassen, mit ihnen zu gestalten. Keine Teilnehmerin muss auf das Angebot zurückgreifen, gegebenenfalls Einmalhandschuhe zu verwenden, wenn das Berühren der Farbe als zu unangenehm empfunden wird. Allein das eher gedeckte Grün der Erdtöne wird von manchen als nicht so passend für die Umsetzung des innerlich Visualisierten empfunden.
Schnell entstehen große, eindrucksvolle Werke, die die Teilnehmenden selbst überraschen. Manche äußern, hätte man sie im Vorfeld gebeten, einen Baum zu zeichnen, hätten Sie geantwortet, dass sie das absolut nicht können. Durch die Spürübung und das angenehm zu handhabende Material sei der Baum dann aber unter ihren Händen wie von alleine entstanden.
In der anschließenden Reflexionsrunde stellen die Teilnehmenden sich gegenseitig die Werke vor, beschreiben, wie es ihnen während der Spürübung ergangen ist und inwiefern sie ihr Körpererleben in dem gestalteten Baum wiedererkennen.

In diesem Beispiel ist die künstlerische Qualität der Ergebnisse eher unwichtig, es geht vielmehr in erster Linie darum, eigenleibliches Spüren und Körperwahrnehmung sichtbar zu machen, um sie in der Reflexion dem Gegenüber zugänglich zu machen. Während des Prozesses des Gestaltens findet zudem ein intensiver Kommunikationsprozess mit sich selbst und mit den eigenen Empfindungen, mit dem eigenen Spüren statt.

Die künstlerischen Anforderungen an die Gestaltenden sind recht niederschwellig. Und obwohl das künstlerische Endprodukt zunächst eher nebensächlich ist, machen die Rahmenbedingungen des Beispiels es möglich, dass fast in jedem Fall gestalterisch interessante Bildwerke entstehen, wenn sich die Teilnehmenden auf den Gestaltungsprozess einlassen können. Die inneren Bilder, die Intensität der Spürübungen lassen den eigenen Anspruch an visuelle Gestaltungen vielfach ganz ausblenden, er wird unwichtig und so wird eine von den Teilnehmenden selbst kaum möglich gehaltene Gestaltungskompetenz freigesetzt. Dadurch wird neben der Möglichkeit der Reflexion, die für sich selbst und das Gegenüber durch das Bild geschaffen wird, auch das eigene Selbstwertgefühl als aktiv Schaffende gestärkt.

Der Einsatz solcher kombinierten Übungen von Spüren und Gestalten kann mit unterschiedlichen sozialpädagogischen Zielsetzungen verbunden sein und die gleiche Übung auch schwerpunktmäßig für mehrere Ziele eingesetzt werden.

Leibliche Erfahrungen machen wir also im Umgang mit uns selbst tagtäglich, im Gestalten und mit unserer Umwelt. Eine sehr spezifisch leibliche Umgebungserfahrung, die wiederum für das künstlerische Gestalten bedeutsam ist, ist das Spüren von Atmosphären, auf die im Folgenden eingegangen wird.

4.4 Atmosphären

Atmosphären werden über das leibliche Spüren wahrgenommen. Im Alltag verwenden wir den Begriff der Atmosphäre häufig. Wir sprechen z. B. davon, dass in einem Gespräch eine angespannte Atmosphäre herrschte oder ein Fest von einer heiteren Atmosphäre geprägt war. Atmosphäre kennen wir aber auch als die Lufthülle, die die Erde umgibt. Was also sind Atmosphären? In der Leibphänomenologie und auf deren Verständnis wollen wir uns hier beziehen, verweist der Begriff ‚Atmosphäre' doch auf eine wichtige Dimension der menschlichen Erfahrung, die eng mit dem Konzept der Leiblichkeit verbunden ist. Die meteorologische Atmosphäre und die Erdatmosphäre interessieren in unserem Zusammenhang nicht.

Für Gernot Böhme, einem deutschen Philosophen, dessen Arbeiten das leibphänomenologische Verständnis von Atmosphäre stark geprägt hat, sind Atmosphären zunächst einmal Alltagsphänomene, die überall sind und ständig wahrgenommen werden können, z. B. in Räumen und der Architektur, in sozialen Situationen, in der Natur, aber auch in Bildern und Kunstwerken. Atmosphären sind ein Dazwischen von Umgebungsqualitäten und dem Befinden von Subjekten (vgl. Jung 2020: 11; Dorner 2023: 467f.). Atmosphären stellen also zum einen die Stimmung eines Raumes oder einer Umgebung dar, einen gestimmten Raum, und zum anderen die Beziehung zwischen uns, unserer Stimmung und diesem gestimmten Raum.

> „Wahrnehmen ist im Grunde die Weise, in der man leiblich bei etwas ist, bei jemandem ist oder in Umgebungen sich befindet. Der primäre Gegenstand der Wahrnehmung sind die Atmosphären. Es sind weder Empfindungen noch Gestalten, noch Gegenstände oder deren Konstellationen, wie die Gestaltpsychologie meinte, was zuerst und unmittelbar wahrgenommen wird, sondern es sind die Atmosphären, auf deren Hintergrund dann durch den analytischen Blick so etwas wie Gegenstände, Formen, Farben usw. unterschieden werden." (Böhme 2013: 47f.)

Böhme spricht also davon, dass Atmosphären der erste Gegenstand der Wahrnehmung sind (vgl. Böhme 2001: 45). Er meint damit, dass wir zunächst die besondere Qualität einer uns umgebenden Atmosphäre ganz unmittelbar spüren, von dieser Atmosphäre affektiv betroffen werden, bevor wir analysieren, wie es zu diesem Wahrnehmungseindruck kommt. Wir spüren die ruhige Atmosphäre der abendlichen Stimmung an einem See bei schönem Herbstwetter, bevor wir uns über die spezifische Lichtqualität, das ruhige Gewässer, die gedämpften Naturgeräusche usw. bewusst werden.

Der Leib ist ein Resonanzkörper für die Stimmungen und Atmosphären, die uns umgeben und in der wir sind, unsere leibliche Wahrnehmung reagiert auf diese. Wir spüren die Qualität dieser Umgebungen am eigenen Leib (vgl. ebd.: 31).

Atmosphären sind Stimmungen eines Raumes oder einer Situation, die durch leiblich spürbare und sinnlich wahrnehmbare Qualitäten des Raumes oder der Situation erzeugt werden. Diese können warm, einladend, bedrohlich, beunruhigend oder beispielsweise beruhigend sein. Diese Atmosphären beeinflussen unsere eigene Stimmung, unser eigenes Gestimmtsein, und damit unsere Wahrnehmung sowie unser Verhalten, ohne dass wir uns dessen immer bewusst sind. Atmosphärenwahrnehmung ist daher die Wahrnehmungserfahrung eines Dazwischen und Gleichzeitigem, von mir selbst und einer Realität außerhalb von mir.

In der Leibphänomenologie wird betont, dass unser Leib mit unserer leiblichen Erfahrung nicht isoliert für sich existiert, sondern dass er in Wechselwirkung mit seiner Umgebung steht und durch Atmosphären geprägt wird. Die Atmosphären beeinflussen, wie wir uns in der Welt fühlen und positionieren. Atmosphären sind nicht nur rein objektive oder rein subjektive Phänomene, sondern sie entstehen aus der Wechselwirkung zwischen dem Raum und den Empfindungen, die er in den Menschen auslöst. Über Atmosphären können wir uns verständigen, sie erscheinen wie etwas, das in der Luft liegt, auch wenn wir sie nicht unbedingt gleich wahrnehmen wie andere Menschen. Atmosphären haben immer einen Charakter; wir beschreiben sie oft mit einem Adjektiv, eine gruselige, wohlige, angespannte Atmosphäre. Da Atmosphären einen Charakter haben und man sich über sie verständigen kann, bezeichnet sie Böhme auch als „quasi-objektiv" (vgl. Böhme 2001: 45ff.), weil sie eben keine objekthaften Gegenstände sind.

Atmosphären können sich sowohl auf Räume aller Art beziehen, als auch auf Natur, Menschen und Situationen, genauso wie auf Bilder, Musik, Theater und Tanz. Böhme betont, dass Atmosphären nicht nur passive Hintergründe sind, sondern eine aktive Rolle dabei spielen, wie Menschen eine Umgebung oder Werke der Kunst wahrnehmen, fühlen und verstehen. Sie beeinflussen die Stimmung, das Verhalten und sogar das Denken derjenigen, die sie erleben. Diese Atmosphären entstehen aus verschiedenen Faktoren wie Licht, Klang, Temperatur, Architektur, Materialität und der Anwesenheit anderer Menschen. Atmosphären können bewusst hergestellt, es kann eine Atmosphäre mit einem bestimmten Charakter erzeugt werden. Bei der Herstellung von Atmosphären kommt es auf eine entsprechend wirkungsvolle Kombination der Extasen der Dinge, aus denen sie bestehen, an. Böhme geht davon aus, dass jedes Ding über seine Materialität, seine Farbigkeit etc. in den Raum hineinwirkt, eine bestimmte Extase (von *ex stasis*, lateinisch: aus sich heraustreten) hat und die Atmosphäre eines Raumes dadurch mitbestimmt (vgl. ebd.: 131f.). Bestimmte Berufsgruppen befassen sich hauptsächlich mit dem Herstellen von Atmosphären, wie Architekt*innen, Bühnenbildner*innen, Künstler*innen, Kosmetiker*innen. Böhme bezeichnet diese als ästhetische Arbeiter*innen (vgl. ebd.: 178). Aber auch Professionelle der Sozialen Arbeit stellen tagtäglich Atmosphären her, sei es bei der Gestaltung einer guten Beratungsatmosphäre oder einer ruhigen Hausaufgabensituation.

Beispiel

Der Einsatz von Atmosphärenwissen in der Praxis Sozialer Arbeit:
Das Team einer psychosozialen Beratungsstelle für Frauen hat ein Budget bei dem Träger der Einrichtung beantragt, um den zentralen Beratungsraum, dessen Ausstattung in die Jahre gekommen ist, zu renovieren und neu zu gestalten.
Das Team verwendet einen Teamklausurtag dafür, um sich gemeinsam Gedanken zu machen, wie eine für ihre Zielgruppe förderliche Beratungsatmosphäre durch eine geeignete räumliche Gestaltung unterstützt werden kann. Gestimmte Räume können zwar nicht die Arbeit der Sozialpädagoginnen übernehmen, aber diese durchaus positiv oder negativ beeinflussen. Bei einem negativen Einfluss braucht es weit mehr Energie und Einsatz der Fachkräfte, eine förderliche Beratungsatmosphäre allein durch die zwischenmenschliche Atmosphärengestaltung herzustellen.
Da aber, wie wir gesehen haben, jede Atmosphärenwahrnehmung einen subjektiven Anteil hat, ist gerade der Austausch über mögliche Gestaltungsmittel zentral.
Das Team teilt sich in zwei Gruppen auf und jede Gruppe baut zunächst mit Modellbaupappe und Heißkleber ein maßstabsgetreues Modell des Beratungsraums mit abnehmbaren Wänden, sodass man auch aus verschiedenen Perspektiven seitlich in das Raummodell blicken kann.
Mit verschiedenen Farben, Stoffresten, farbigen Papieren, selbsttrocknendem Modelliermaterial usw. wird anschließend in zwei Gruppen ein mögliches Interieur des Beratungsraums entworfen. Bei jeder Auswahl eines Materials oder einer Farbe wird sich über die subjektive, leibliche Empfindung des Elements ausgetauscht, bis eine für jedes Gruppenmitglied tragbare Lösung gefunden wird. Das Team wird sich in dem Gestaltungsprozess bewusst, wie unterschiedlich die einzelnen Teammitglieder bestimmte Gegenstände und Materialien wahrnehmen, welche Gefühle und Stimmungen diese bei jeder einzelnen auslösen. Neben der Raumgestaltung lernen sich auch die Teammitglieder noch einmal auf eine ganz andere Art und Weise kennen.
Langsam entsteht so ein Raummodell mit einer Atmosphäre, indem sich alle Sozialpädagoginnen vorstellen können, dass sie sich in dem Raum wohlfühlen und damit ihre Arbeitskraft sinnvoll einsetzen können.
Gemeinsam wird außerdem bei der Auswahl der Materialien und Gegenstände reflektiert, inwieweit man annimmt, dass diese auch eine gute Atmosphäre für die Adressat*innen schaffen könnten. Natürlich ist aufgrund des Ich-Anteils der Atmosphärenwahrnehmung keine hundertprozentige Garantie für das Wohlfühlen einer anderen Person in einer gestalteten Atmosphäre gegeben, dennoch lassen sich aus der Kenntnis und der Arbeit mit der Zielgruppe eine hohe ‚Trefferquote' ableiten. Und schon das Wohlfühlen der Fachkräfte im Raum fördert die Arbeitsatmosphäre dort.

Tatsächlich sind alle Menschen ständig Atmosphärengestalter*innen, ob bewusst oder unbewusst. So wie wir auftreten, uns kleiden, wie wir sprechen, bestimmen wir eine Raum- oder Gesprächsatmosphäre mit. Unsere Wohnung richten wir meist so ein, dass wir uns darin wohlfühlen, um nur ein paar Beispiele der alltäglichen Atmosphärengestaltung zu benennen. Jede/r ist auch fähig, Atmosphären zu empfinden, und zwar von Anfang an; Säuglinge spüren z. B. eine angespannte Atmosphäre und beginnen zu weinen. Nicht alle Menschen haben aber die gleichen Kompetenzen, was das Herstellen von Atmosphären betrifft. Die Fähigkeit Atmosphären herzustellen, wird oft als *tacit knowledge,* als schweigendes Wissen bezeichnet, weil es uns kaum möglich ist, dieses explizit zu machen. Sie zeigt sich nur in der praktischen Umsetzung. *Tacit knowledge* ist stark Kultur und Milieu geprägt und drückt sich über kulturspezifische Komponenten aus. Ebenso wie sich die Fähigkeiten in der bewussten Atmosphärengestaltung stark unterscheiden, variiert auch die Kompetenz über diese zu reflektieren.

Böhme argumentiert, dass ein bewusstes Schaffen von Atmosphären eine Möglichkeit sein kann, zu manipulieren, denn durch das affektive Betroffensein von Atmosphären greifen diese direkt in unsere Befindlichkeit ein und umgehen damit oft die Kontrolle des Verstands.

Ein wichtiger Aspekt von Böhmes Theorie ist daher, dass Atmosphären nicht nur als ästhetische Phänomene betrachtet werden müssen, sondern auch als ethische und politische. Sie können eine große Auswirkung darauf haben, wie Menschen miteinander interagieren und wie sie ihre Umwelt wahrnehmen. Auch auf diesen Aspekt gilt es in der Praxis Sozialer Arbeit zu achten. Durch ein tieferes Verständnis von Atmosphären können wir besser verstehen, wie Räume, Situationen, Menschen und Kunstwerke auf uns wirken und wie wir unsere Umgebung bewusst gestalten können, um positive Erfahrungen zu fördern. Eine Beschäftigung mit Atmosphären ist daher für die Praxis Sozialer Arbeit genauso von Bedeutung wie für das ästhetisch-künstlerische Gestalten.

4.5 Ästhetische Wahrnehmung und ästhetische Erfahrung

Ästhetische Wahrnehmung ist eine besondere Form der Wahrnehmung. In Situationen der ästhetischen Wahrnehmung herrscht ungeteilte Aufmerksamkeit, welche vor der Unterscheidung in spezifische Sinnesmodalitäten wirksam wird. Wir sind so ergriffen, ausgefüllt von der Wahrnehmung, so affektiv betroffen von ihr, dass es uns erst im nächsten Moment möglich ist, zu reflektieren, ob diese vorwiegend auf visuelle, auditive, haptische, olfaktorische, gustatorische oder leibliche Wahrnehmungen zurückzuführen ist. Ästhetische Wahrnehmung ist also sehr nah an dem, was Gernot Böhme mit Atmosphärenwahrnehmung beschrieben hat. Diese ungeteilte synästhetische Aufmerksamkeit ist eng mit der Leiblichkeit der ästhetischen Wahrnehmung verbunden. Die ästhetische Wahrnehmung kann sich auf eine Atmosphäre beziehen, aber auch nur auf ein einzelnes Wahrnehmungsereignis. Obwohl die Leibbezogenheit eine grundlegende Voraussetzung für jede Form von Wahrnehmung darstellt, wird in der ästhetischen Wahrnehmung die eigene Leiblichkeit selbst zum Thema (vgl. Brandstätter 2013), wir werden uns ihrer gewahr. Wir nehmen sinnlich wahr und werden gleichzeitig aufmerksam auf die sinnliche und leibliche Wahrnehmung (vgl. Mollenhauer 1996: 26).

Ästhetische Erfahrung ist wiederum das sich Bewusstwerden der eigenen ästhetischen Wahrnehmungserfahrung. Es fällt uns etwas auf, wir reagieren mit einer besonderen Form des Angesprochenseins auf die sinnliche Wahrnehmung und werden uns dessen bewusst. In einer ästhetischen Erfahrung können wir uns ganz dem Genießen eines wunderbaren Essens hingeben oder dem genussvollen Gruseln während eines Horrorfilms. Es ist das Bewusstwerden der eigenen leiblichen Reaktion während eines sinnlichen Wahrnehmungsereignisses. In einer ästhetischen Erfahrung sind wir in einem Austausch mit uns selbst und mit den Dingen. Das Gewahrwerden dessen, enthebt uns der normalen, alltäglichen, eher unbewusst und im Hintergrund ablaufenden Wahrnehmungstätigkeit, man sieht plötzlich mit anderen Augen und hört mit anderen Ohren Das Wahrgenommene bekommt eine Bedeutung für uns und ist dann auch für die Erinnerung zugänglich (vgl. Zirfas 2023).

> „Die ästhetische Erfahrung ist eine liminale Erfahrung, eine Grenz-, Übergangs- oder auch Unterbrechungserfahrung. Man löst sich von gängigen Wahrnehmungsformen und Geschmacksurteilen, von bedeutsamen Fantasien und etablierten Ausdrucksweisen. Daher können ästhetische Erfahrungen Transformationen und Bildungsprozesse des ästhetischen Subjekts bedingen." (Ebd.)

Die Besonderheit ästhetischer Erfahrungen zeigt sich durch eine spezielle Art des Zeiterlebens. Aufgrund der Selbstbezogenheit der Wahrnehmung verliert die objektiv messbare ‚Außenzeit' an Bedeutung. Ästhetische Erfahrungen geschehen im Modus des Verweilens, einer Erlebensweise, bei der die Gegenwart und der Augenblick eine zentrale Rolle spielen. (vgl. Brandstätter 2013) Wir verweilen im Modus dieser Wahrnehmung, sind für eine gewisse Weile davon in den Bann gezogen, ganz unabhängig davon, um welche ästhetische Erfahrung es sich handelt. Allen ästhetischen Erfahrungen gemeinsam ist aber eine Art der Fülle, vielfach, aber nicht immer ein Wohlgefallen, ein Genuss (vgl. Brinkmann/Willatt Herrera 2019: 832).

Eng verbunden mit dem Begriff der ästhetischen Erfahrung ist das Staunen. Duncker beschreibt das Staunen als Innehalten in ästhetischer Hingabe, als gerichtete Aufmerksamkeit auf ein Objekt, eine Person oder Situation, die sehr intensiv wahrgenommen werden. Es ist das dichte Erleben eines Moments, das zur Erfahrung von Fülle führt. Diese Momente wollen ausgekostet werden (vgl. Duncker 2012: 72).

Ästhetische Erfahrungen haben Erlebnischarakter und bilden die Grundlage für Ästhetische Bildung. Ästhetische Erfahrungen können wir im Alltag genauso machen wie in den Künsten. Vielfach wird den Künsten ein höheres Potenzial zugesprochen, an ihren Werken ästhetische Erfahrungen machen zu können als an alltäglichen Dingen. Begründet wird das damit, dass die Künste uns des Alltags, der alltäglichen Erfahrung entführen, um uns in andere Welten eintauchen zu lassen. Allerdings reagiert nicht jeder Mensch auf jedes Kunstwerk so, dass er/sie daran eine ästhetische Erfahrung macht.

4.6 Die Bedeutung von Wahrnehmung für die Professionalität in der Sozialen Arbeit

In der beruflichen Praxis Sozialer Arbeit ist ein tiefes Bewusstsein für die eigenen Wahrnehmungsprozesse unerlässlich, um auf die Vielfältigkeit und Komplexität der Lebenswelten der Adressat*innen adäquat reagieren und lebensweltorientiert handeln zu können. Das Einnehmen einer ästhetischen Perspektive erfordert das Verständnis, dass jede Wahrnehmung auch ein Nichtwahrnehmen impliziert.„Reflektierte Ästhetik mahnt [...] sich des Doppelverhältnisses von Beachtung und Ausschluss bewusst zu sein. Etwas zu sehen, heißt stets, etwas anderes zu übersehen. Es gibt kein Sehen ohne den blinden Fleck. Entwickelte Sensibilität ist darauf aufmerksam und zieht Konsequenzen daraus.“ (Welsch 1993: 46) Das Erkennen eines Aspektes schließt also immer das Übersehen eines anderen ein, da jeder Blickwinkel seinen blinden Fleck hat. Professionelle Soziale Arbeit braucht eine dafür entwickelte Sensibilität, um bewusst mit den Limitationen menschlicher Wahrnehmung und Aufmerksamkeit umgehen zu können.

Somit wird der Fokus auf die eigene Wahrnehmung zu einer gesellschaftlich höchst relevanten, professionellen Aufgabe, wie Pierangelo Maset formuliert, da Wahrnehmungsfähigkeit soziale Kompetenz darstellt und damit die Schulung des Blickes, den wir auf ein Gegenüber richten, zu einem pädagogischen Akt sozialer Bedeutung wird (vgl. Maset 1995: 98). Zentral für die Soziale Arbeit ist eben jene Wahrnehmung der/des Andere*n, die nach Levinas den/die Andere*n als Andere*n gelten lässt und die egoistische Selbstbehauptung verlässt, um sich dem Anruf des/r Anderen zu öffnen (vgl. ebd.: 66).

Professionelle Praxis Sozialer Arbeit nimmt zudem auch die Wahrnehmungsfähigkeit der Adressat*nnen, mit denen sie arbeitet, in den Blick. Wie zuvor schon erwähnt, leben diese oft in Kontexten, die eine volle Entfaltung ihrer Wahrnehmung – der sinnlichen, leiblichen, emotionalen und ästhetischen – nicht erlauben, sei es, weil ihre Lebenswelt sie an der Entfaltung ihrer Wahrnehmung hindert, durch zu wenig Angebote, sei es, weil sie sich durch Abstumpfung schützen müssen, um nicht ständig unangenehme Wahrnehmungserfahrungen machen zu müssen. Angebote der ästhetisch-künstlerischen Praxis und Bildung in der Sozialen Arbeit können helfen, einen neuen, anderen Zugang zur eigenen Wahrnehmung zu bekommen und die Wahrnehmungskompetenzen zu erweitern.

Wahrnehmungsförderung ist zudem ein Beitrag zur Persönlichkeitsentwicklung, da ästhetische Aspekte unsere Selbstwahrnehmung und unser Identitätsbewusstsein prägen. Ästhetische Aspekte der Wahrnehmung spielen auch bei der Bewertung der eigenen und fremder Kulturen eine Rolle (vgl. Klafki 1993: 28).

Wenn im Weiteren von Wahrnehmung gesprochen wird, ist außer dann, wenn ein Wahrnehmungskanal gesondert benannt wird, immer das Zusammenspiel aller Wahrnehmungsformen und -kanäle, aller Sinneswahrnehmungen der leiblichen und ästhetischen Wahrnehmung gemeint.

4.7 Ästhetische Praxis im Alltag

„Ästhetische Praktiken sind Praktiken, in deren Zentrum die Hervorbringung ästhetischer Wahrnehmungen steht. Ästhetische Praktiken im Feld der Kunst und solche, die sich an der Schönheit orientieren, stellen sich dann lediglich als Sonderfälle dar.“ (Reckwitz 2016: 223)

Ästhetische Praxis, ästhetische Praktiken durchziehen in unserer Gesellschaft unseren Alltag und zahlreiche Lebensbereiche und sind gleichzeitig kulturelle Praxis. Wir inszenieren uns und unseren Lebensstil ästhetisch, indem wir uns kleiden, die eigene Wohnung einrichten und unser Essen zubereiten. Ästhetische Gestaltungsprozesse sind so in zahlreichen Aspekten unseres alltäglichen Lebens verankert, von der Gestaltung der persönlichen Umgebung hin zu der von städtischen Räumen, von persönlichen Lebensstilen zu soziokulturellen Stilgemeinschaften. Lebensstilgemeinschaften bilden einen ähnlichen Habitus aus (siehe Kapitel 2.2). Der Philosoph Wolfgang Welsch (geb.1944), ein zentraler Vertreter der zeitgenössischen Ästhetik, hat bereits in den frühen 1990er-Jahren auf diese Alltagsästhetisierung, also diese Durchdringung unseres Alltags von ästhetischen Gestaltungen und Überformungen hingewiesen (vgl. Welsch 1993), die sowohl unsere kulturelle Umgebung als auch unsere Wahrnehmungen formen. Unsere kulturelle Zugehörigkeit prägt auch unsere Wahrnehmung, da Wahrnehmen immer in einem kulturellen Kontext erlernt wird und so entstehen kulturell unterschiedliche Wahrnehmungs- und Deutungsmuster.

Ästhetisierung bezieht sich auf die Zunahme und Betonung von ästhetischen Komponenten in verschiedenen Kontexten, was oft zur Folge hat, dass die Form gegenüber der Funktion an Bedeutung gewinnt, also beispielsweise das Design wichtiger ist als die Funktionalität eines Objekts. Ob diese Prägungen ein besonders zeitgenössisches Phänomen darstellen oder ob, wie der Kulturwissenschaftler Hartmut Böhme (geb.1944) in Bezug auf Welsch bemerkt (vgl. Böhme 1995), ästhetische Prozesse schon immer einen wesentlichen Einfluss auf das menschliche Leben hatten, bleibt eine offene Frage.

Ästhetisierungsprozesse sind also Aktivitäten und Produkte alltäglicher ästhetischer und kultureller Praxis. Ästhetische Praxis im Alltag ist auch ein *doing culture* (siehe Kapitel 2.1), d.h. über die ästhetische Praxis wird durch den jeweiligen ästhetischen Lebensstil auch die spezifische kulturelle Zugehörigkeit ausgedrückt. Und damit wird das *doing culture* auch zu einem *doing difference* (vgl. Hörning/Reuter 2004: 11). Kultur ist also in weiten Teilen ästhetische Praxis.

In unserer gegenständlichen und räumlichen Umgebung sind wir mit unterschiedlichen Ausprägungen dieser Ästhetisierungsprozesse konfrontiert, mit Produkten der Oberflächenästhetisierung, also dass Dinge quasi ‚ästhetisch überzuckert' werden, um uns schneller und intensiver emotional anzusprechen, wie beispielsweise das Verpackungsdesign von Lebensmitteln und Kosmetikprodukten. Genauso aber werden Bahnhöfe oder Einkaufspassagen ästhetisch überformt, um uns zu Konsum und zum Verweilen einzuladen.

Neben der Oberflächenästhetisierung sind wir aber gerade durch die Digitalisierung auch mit Phänomenen der Tiefenästhetisierung konfrontiert, d.h. Ästhetisierungsprozesse, die auch in tiefere Schichten reichen. So sind wir in unserer Gesellschaft Zeugen eines tiefgreifenden Prozesses der Ästhetisierung, der alles, was wir als Realität betrachten, durchdringt. Bei der Herstellung von Objekten beispielsweise werden diese zunächst völlig materiefrei auf dem Computerbildschirm hergestellt, die Simulationen sind kontinuierlich bearbeitbar. Wirklichkeit erlangt so in unserer Wahrnehmung und in unserem Bewusstsein durch diese Prozesse zunehmend eine Verfasstheit, die von Konstruktion und Produktion, von Modellierbarkeit geprägt ist, und an den Charakter von Kunst erinnert (vgl. Welsch 1993: 17f.). Unser kompletter Konsum, aber auch die Ökonomie selbst und die Prozesse der Arbeit sind heute ästhetisiert (vgl. Reckwitz 2016: 216). Die Expansion der Medientechnologien und die Globalisierung haben ästhetische Erfahrungen und Oberflächen zum zentralen Bestandteil des sozialen und ökonomischen Austauschs gemacht. In der Postmoderne wird die Ästhetik oft als Mittel zur Erzeugung von Aufmerksamkeit und damit auch als Wirtschaftsfaktor eingesetzt. Politische Ästhetisierung findet in der Inszenierung von Wahlkämpfen statt, dort zählt die visuelle Präsentation von Politikern und ihrer Botschaften oft mehr als der politische Inhalt selbst (vgl. Welsch 1993: 14ff.).

Adressat*innen Sozialer Arbeit leben wie wir alle in dieser ästhetisierten Welt, sie erleben aber häufiger als andere Mitglieder der Gesellschaft ästhetische Exklusionsprozesse, die kulturelle Teilhabe erschweren oder verunmöglichen, z. B. durch Armut und andere Zugangsbarrieren. Um ‚dazuzugehören', braucht es vielfach ökonomisches Kapital; durch materielle Armut ist den Adressat*innen Sozialer Arbeit der Zugang zu so mancher ‚ästhetischen Community' verwehrt. Ihre Bildungslaufbahn hat sie zudem häufig nicht in genügendem Maße auf die Anforderungen der ästhetisierten und digitalisierten Gesellschaft vorbereitet.

> „Der Ausschluss [...] beinhaltet erhebliche soziale Risiken: Kulturelle Armut und mangelnde Medienkompetenz, allgemeiner: [m]angelnde Fähigkeiten im Umgang mit präsentativen Symbolsystemen[] markieren auch neue Herausforderungen an die Soziale Arbeit. Mitten in einer ökonomisch und kulturell reichen Gesellschaft verarmen ganze Bevölkerungsgruppen nicht mehr nur ökonomisch, sondern zunehmend auch kulturell. Die Partizipation an kulturellem Kapital wird damit zum Leitziel Sozialer Arbeit." (Jäger/Kuckhermann 2004: 273)

Und kulturelles Kapital ist in unserer Gesellschaft eben auch ästhetisches Kapital.

Die Medien und medienpolitische Strategien machen Adressat*innen Sozialer Arbeit häufig unsichtbar; wer nicht schön und attraktiv ist, ist es nicht wert, Aufmerksamkeit zu bekommen. Gleichzeit aber sind wir durch die vielfältigen und umfassenden gesellschaftlichen Ästhetisierungsprozesse, gerade auch durch die medialen Welten, die unsere Wahrnehmung in einen Zustand der Dauererregung bringen, von Prozessen der Anästhetisierung (vgl. Welsch 1993: 45) betroffen, die zu einer wachsenden Unempfindlichkeit, Betäubung der Sinne und damit zu einem Hindurchsehen anstatt Hinsehen (vgl. Noack 2007: 122) führen. Dies führt auch zu einer wachsenden Gleichgültigkeit und Desensibilisierung gegenüber sozialen Problemlagen. Adressat*innen der Sozialen Arbeit vor allem Minderheiten und Randgruppen, werden räumlich und sozial unsichtbar gemacht oder machen sich selbst unsichtbar. Durch das Ausgeschlossensein von den unbegrenzten Möglichkeiten des ästhetischen Erlebens in unserer durch und durch ästhetisierten Erlebnisgesellschaft betreiben viele Adressat*innen Sozialer Arbeit zusätzlich zu den erfahrenen Exklusionen Selbstmarginalisierung (vgl. Schulze 2008: 70). Eine wichtige Aufgabe Sozialer Arbeit ist es daher, diese Menschen und Aspekte sozialer Problemlagen, die durch Ästhetisierungsprozesse verdeckt oder unsichtbar gemacht wurden, in die Sichtbarkeit zu führen, indem wir sie wahrnehmen, erkennen, und anerkennen. Die Soziale Arbeit muss gegen eine Narkotisierung durch die Ästhetisierungsprozesse arbeiten, ihre Wahrnehmung stets wachhalten, um Sichtbarkeiten zu fördern.

Ästhetisierungsprozesse sind aber keineswegs nur negativ zu betrachten. Ästhetik, traditionell als Wissenschaft der Kunst verstanden, richtet den Fokus auch auf Kreativität und Gestaltungsmöglichkeiten. Thiersch (2002: 34) sieht die Aufgabe der Sozialen Arbeit darin, Lebensräume zu schaffen und zu gestalten. Dies beinhaltet eine aktive Auseinandersetzung mit den gegebenen Umständen und das Streben nach mehr als dem Status quo. Soziale Arbeit nutzt ihre Ressourcen, um Gestaltungsmöglichkeiten zu erkunden, ihre Adressat*innen zu ermächtigen und zur Reflexion ihrer eigenen Interpretationen und Wissensbestände anzuregen, wie Treptow (2004: 445) betont.

Schließlich erkennt eine ästhetische Perspektive auf die Welt und die Dinge auch die Grenzen der Gestaltbarkeit, insbesondere in Fällen, in denen Ästhetisierungsprozesse die Illusion erwecken, alles sei machbar. Die Soziale Arbeit setzt sich bewusst von einem solchen simplifizierten Machbarkeitsdenken ab und unterscheidet zwischen Kunst und Realität, indem sie sich gegenüber einer Anästhetisierung sozialer Problemlagen zur Wehr setzt – so z. B. gerade in der Präsentation der Wünsche und Anliegen ihrer Adressat*innen in künstlerischer Form in Ausstellungen an prominenten öffentlichen Orten.

Empfohlene Literatur:

Böhme, Gernot (2001): Aisthetik: Vorlesungen über Ästhetik als allgemeine Wahrnehmungslehre, München: Verlag Wilhelm Fink.

Jung, Julia (2020): Stimmungen weben: eine unterrichtswissenschaftliche Studie zur Gestaltung von Atmosphären, Wiesbaden: Springer VS.

Dorner, Birgit (2023): Handgreiflich (und) berührt werden. Interaktionen von Material und Künstler*in im gestalterischen Prozess, in: Charlotte Uzarewicz/Robert Gugutzer/Michael Uzarewicz/Tom Latka (Hrsg.): Berühren und berührt werden: zur Phänomenologie der Nähe, Baden-Baden: Verlag Karl Alber.

5 Ästhetische und Kulturelle Bildung

Zusammenfassung

In diesem Kapitel erfolgt eine Einführung sowohl in die Ästhetische Bildung als auch die ästhetische Selbstbildung sowie die ästhetisch-kulturelle Bildung, auch Kulturelle Bildung genannt. Es werden zentrale historische Entwicklungslinien, die zum heutigen Verständnis von Ästhetischer und Kultureller Bildung führen, dargestellt. Ebenso wird der dahinterliegende Bildungsbegriff erläutert. Da Programme Kultureller Bildung oft auf die besonderen Chancen der Persönlichkeitsbildung verweisen, wird das Thema der Persönlichkeits- und Identitätsentwicklung durch ästhetisch-kulturelle Bildung beleuchtet. Am Ende werden die Ziele ästhetisch-kultureller Bildung in der Sozialen Arbeit entfaltet.

Seit einem Zeitraum von etwa 20 Jahren hat die Ästhetische Bildung und eng mit ihr verbunden auch die Kulturelle Bildung eine Blütezeit im öffentlichen Diskurs erlebt, die erst durch globale Krisen wie Corona-Pandemie und Ukraine-Krieg verblasst. Dieser etwa 20-jährige Trend umfasst die Veröffentlichung der *Roadmap für Kulturelle Bildung* der UNESCO im Jahr 2006 genauso wie das Programm *Kultur macht stark* des BMBF im Jahr 2018. Diese Hochkonjunktur des Begriffs Ästhetische Bildung führt aber nicht dazu, dass im Kontext Schule den ästhetischen Fächern wie Kunst- und Musikunterricht eine höhere Bedeutung zugeschrieben wird, im Gegenteil, sie sind dort fast vom Verschwinden betroffen (vgl. Steigerwald 2019: 149). Im Fachdiskurs der Sozialen Arbeit werden dagegen in diesem Zeitraum in Deutschland Ansätze der Ästhetischen Bildung und Ästhetischen Praxis in der Sozialen Arbeit vermehrt diskutiert. Das Jahr 2004 bringt zwei bahnbrechende Veröffentlichungen dieses Diskurses hervor, Jutta Jägers und Ralf Kuckhermanns Buch *Ästhetische Praxis in der Sozialen Arbeit. Wahrnehmung, Gestaltung und Kommunikation* sowie Theo Hartdoghs und Hans-Hermann Wickels *Handbuch Musik in der Sozialen Arbeit.*

Unter dem Label ‚Ästhetische Bildung' werden ganz heterogene pädagogische Ansätze gebündelt. Eine einheitliche, allgemeingültige Definition für Ästhetische Bildung gibt es daher nicht. Die Ästhetische Bildung umfasst allgemein die Entwicklung ästhetischer Sensibilität sowie die Fähigkeit zur ästhetischen Wahrnehmung und Reflexion und zur ästhetischen Produktion. Mit ihr soll eine tiefere Selbst- und Weltkenntnis über sinnliche Erfahrungen erlangt werden. Die Ästhetische Bildung hat in ihrer Geschichte unterschiedliche Schwerpunkte verfolgt und auch heute gibt es unter ihrem Dach sich sehr voneinander unterscheidende Strömungen.

Den modernen Fachdiskurs zur Ästhetischen Bildung haben Friedrich Schillers Briefe *Über die ästhetische Erziehung des Menschen* von 1795 (vgl. Schiller/Berghahn 2013) stark geprägt. Friedrich Schiller (1759-1805) stellt in den Briefen ein Konzept Ästhetischer Bildung und Erziehung vor, das gesellschaftliche und politische Dimensionen mit anthropologischen Annahmen über die Natur des Menschen verknüpft. Schiller beschreibt die Menschen seiner Zeit durch die zunehmende Ausdifferenzierung und Arbeitsteilung zerrissen zwischen Vernunft und

Sinnlichkeit sowie Einbildungskraft. Menschen seien gezwungen, sich entweder mehr in dem einen oder anderen Gebiet, also der Ratio oder der Sinnlichkeit, zu spezialisieren, sprich einer Tätigkeit nachzugehen, die entweder ausschließlich den Verstand nutzt oder vorwiegend nur die Hände. Schiller sieht in der ästhetischen Erziehung einen Weg, diese Spaltung zu überbrücken, indem sie in einen ästhetischen Zustand führt, der Sinnlichkeit und Rationalität in gleichem Maße aktiviert. Ein solch ästhetischer Zustand werde durch das Spiel erreicht. Der Mensch könne so seine Zerrissenheit überwinden und sich als Mensch voll entfalten (vgl. Neuenfeld 2005: 32ff.). „Denn, um es endlich auf Einmal herauszusagen, der Mensch spielt nur, wo er in voller Bedeutung des Worts Mensch ist, und er ist nur da ganz Mensch, wo er spielt." (Schiller 1795: 88) Spielen soll der Mensch nach Schiller aber nur mit der Schönheit, im Reich der Einbildungskraft und der Kunst. Diesem Umgang mit Schönheit und Kunst spricht Schiller Veränderungspotenzial zu, sowohl bezogen auf das Wesen des Menschen als auch auf die moralische Gesellschafts- und Staatsentwicklung. Menschen werden durch Spiel veredelt und ihre Sinnlichkeit wird geschult. Das Ziel der angestrebten Entwicklung sei ein veredelter, vollkommener Mensch, der in der politischen Utopie eines ‚ästhetischen' Staats lebt, in dem humanistische Ideale vollständig umgesetzt werden (vgl. Zirfas/Klepacki 2013). In der Geschichte der Ästhetischen Bildung seit Schillers Briefen wird dieser immer wieder Entwicklungspotenzial sowohl auf individueller als auch auf sozialer Ebene zugeschrieben, die bisweilen utopische Züge annimmt.

5.1 Ästhetischen Bildung in der Allgemeinen Pädagogik

Durch Friedrich Schillers Briefe *Über die ästhetische Erziehung des Menschen* (1795) wurde der Begriff der Ästhetischen Erziehung und Bildung geprägt, auch wenn es Phänomene der Ästhetischen Bildung und Erziehung seit Urzeiten gibt. Schillers Schriften werden neben denen von Immanuel Kant (1724–1804) in der Pädagogik vielfach rezipiert, wenn es um die Definition und Beschreibung von Ästhetischer Bildung geht. Ästhetische Bildung wird häufig auch als „role model für Allgemeinbildung" betrachtet (Brinkmann/Willatt Herrera 2019: 825).

In dem Begriff Ästhetische Bildung gilt es zunächst aber noch den zweiten Bestandteil des Begriffs für dieses Buch zu klären, die Bildung. Bildung ist ein lebenslanger Prozess aller Menschen, der auf Handlungsfähigkeit und ein gelingendes, absichtsvoll gestaltetes Leben zielt. Das Individuum ist aktives Subjekt und nicht Objekt von Bildung (vgl. Fuchs 1999: 220). „Bildung ist ein Ganzheitsbegriff, der alle Dimensionen von Menschsein, die geistige und tätige, die kognitive und emotionale, die materielle und spirituelle Dimension einschließt." (Fuchs 1999: 220) Bildung realisiert sich in der Begegnung und Auseinandersetzung mit eigenen und fremden Ideen, Konzepten und Wissen, dem Handeln der Menschen miteinander und im Umgang mit Gegenständen. Bildung ist grundsätzlich Selbstbildung, sie braucht, um sich optimal entfalten zu können, eine anregende und sichere Umgebung.

Dieses Buch ist inspiriert von dem Bildungsverständnis Wolfgang Klafkis (1927–2016), der Bildung als das Erlangen und das Zusammenspiel der drei Grundfähigkeiten Selbstbestimmung, Mitbestimmung und Solidaritätsfähigkeit definiert. Bildung wird hier in der Tradition der Aufklärung als Erlangen von Mündigkeit verstanden, die die Solidarität mit Schwächeren einschließt und sich auf alle Menschen bezieht. Für Klafki bedeutet Bildung also inklusive Bildung, so versteht er

> „Allgemeinbildung als Bildung für alle zur Selbstbestimmungs-, Mitbestimmungs- und Solidaritätsfähigkeit, als kritische Auseinandersetzung mit einem neu zu durchdenkenden Gefüge des Allgemeinen als des uns alle Angehenden und als Bildung aller uns heute erkennbaren humanen Fähigkeitsdimensionen des Menschen. Allgemeinbildung muß gerade heute, neu aufkommenden Entpolitisierungsbestrebungen entgegen, auch als politische Bildung zur aktiven Mitgestaltung eines weiter voranzutreibenden Demokratisierungsprozesses verstanden werden." (2007: 40)

Allgemeinbildung ist also immer auch politische Bildung und die Inhalte dieser Allgemeinbildung orientieren sich also an Themen, die alle Menschen angehen; als Beispiele nennt Klafki den globalen Umwelt- und Klimaschutz sowie die Friedensfrage (vgl. ebd.: 56ff.).

Ziel von Bildung nach Wolfgang Klafki ist es, das eigene Leben absichtsvoll gestalten zu können und kritisch, sachkompetent, selbstbewusst und solidarisch denken und handeln zu können. Bildung nimmt dabei alle Dimensionen des Menschseins in den Blick, die moralische Dimension, die kognitive und die Dimension der Hand, die praktischen Fähigkeiten. Dieses Bildungsverständnis umfasst die Freiheit des eigenen Denkens, das Vermögen, eigene moralische Entscheidungen fällen zu können, eine kritische Toleranz und Akzeptanz kultureller Vielfalt, die Fähigkeit Glück und Erfüllung zu erfahren und die Selbsttätigkeit (vgl. ebd.: 35).

Ästhetische Bildung sieht Klafki als eine wichtige Dimension des klassischen Bildungsbegriffs. Sie ermöglicht spezifische Sinn- und Freiheitserfahrungen und zielt auf die

- Bildung der ‚Empfindsamkeit', also die Verfeinerung des Empfindungsvermögens,
- Entwicklung der Einbildungskraft oder Phantasie,
- Entwicklung der ästhetischen Urteilskraft und des Geschmacks,
- Entwicklung von Genussfähigkeit,
- Befähigung zum Spiel und zur Geselligkeit (vgl. ebd.: 33).

Ästhetische Bildung besteht aus ästhetischer Wahrnehmung, ästhetischer Erfahrung, auch im Sinne einer Verarbeitung ästhetischer Wahrnehmung, und ästhetischer Praxis. Für Klafki ist Ästhetische Bildung ein unverzichtbarer Bestandteil echter Allgemeinbildung:

> „Ästhetische Bildung ist nicht in dem Sinne Moment oder Dimension allgemeiner Bildung, daß sie als Vehikel oder methodisch geschickte Verpackung für außerästhetische Zwecke gewertet würde; sie ist eine eigenständige und eigenwertige Weise der Wahrnehmung bzw. Erfahrung und der Gestaltung von Wirklichkeit oder von vorstellbaren, alternativen Möglich-

> keiten. Jedem Kind, jedem Jugendlichen und jedem Erwachsenen ästhetische Wahrnehmung und ästhetische Praxis in dieser Eigenständigkeit und diesem Eigenwert zugänglich zu machen, ist eine der Aufgaben recht verstandener Allgemeinbildung heute." (1993: 29)

Ästhetische Bildung hat also ihren spezifischen Eigenwert und ist nicht nur als Vehikel für andere pädagogische Ziele wie die Förderung von Feinmotorik zu verstehen.

Ästhetische Bildung kann im Alltag und mit Alltagspraktiken genauso geschehen wie mit Werken der Künste und im künstlerischen Gestalten, „kein Bereich menschlicher Erfahrung ist davon ausgeschlossen". Ästhetische Bildung ist auch kognitive Bildung, Klafki spricht dem Ästhetischen den Modus „auslegend-wahrnehmender oder gestaltender Vernunfttätigkeit" (ebd.) zu. Eine Aufgabe Ästhetischer Bildung ist die Entwicklung von ästhetischer Reflexions- und Kritikfähigkeit. Klafki nimmt hier auch die Verwendung ästhetischer Mittel für politische Propaganda in den Blick, die häufig, wenn unser ästhetisches Bewusstsein nicht geschult ist, die Kritikfähigkeit des Verstandes umgehen, da sie unsere leibliche Wahrnehmung und unsere Emotionen ansprechen (vgl. ebd.)

Anders als Wolfgang Klafki positioniert sich Klaus Mollenhauer (1928–1998) in Bezug auf geeignete Gegenstände, mit denen man ästhetische Erfahrungen machen kann und diese damit auch Inhalte Ästhetischer Bildung sein können. Mollenhauer ist ein weiterer deutscher Pädagoge des 20. Jahrhunderts, der auch immer wieder in neueren Schriften zur Ästhetischen Bildung zitiert wird und den Fachdiskurs der modernen Ästhetischen Bildung mitgeprägt hat.

Mollenhauer betrachtet ästhetische Erfahrungen als wesentlich für die Bildung von Identität und Kultur, indem sie zur kritischen Auseinandersetzung mit der Welt und zur Entwicklung eines persönlichen Ausdrucks beitragen. In *Vergessene Zusammenhänge: Über Kultur und Erziehung* (1996) argumentiert Mollenhauer, dass ästhetische Erfahrungen essenziell seien, um die Welt in ihrer Vielfalt zu verstehen und sich selbst innerhalb dieser Welt zu positionieren. Er sieht Ästhetische Bildung als einen Weg, um kritische Denkfähigkeiten und individuelle Ausdrucksformen zu fördern. Allerdings macht er Ästhetische Bildung nur an ästhetischen Erfahrungen anhand von Kunstwerken eines tradierten europäischen Kanons der Künste fest. Er betont die Bedeutung von Kunst und Ästhetischer Erfahrung als integralen Bestandteil der Pädagogik und sieht in der Kunst nicht nur einen Raum für persönlichen Ausdruck, sondern auch für die kritische Reflexion über die Welt.

Mollenhauer betont ebenso die Rolle der Ästhetischen Bildung in der Selbstbildung und sieht die Vermittlung Ästhetischer Bildung als kritisch, denn Ästhetische Bildung will seiner Meinung nach mit ihrer Komplexität nicht so recht in pädagogische Vermittlungsaktivitäten passen. Folglich argumentiert Mollenhauer, dass sich die Ästhetische Bildung auf die Vermittlung einer kulturellen Alphabetisierung beschränken sollte, deren Ziel es ist, die heranwachsende Generation mit den ästhetischen Zeichen und Symbolen der Kultur vertraut zu machen (vgl. Mollenhauer 1988: 458; 1990a: 484–488).

Das Thema der kulturellen Alphabetisierung durch Ästhetische Bildung wird auch in neueren Ansätzen immer wieder aufgegriffen, beispielsweise bei Dietrich/Krinninger/Schubert (2012).

So zeigen sich innerhalb des pädagogischen Diskurses und dem der Kulturellen Bildung bezogen auf Ästhetische Bildung zwei große Diskursstränge: 1.) Ästhetische Bildung als Bildung über und mit den Sinnen in der Auseinandersetzung mit der alltäglichen Umwelt als ästhetische Selbstbildung sowie 2.) Ästhetische Bildung als ästhetisch-kulturelle Bildung als eine Bildung über und mit den Mitteln der Künste.

5.2 Ästhetische Selbstbildung und Ästhetische Erfahrung

Ein zentraler Aspekt der Ästhetischen Bildung ist die Selbstbildung über die Sinne. Sinneserfahrungen spielen eine entscheidende Rolle bei der ästhetischen Wahrnehmung und ermöglichen es den Lernenden, sich selbst und ihre Umgebung auf neue und tiefgreifende Weise zu erfahren. Indem sie ihre Sinne schärfen und verfeinern, erlangen die Lernenden ein tieferes Verständnis für ästhetische Qualitäten und Ausdrucksformen. Ästhetische Bildung beginnt lebensgeschichtlich sehr früh, denn als Menschen werden wir mit einer schon ziemlich gut entwickelten sinnlichen ‚Ausstattung' geboren. Lernen über die Sinne und über leibliche Erfahrungen ist daher vom ersten Moment unseres Daseins möglich. In unseren ersten Lebensjahren bis zum Schuleintritt ist Lernen, Wissensaneignung und damit Bildung in besonderer Form an die sinnliche, leibliche und emotionale Wahrnehmung gebunden, da jungen Kindern andere Methoden des Lernens wie das Lernen aus ‚zweiter Hand', wie z. B. eigenständig über Bücher, noch nicht zugänglich sind. Kinder müssen sich zunächst allein über ihre Wahrnehmung bilden, zentral dafür ist das Lernen anhand von ästhetischen Erfahrungen. Der Begriff des Ästhetischen Lernens fokussiert die sinnlichen und leiblichen Dimensionen des Lernens. Dieses ästhetische Lernen ist immer eingebettet in einen kulturellen Kontext. Durch die leiblichen und sinnlichen Erfahrungen in der Weltaneignung setzen wir uns von früher Kindheit an auch mit kulturellen Symbolen, Gegenständen und kulturellen Umgangsformen auseinander, das ästhetische Lernen ist also bestimmt durch ein jeweils spezifisches soziales und kulturelles Zeichen- und Symbolsystem.

Ästhetisches Lernen und damit Ästhetische Bildung geschieht über das Machen von ästhetischen Erfahrungen. Ästhetische Erfahrungen machen wir wie bereits schon beschrieben in Situationen, die eine Differenz zum Alltäglichen darstellen, also in Momenten der Überraschung, des Staunens, wenn etwas anders ist, als man das erwartet hat. Wir werden dabei von unseren Wahrnehmungen berührt. Dies sind Momente, die eine besondere Aufmerksamkeit auf die eigenen Wahrnehmungen hervorrufen. Durch diese besondere Aufmerksamkeit auf die eigenen sinnlich-leiblichen Wahrnehmungen und die eigene Reaktion darauf erfolgt in aller Regel ein Prozess der Erkenntnis, ein Bildungsprozess. Dabei steht eben am Anfang eine elementar ästhetische Reaktion, derer man sich bewusst wird, also dessen, was man gerade wahrgenommen hat, und im Anschluss erfolgt dann eine Verarbeitung des Wahrgenommenen durch den Abgleich mit bisherigen Wahrnehmungserfahrungen und am Ende werden diese Wahrnehmungen bewertet. Aus dieser Bewertung erfolgt häufig eine neue Erkenntnis über einen bestimmten Aspekt von Welt. Über ästhetisches Lernen bilden wir uns selbst. Ästhetische Bildung fördert darüber hinaus wiederum die sinnliche Wahrnehmung.

In ästhetischen Lernprozessen werden die Wahrnehmungen in Mustern im Gehirn geordnet. Damit ist Ästhetische Bildung die Grundlage für alle weiteren Bildungsprozesse in späteren Lebensjahren, denn über sie werden die grundlegenden Muster für das Denken und Wahrnehmen in unserem Gehirn angelegt. Ästhetische Bildung

> „[…] meint also die Ordnung der sinnlichen Erfahrung durch biologische, kulturelle und lebensgeschichtlich erworbene, vielfach bildhafte Ordnungen, die nicht unbedingt Schönheits- oder Harmonievorstellungen folgen müssen. Ohne ästhetische Ordnungen fehlt der frühkindlichen Bildung das Repertoire an inneren, vorstrukturierten Repräsentationen, die in einem strengeren Sinne bearbeitet und bearbeitet und gedacht werden können.“ (Schäfer 2001: 8)

Späteres Lernen dockt an diese früh ausgebildeten Muster und inneren Repräsentanzen an und erweitert sie. Lernen ist besonders dann erfolgreich, wenn bei theoretischen Lerninhalten an gemachte ästhetische Lernerfahrungen angeknüpft werden kann. An dieser Stelle wird deutlich, wie wichtig die Förderung von Ästhetischer Bildung und die Anregung der Wahrnehmung in der frühen Kindheit ist. Allerdings bleibt unser Gehirn auch im Erwachsenenalter noch immer plastisch, wenn auch nicht so wie in der frühen Kindheit, und es können immer noch ästhetische Lernerfahrungen ‚nach- und aufgeholt‘ werden. Ästhetische Dimensionen sind außerdem Teil von allen Lernprozessen. Wenn wir ein Buch lesen, erfassen wir zumindest sowohl die Materialität des Papiers als auch die Schriftart der gedruckten Seiten, die unser Leseerleben mitprägen.

Dieser Bildungsansatz beruht auf der Annahme, dass ästhetische Erfahrungen nicht nur auf Kunst beschränkt sind, sondern in verschiedenen Lebensbereichen existieren und verschiedene Sinne und Emotionen ansprechen. Es ist wichtig zu betonen, dass Ästhetische Bildung nicht nur auf formelle Bildungsinstitutionen beschränkt ist, sondern in allen Lebensbereichen stattfinden kann. Alltägliche Aktivitäten wie das Betrachten eines Sonnenuntergangs, das Hören von Vogelgesang oder das Genießen einer köstlichen Mahlzeit können ebenso ästhetische Erfahrungen bieten und zur Selbstbildung durch Sinneserfahrung beitragen.

Insgesamt ist die Ästhetische Bildung ein lebenslanger Prozess, der es den Menschen ermöglicht, ihre ästhetische Sensibilität zu entwickeln, ihre Sinne zu schärfen und sich selbst sowie die Welt um sie herum auf tiefgründige und bereichernde Weise zu erfahren. Die Betonung der Selbstbildung über die Sinne ist dabei ein zentraler Bestandteil dieses Prozesses und trägt zur ganzheitlichen Entwicklung des Individuums bei.

Im Kontext der Selbstbildung über die Sinne betont Rittelmeyer (2012) in *Bildung: Ein pädagogischer Grundbegriff* die Bedeutung der sinnlichen Wahrnehmung als Grundlage für die Entwicklung des Selbst und des Verständnisses der Umwelt. Die Fähigkeit, ästhetische Erfahrungen zu machen, wird als wesentlich für die Bildung der eigenen Persönlichkeit und der Weltanschauung angesehen.

Ästhetische Bildung zielt darauf ab, die Wahrnehmung zu schärfen, Kreativität zu fördern, empathisches Verständnis zu entwickeln und kritisches Denken zu stärken.

5.3 Ästhetisch-kulturelle Bildung

Der zweite Diskursstrang der Ästhetischen Bildung ist die ästhetisch-kulturelle Bildung: Sie meint Bildung für, mit und durch die Künste, eine „produktive und rezeptive Allgemeinbildung in den Künsten, die – ausgehend von einem Selbstbildungsprozess – auf kritische Reflexionsfähigkeit, Erfahrungen von Selbstwirksamkeit und damit Teilhabeprozesse zielt“ (Reinwand-Weiss 2013). Ästhetisch-kulturelle Bildung will Selbstreflexion-, Wahrnehmungs- und Gestaltungsprozesse fördern und intensivieren, genauso wie die Auseinandersetzung mit dem kulturellen Erbe, kultureller Identität und Vielfalt anregen. Ästhetisch-kulturelle Bildung hat also zum Ziel, die Wahrnehmungskompetenzen der Adressat*innen, deren ästhetische Empfindsamkeit mit Mitteln der Künste, die kreativen Fähigkeiten sowie das Verständnis und die Wertschätzung verschiedener kultureller Ausdrucksformen wie Kunst, Musik, Literatur, Theater, Tanz, Architektur und anderer kultureller Praktiken von Menschen zu fördern. Ziel ist es auch, ein Bewusstsein für die Vielfalt der ästhetischen Ausdrucksmöglichkeiten und -formen zu schaffen sowie kulturelle Unterschiede wertzuschätzen. Ästhetisch-kulturelle Bildung fördert die kreative Entfaltung, den kreativen Ausdruck, und ermutigt dazu, selbst künstlerisch tätig zu werden. Es geht um ein aktives Gestalten genauso wie um ein Rezipieren und Reflektieren. Ihr Ansatz ist künstlerisch-explorativ und sie arbeitet oft ergebnisoffen.

Typisch für die kulturelle Bildung ist ein eher unkonventionelles visionäres Denken sowie ein Spiel mit Phantasien und Imaginationen. Kulturelle Bildung und die durch sie erworbenen Fähigkeiten können auch anregen, aktiv an der Gestaltung von Welt mitzuwirken:

> „Zum zukunftsfähigen Handeln wird man befähigt, indem man lernt, das eigene Verhalten selbstreflexiv zu betrachten. Hochwertige Bildung, die eine ästhetische Allgemeinbildung einschließt, bringt Menschen bei, genau zu beobachten, Perspektiven zu wechseln, auf Basis eigener Annahmen und Haltungen zu handeln und so die Welt aktiv mitzugestalten. Zwar ist Faktenwissen wichtig, doch bildet es nicht das Ziel einer Bildung, die im 21. Jahrhundert als angemessen betrachtet wird.“ (Reinwand-Weiss 2020)

In angeleiteten Rezeptionsprozessen werden Werke der Künste kritisch betrachtet, analysiert und reflektiert. Ziel ist es, über künstlerische Werke und kulturelle Phänomene nachzudenken, ihre Bedeutung zu verstehen und verschiedene Perspektiven zu schätzen.

Angebote ästhetisch-kultureller Bildung finden sowohl in Schulen wie auch in kulturellen Einrichtungen und außerschulischen Programmen statt, um Menschen jeden Alters zu einer aktiven Auseinandersetzung mit Kunst und Kultur zu befähigen. Ästhetisch-kulturelle Bildung unterstützt nicht nur das Verständnis für die Bedeutung von Kunst und Kultur in der Gesellschaft, sondern fokussiert ganz besonders auf die persönliche Entwicklung ihrer Adressat*innen.

Dieser Ansatz ästhetisch-kultureller Bildung wird im jüngeren Fachdiskurs oft auch als ‚Kulturelle Bildung' bezeichnet. Bis in die 1980er-Jahre waren andere Begriffe dafür in Verwendung; zunächst bis in die 1970er-Jahre sowohl der Begriff der Ästhetischen Bildung als auch der Begriff der musischen Bildung, mit den soziokulturellen Bewegungen in den 1970er-Jahren beginnen sich die Begriffe der Kulturellen Bildung und der (Neuen) Kulturpädagogik zu etablieren. Besonders ab den 1990er-Jahren etablierte sich der Begriff der Kulturellen Bildung dann immer mehr im Fachdiskurs und erlangte eine gesteigerte Aufmerksamkeit sowohl dem Konzept als auch den Projekten der Kulturellen Bildung gegenüber (vgl. Bering et al. 2022: 294). Der Begriff der Kulturellen Bildung wird im Folgenden auch als Synonym für ästhetisch-kulturelle Bildung benutzt.

Mit dem Wandel der Begriffe sind aber auch wesentliche inhaltliche Neuerungen verbunden. Zum einen öffnet sich die Neue Kulturpädagogik – die alte war ein Konzept der geisteswissenschaftlichen Pädagogik – neben dem Fokus auf den künstlerischen Ausdruck der Adressat*innen populären ästhetischen Phänomenen, zum anderen agiert sie soziopolitisch. Seit den 1970er-Jahren wird Kultureller Bildung oft die Funktion der politischen Emanzipation von Bürger*innen zugeschrieben und Kulturelle Bildung als politische Bildung verstanden, die zur politischen Teilhabe führt. Ein wichtiger Protagonist ist hier Hilmar Hoffmann, der damalige Kulturdezernent der Stadt Frankfurt a.M., der 1979 ein zentrales Buch hierzu veröffentlicht, *Kultur für alle*. Auf theoretisch-pädagogischer Ebene werden Bezüge zur Sozialpädagogik verstärkt sichtbar. Musische und Ästhetische Bildung dieser Zeit waren völlig an hochkulturellen Ausdrucksformen orientiert und wenig politisch. Neben diesen inhaltlichen Neuorientierungen sind aber auch finanzielle Aspekte für den Begriffswandel wesentlich. Gegen Ende der 1970er-Jahre waren viele der politisch aktiven Vertreter*innen ästhetischer oder musischer Bildung zunehmend frustriert darüber, dass sie in politischen Angelegenheiten genauso wie hinsichtlich der Verteilung von Ressourcen ständig gegeneinander ausgespielt wurden. Dadurch entstand ein dringendes politisches wie finanzielles Bedürfnis, das gemeinsame Anliegen jenseits dieser Konflikte voranzutreiben, sowohl argumentativ, durch Kritik an den Konzepten der musischen Bildung, als auch inhaltlich durch einen erweiterten Kulturbegriff und politisch durch die Notwendigkeit, Initiativen zu bündeln. In dieser Situation etablierte sich langsam der Kompromissbegriff der ‚Kulturellen Bildung'. Dieser Begriff dient nun als Sammelbezeichnung, unter der sowohl Konzepte der ästhetischen Erziehung als auch die der musischen Bildung Platz finden können. Dabei bezieht sich dieser Oberbegriff einerseits weiterhin auf die traditionelle Hochkultur, nimmt jedoch andererseits auch Ästhetisierungsformen außerhalb dieser Tradition in den sich zu dieser Zeit etablierenden soziokulturellen Feldern in den Blick (vgl. Bering u.a. 2022: 294).

Die Genese der Ideengeschichte moderner Kultureller Bildung in Deutschland kann auf zwei maßgebliche Entwicklungslinien zurückgeführt werden: Zum einen auf das Erstarken der sozialen Perspektive in der Kulturpolitik, der sogenannten Neuen Kulturpolitik und Soziokultur der 1970er-Jahre, und damit auf eine Konzeption von Kulturpolitik als Sozialpolitik, und zum anderen auf den parallel verlaufenden pädagogischen Fachdiskurs, der sich zur Neuen Kulturpädagogik ab den 1980er-Jahren verdichtet (vgl. Steigerwald 2019: 138).

Ästhetisch-kulturelle Bildung ist in ihrer theoretischen Fundierung stark beeinflusst von den Schriften John Deweys. Dewey (1859–1952) war ein amerikanischer Philosoph, Psychologe und Pädagoge, der als einer der führenden Vertreter des Pragmatismus und als eine Schlüsselfigur der pädagogischen Reformbewegung in den Vereinigten Staaten und darüber hinaus galt. Deweys umfangreiches Werk umfasst Beiträge zu einer Vielzahl von Themenfeldern, einschließlich Ethik, Bildung, öffentlicher Politik und Ästhetik (vgl. Dietrich/Krinninger/Schubert 2012: 48f.). Dewey kritisiert in *Art as Experience*, erstmals erschienen 1934, die Trennung von Kunst und alltäglicher Erfahrung, dem alltäglichen Leben, die er als Produkt einer historischen Entwicklung sieht, die Kunst in Museen und Galerien verbannt und sie somit vom täglichen Erleben der Menschen entfernt. Für Dewey ist Kunst vielmehr ein zentraler Bestandteil der menschlichen Erfahrung und Erlebniswelt, der in der alltäglichen Umgebung und in den Routinen des Lebens verwurzelt ist (vgl. Dewey 2018: 12ff.). Kunstwerke bieten nach Dewey reichhaltige Erfahrungen, sowohl auf kognitiver als auch emotionaler Ebene, sie erweitern und vertiefen die Wahrnehmung der Welt und jedes Individuums.

Ein zentrales Anliegen Deweys in *Art as Experience* ist es, Kunst als einen Prozess zu verstehen, der sowohl die Herstellung des Kunstwerks als auch dessen Wahrnehmung und Interpretation durch den Betrachter umfasst. Kunst wird somit als ein Mittel der Kommunikation und als ein Weg der Erkenntnis über die menschliche Erfahrung betrachtet. Dewey betont die Bedeutung der ästhetischen Erfahrung, die nicht auf Kunst beschränkt ist, sondern sich auf alle Formen der Interaktion mit der Umwelt erstreckt, und plädiert für eine Erziehung, die ästhetisches Bewusstsein und kreative Ausdrucksformen fördert.

Laut Dewey ist ästhetische Erfahrung grundlegend für das Lernen und die persönliche Entwicklung, da sie eine aktive Auseinandersetzung mit der Umwelt und deren ästhetischen Aspekten beinhaltet. Deweys Werk *Art as Experience* hebt hervor, wie Ästhetische Bildung nicht nur die Wertschätzung von Kunst fördert, sondern auch die Fähigkeit zur kritischen Reflexion und zum empathischen Verständnis stärkt (vgl. Dewey 2018: 47ff.. Dewey propagiert einen erfahrungsbasierten Lernansatz, der das aktive Lernen durch das Tun, das Experimentieren und die Interaktion mit der Umwelt in den Vordergrund stellt. Für Dewey ist Bildung ein sozialer Prozess, der zum Ziel hat, individuelle Fähigkeiten zu entfalten und die Lernenden zur Teilnahme an der demokratischen Gesellschaft zu befähigen.

Seine Ideen zur demokratischen Bildung, zum Lernen durch Erfahrung und zur Bedeutung des kritischen Denkens für die persönliche und gesellschaftliche Entwicklung haben die Kulturelle Bildung maßgeblich beeinflusst.

Neben John Dewey haben besonders auch Ansätze und Schriften der Sozialpädagogik die pädagogische Fundierung der Kulturellen Bildung beeinflusst. Lebensweltorientierung im Sinne einer lebensweltlichen Sozialpädagogik wurde in der Kulturellen Bildung zwar explizit erst Anfang der 1990er-Jahre aufgegriffen (siehe Kapitel 8.1), die alltägliche Umwelt und der öffentliche Raum als Lernraum wurden im Zuge der ‚Alltagswende der Kulturpädagogik' jedoch schon in den 1970er-Jahren unter dem Motto ‚Raus aus der Schule, rein in die Lebenswelten!' entdeckt. Eine Initiative, die sich diesem Motto verschrieben hatte und die für die Genese der Neuen Kulturpädagogik und damit der Kulturellen Bildung in Deutschland sehr bedeutend war, ist die Münchner Gruppe *KEKS*.

5.3.1 KEKS und Pädagogische Aktion

Ende des Jahres 1968 konstituierte sich in München die Initiative *KEKS (Kunst – Erziehung – Kybernetik – Soziologie bzw. Spiel)* als ein Zusammenschluss von jungen Kunstpädagoginnen und Kunstpädagogen, Studierenden der Kunstpädagogik sowie Dozierenden. Dieser Zusammenschluss zeichnete sich durch einen Kern von jungen Kunstpädagog*innen primär aus München und Nürnberg aus und verstand sich als ein offenes Kollektiv. Die Initiative, die im Kontext der gesellschaftlichen Bewegungen der späten 1960er-Jahre zu verorten ist, zielte durch die Durchführung von öffentlichkeitswirksamen Aktionen im Bereich der Spiel- und Kunstpädagogik auf eine grundlegende Überarbeitung des Kunstunterrichts und der allgemeinen Schulbildung ab und forderte Innovationen in der Bildungspolitik.

Obschon die Wurzeln von *KEKS* im Bereich der schulischen Kunstpädagogik liegen, fungierte die Initiative als Katalysator für die Entstehung und Entwicklung verschiedener soziokultureller und kulturpädagogischer Einrichtungen und Projekte. Ein prominentes Beispiel hierfür ist die in München ansässige Initiative *Pädagogische Aktion*, aus der ab den 1980er Jahren verschiedene kulturpädagogische Vereine und Institutionen wie das Kindermuseum München hervorgingen. Somit markiert *KEKS* einen historischen Wendepunkt in der Evolution des außerschulischen Feldes der Kunst-, Spiel- und Kulturpädagogik und illustriert die transformative Kraft kultureller Bildungsinitiativen im Spannungsfeld zwischen Schule, Gesellschaft und Bildungspolitik.

Im Zentrum der theoretischen und praktischen Entwicklung der Initiative *KEKS* stand das Konzept der *Pädagogischen Aktion*, welches Lernräume aus realen Situationen generiert. Gemäß diesem Ansatz dient die ‚Aktion' nicht der Vermittlung aktueller Kunst oder der politischen Agitation, sondern fungiert als Medium für die Förderung von Entwicklungs- und Emanzipationsprozessen von Einzelnen in Bezug auf ihr gesellschaftliches Leben. Dieser Ansatz zielt darauf ab, ‚Spielräume' für das Lernen innerhalb der gesellschaftlichen Realität zu schaffen und unterscheidet sich somit von anderen kunstpädagogischen Konzepten der Zeit. Die

Initiativen von *KEKS* fokussierten sich insbesondere auf die zielgruppenorientierte Förderung von Kindern und Jugendlichen, wobei das Augenmerk auf der Entfaltung des kreativen Potenzials durch künstlerisch-spielerische Methoden sowie auf der Förderung von Selbstausdruck und Selbstermächtigung lag. In der Zeitspanne vom Ende der 1960er- bis zum Anfang der 1970er-Jahre erweiterte die Gruppe *KEKS* ihren Blickwinkel deutlich über die Grenzen der kunstpädagogischen Fachwissenschaft hinaus. Ihre Aktionen formulierten eine Kritik an einer restaurativ-konservativen Gesellschaftsordnung sowie an einem Bildungsverständnis, das sich ausschließlich an zweckrationalen Kriterien orientierte, und propagierten stattdessen ein schöpferisches Menschenbild. Durch die Implementierung der Aktion als pädagogisches Setting entwickelte *KEKS* einen avantgardistischen, an Kunst angelehnten Ansatz, der in notwendigem Kontrast zum etablierten Schulsystem stand. Vor diesem Hintergrund überrascht es nicht, dass die sogenannte ‚Aktionistische Kunstpädagogik' innerhalb der institutionellen Grenzen des Schulsystems keine signifikante Wirksamkeit entfalten konnte (vgl. Baar 2015: 260).

Konträr zu dieser pädagogischen Ausrichtung, die deutliche Bezüge zur Tradition der ästhetischen Erziehung aufweist, stand die ausgeprägte Kunstorientierung in der Konzipierung der Aktionen. Obwohl *KEKS* theoretisch die Trennung von Kunstpädagogik und Kunst kritisierte und damit bedeutende Entwicklungen im soziokulturellen Bereich initiierte, blieben die praktischen Aktionen der Initiative weitgehend kunstanalog. Stark beeinflusst wurde die Gruppe von den damals aktuellen Kunstströmungen wie Fluxus und Happening, beides Formen, die stark mit performativen Elementen arbeiteten und häufig im öffentlichen Raum jenseits von Museen und Galerien agierten. Dies trug zu einer breiten öffentlichen und medialen Resonanz von *KEKS* bei. Die offene und vernetzte Struktur von *KEKS*, die diverse Akteure zusammenbrachte, ermöglichte es, dass von ihr ausgehende Impulse in eine Vielzahl von (kunst-)pädagogischen Innovationen flossen. So reichten die Interventionen von spielerischen Aktionen im öffentlichen Raum in München und Nürnberg bis zu Einladungen von *KEKS*, im Rahmen von Kunstausstellungen pädagogische Aktionen durchzuführen, wie z. B. auf der Biennale in Venedig 1970, eine der bedeutendsten Ausstellungen zeitgenössischer Kunst, die alle zwei Jahre stattfindet (vgl. Baar 2015: 228ff.).

Viele kulturpädagogische Initiativen in den Städten München und Nürnberg gehen auf diese Gruppe zurück, wie z. B. die Spielstadt Mini-München oder das Kinder- und Jugendmuseum in München, die wiederum Kulturelle Bildung im gesamten deutschsprachigen Raum beeinflusst haben.

Viele Aktionen der Gruppe *KEKS* fokussierten das Spiel und schufen so auch eine wiedererstarkende Verbindung zwischen Kultur- und Spielpädagogik (siehe Kapitel 6.3). Der ‚homo ludens' und das ‚Spiel' als produktives Eigenvermögen der Kinder werden wiederentdeckt (vgl. Hübner/Kelb 2015).

5.4 Kulturelle Bildung als Containerbegriff

Kulturelle Bildung heute ist ein interdisziplinäres Feld, das Kunst, digitale Medien, Literatur, Musik, Theater, Tanz, Design und andere kreative Ausdrucksformen sowie die jeweiligen künstlerischen Pädagogiken und Fachdidaktiken umfasst. Kulturelle Bildung ist so zu einem ‚Containerbegriff' geworden, was ein recht problematischer Aspekt ist, wenn nach einer Definition derselben gesucht wird. Er bezieht sich sowohl auf kulturpädagogische Praxis zur Förderung von Persönlichkeitsbildung von Kindern, Jugendlichen und Erwachsenen, wird aber auch verstanden als ein kulturelles Mittel, um die soziale Kohäsion der Gesellschaft, die Inklusion und speziell die Integration von gesellschaftlich exkludierten wie Geflüchteten und Migrant*innen zu fördern. Und zugleich soll Kulturelle Bildung im Sinne eines *Audience Developments* für ein jüngeres Publikum in den Kultureinrichtungen sorgen. Dadurch wird der Gegenstand kultureller Bildung diffus (vgl. Steigerwald 2019: 258). So muss der Begriff der Kulturellen Bildung laut Jebe als dynamischer und fluider Sammelbegriff für Prozesse und Aktivitäten in unterschiedlichen Kultursparten gesehen werden, „der auf einem zeitabhängigen Konstrukt fußt und sich in sozial-interaktiven Verständigungen konstituiert." (Jebe 2019: 87)

Für die Neue Kulturpädagogik, die aus der 68er-Bewegung hervorkam, war ein emanzipatorisch-politischer Fokus zentral, der in vielen Diskursen der Kulturellen Bildung seither spürbar bleibt und sich seit der Jahrtausendwende durch die Diskurse um die Bürgergesellschaft und auch durch neue digitale Formen der Bürger*innenbeteiligung aktualisiert. Kultureller Bildung wird nun die Aufgabe der Bildung von verantwortungsvollen und im Gemeinwesen engagierten Bürger*innen zugeschrieben (vgl. Steigerwald 2019: 176f.).

Auf individueller Ebene will Kulturelle Bildung besonders die Persönlichkeitsentwicklung von Kindern und Jugendlichen fördern, aber auch die Weiterentwicklung und Stärkung der individuellen Fähigkeiten aller Adressat*innengruppen. Aus bildungswissenschaftlicher Perspektive fokussiert Kulturelle Bildung dagegen die Allgemeinbildung durch die Künste und fördert eine ganzheitliche Bildung. Über das Stichwort der Teilhabe(gerechtigkeit) verbindet sich dieser Fokus ab der Jahrtausendwende mit sozialpolitischen Argumenten. Das sozialpolitische Argument der Teilhabe(gerechtigkeit) wird besonders von einigen Akteur*innen wie z. B. dem Bundesministerium für Bildung und Forschung (BMBF) und dem Programm ‚Kultur macht stark' vertreten. Kultureller Bildung fällt so die Aufgabe zu, durch den Abbau von Teilhabehürden einer möglichen Spaltung der Gesellschaft vorzubeugen.

Im Zentrum einer kulturpolitischen Perspektive von Kultureller Bildung steht das Audience Development, also die Gewinnung von neuen Zielgruppen als Nutzer*innen kultureller Angebote und damit die Sicherstellung der kulturellen Infrastruktur. Kulturelle Bildung will aber auch auf ökonomischer Ebene wirken. Die Standortförderung durch Kultur wird in den Blick gerückt und ab der Jahrtausendwende werden die Wirkungsversprechen Kultureller Bildung um ein arbeitsmarktpolitisches Argument und arbeitsmarktpolitische Versprechen erweitert, wie z. B. die Förderung von ‚Soft Skills' und ‚Schlüsselqualifikationen' für bessere Chancen auf dem Arbeitsmarkt durch Kulturelle Bildung (vgl. Steigerwald 2019: 184).

Kulturelle Bildung ist zum einen Bestandteil der Kulturförderung von Bund, Ländern und Kommunen, zum anderen agieren im Feld Akteur*innen der Zivilgesellschaft wie Stiftungen, Vereine oder Verbände sowie marktwirtschaftlich ausgerichtete Akteure der Kultur- und Kreativwirtschaft (vgl. ebd.: 215).

Als ein zentrales Argument dafür, dass Kulturelle Bildung all diese Wirkungen erzielen kann, wird immer wieder angeführt, dass sie in besonderem Maße identitäts- und persönlichkeitsbildend wirkt.

5.5 Identitäts- und Persönlichkeitsbildung durch Kulturelle Bildung

Am 1. Februar 2007 verabschiedete die Kultusministerkonferenz eine Empfehlung zur kulturellen Kinder- und Jugendbildung. Darin heißt es:

> „Kulturelle Bildung ist für die Persönlichkeitsentwicklung junger Menschen unverzichtbar. Sie verbessert die Bedingungen für eine gelingende Bildungsbiografie und ermöglicht den Erwerb kognitiver und kreativer Kompetenzen. Sie trägt zur emotionalen und sozialen Entwicklung aller Heranwachsenden und zu ihrer Integration in die Gemeinschaft bei und ist somit Grundbedingung gesellschaftlicher Teilhabe." (Sekretariat der Ständigen Konferenz der Kultusminister der Länder Deutschland 2013: 2)

Solche Formulierungen finden sich im Zusammenhang mit Bildungsberichterstattungen zu kultureller Bildung genauso wie in deren Angebotsbeschreibungen. In Studien zu Transfereffekten von Kultureller Bildung auf die Persönlichkeitsbildung und -entwicklung ist dieser positive Effekt aber gar nicht so einfach nachzuweisen (vgl. Langer/Stern/Schroeder 2020). Dies bedeutet nun nicht, dass es diese Effekte nicht gibt, sondern dass es sich bei dem Thema Persönlichkeitsbildung und -entwicklung um ein reichlich komplexes genauso wie diffuses Feld handelt. Dies soll im Folgenden nun etwas genauer betrachtet werden.

Im bildungswissenschaftlichen Diskurs und damit auch in der Sozialpädagogik ist der Begriff der Persönlichkeitsbildung kaum präsent und hat auch keine solide wissenschaftliche Rahmung erhalten (vgl. Budde/Weuster 2018: 5). In vielen unterschiedlichen gesellschaftlichen Bereichen wird er dagegen sehr häufig verwendet, von vielfältigen esoterischen Angeboten zur Persönlichkeitsbildung bis zur Allgemeinen Erklärung der Menschenrechte, wo es in Paragraf 26 (2) in Bezug auf Bildung heißt: „Die Ausbildung soll die volle Entfaltung der menschlichen Persönlichkeit und die Stärkung der Achtung der Menschenrechte und Grundfreiheiten zum Ziele haben." (DGVN o.J.) So konstatieren Budde und Weuster, dass „Persönlichkeit ein zentraler Begriff moderner Gesellschaften zu sein scheint und diese durch Bildungsprozesse als gestaltbar gedacht wird" (Budde/Weuster 2018: 7), gleichzeitig sei Persönlichkeitsbildung mittlerweile zu einem Containerbegriff geworden, der Vieles, auch teilweise Unterschiedliches, zu fassen versuche (vgl. ebd.).

Wie kommt es nun, dass Angebote kultureller Bildung häufig mit dem Begriff der Persönlichkeitsbildung in Verbindung gebracht werden und auch für andere pädagogische Angebote das Ziel der Persönlichkeitsbildung vielfach formuliert wird, obwohl dieser Begriff aus bildungswissenschaftlicher Sicht eher wenig im Diskurs zu sein scheint?

Eine bildungswissenschaftliche Traditionslinie kann zu Wilhelm von Humboldt (1767–1835) gezogen werden, der mit seinen Schriften zur humanistischen Bildung die deutsche Bildungswissenschaft lange Zeit maßgeblich geprägt hat. Schon für ihn waren die Charakterbildung, die Entwicklung und Vollendung der Persönlichkeit mit ihrer Individualität ein zentrales Thema von Bildung und nicht die reine Wissensvermittlung. Auch in reformpädagogischen Ansätzen war und ist Persönlichkeitsbildung ein wichtiges Thema, ebenso wie für Wolfgang Klafki (vgl. Budde/Weuster 2018: 9).

Wenn nun Persönlichkeit geformt und entwickelt werden soll, stellt sich unweigerlich die Frage, was die Persönlichkeit eigentlich ist und wie sie sich definitorisch abgrenzt, beispielsweise von Identität oder dem Selbst. Besonders in der Psychologie wird der Begriff häufig gebraucht, allerdings ist die Definition nicht immer trennscharf zu anderen verwandten Begriffen (vgl. ebd.: 10). Aus der Entwicklungspsychologie stammt folgende Definition: „Mit dem Begriff der Persönlichkeit bezeichnet man die Gesamtheit der Eigenschaften und Verhaltensdispositionen eines Menschen, die ihn zeitlich relativ stabil und über verschiedene Situationen hinweg charakterisieren und von anderen unterscheiden." (Schneider et al. 2018: 560) Das Selbst dagegen wird verstanden als das Wissen oder die Annahmen, die das Individuum über die eigene Person entwickelt (vgl. ebd.) Die Identität oder das Selbstbild – beide Begriffe werden weitgehend synonym verwendet – wiederum ist die Gesamtheit der persönlichen Charakteristika, derer man sich bewusst ist. Diese eigene Identität, das Selbstbild, ist auch abhängig davon, wie man von anderen gesehen wird und die Vorstellungen, die ein Individuum von sich selbst hat, werden wesentlich durch äußerliche Faktoren wie gesellschaftliche, kulturelle oder ökonomische Bedingungen bestimmt. Zur Identität gehören unterschiedliche Identitätsanteile wie die Geschlechtsidentität, die soziale Identität und die kulturelle Identität (vgl. ebd.: 802).

> „In der Adoleszenz geht es um die Findung einer Identität, um den Aufbau eines Selbstkonzeptes mit den Facetten Geschlecht, Fähigkeiten, Bildungs- und Berufsaspirationen, Familienherkunft, Sozialstatus, Religion, Moral, Wertorientierungen, politische Haltungen usw. Jugendliche müssen diese verschiedenen Facetten in ein konsistentes persönliches Selbstbild integrieren, das die persönliche Identität ausmacht." (Ebd.: 53)

Im Jugendalter ist es typisch, dass sich Alternativ- und Zukunftsvisionen der eigenen Person herausbilden. Zunächst konzentrieren sie sich hauptsächlich auf das Körperbild, aber sie erweitern sich zunehmend auch auf psychische und soziale Aspekte. Diese "möglichen Selbstbilder" repräsentieren persönliche Ziele oder Vorstellungen darüber, wer man gerne sein möchte oder auch nicht. Ab der Adoleszenz spielen sie neben dem Wissen über das gegenwärtige Selbst eine bedeutende Rolle (vgl. Schneider et al. 2018: 572). Zusammenfassend kann gesagt werden, dass Selbst und Identität aus Sicht der Psychologie das eigene innere Erleben fokussieren, während die Persönlichkeit eher von außen wahrgenommen werden kann. Allerdings beeinflussen sich die Konzepte Selbst, Identität und Persönlichkeit stark und können bei Weitem nicht so klar voneinander gedacht werden, wie ältere Ansätze in der Psychologie vermuten ließen (vgl. ebd.). Durch Reflexion über sich selbst, die eigenen Fähigkeiten, Kompetenzen, dem sich Erleben in sozialen Situationen entsteht Selbstwissen. Gleichzeitig aber entwickelt sich die Persönlichkeit durch solche Reflexionsprozesse weiter. Beide Konzepte unterliegen bei einer gewissen Stabilität gleichzeitig kontinuierlicher Veränderung. Zum anderen entwickelt sich die Persönlichkeit, indem sie durch Bildungsprozesse, im sozialen Austausch, durch Sozialisation neue Fähigkeiten und Kompetenzen erwirbt. In neueren Ansätzen wird die Wechselwirkung von Person und Umwelt bei der (Fort-)Entwicklung von Selbst und Persönlichkeit angenommen und dass diese im Laufe des Lebens aufgrund verschiedener Veränderungen auch zu Veränderungen in der Persönlichkeit führen (vgl. ebd.: 564). Aus einer eher bildungswissenschaftlichen und bildungssoziologischen Perspektive ist die Persönlichkeit zwar auch von Persönlichkeitseigenschaften geprägt, die eine genetische Basis haben können, aber das Subjekt muss sich erst über Sozialisationsprozesse und Subjektivierungsprozesse „überhaupt zu einer ‚Persönlichkeit‘ entwickeln, die zur aktiven Teilnahme an kulturellen Praktiken befähigen“ (Budde/Weuster 2018: 10). Persönlichkeitsbildung ist also ein sozialer Prozess der Auseinandersetzung mit der Umwelt und gleichzeitig mit sich selbst, um eine eigenständige, individuelle Persönlichkeit zu entwickeln. In modernen Gesellschaften ist Persönlichkeitsbildung eine zentrale Entwicklungsaufgabe, um adäquat an der Gesellschaft teilhaben zu können. Die Persönlichkeitsentwicklung wird durch die Lebenswelt und die objektiven wie subjektiven Lebensbedingungen geprägt und ist ein Kontinuum bis ans Lebensende, auch wenn die zentralen Veränderungsprozesse bis zum jungen Erwachsenenalter ablaufen.

Die moderne Gesellschaft ist geprägt von komplexen sozialen, wirtschaftlichen und kulturellen Dynamiken, die traditionelle Bindungen und Orientierungen auflösen. Auch Arbeitsverhältnisse sind zunehmend weniger stabil, was Persönlichkeits- und Identitätsbildung erschwert. Traditionen, Weltanschauungen und Werte verlieren an Einfluss, und auch die nationale Zugehörigkeit als Identifikationsfaktor ist fragwürdig. Die Digitalisierung durchdringt alle Lebensbereiche und vermischt materielle und virtuelle Realitäten. Insbesondere für junge Menschen spielen ästhetisch inszenierte Bilder genauso wie die eigene ästhetische (Körper-)Inszenierung, die Peergroup als Lebensstilgemeinschaft eine große Rolle bei der Identitätsfindung. Die Vielfalt der globalen Informationen und kulturellen Einflüsse durch Digitalisierung, Migration und Mobilität führt zu einer „Vervielfältigung und Heterogenisierung der Kultur“ (Bering et al. 2022: 233f.). In dieser transkulturellen Landschaft stellt sich die Frage, wie Kulturelle Bildung zur Persönlichkeits- und Identitätsbildung in einer diversen Gesellschaft beitragen kann.

Die Auflösung traditioneller Strukturen und die Vielfalt der Realitäten bieten eine individuelle Freiheit von gesellschaftlichen Zwängen. Doch dieser Freiheit steht der Druck der Einzelnen gegenüber, inmitten der Vielfalt selbstbestimmt handeln zu müssen, was zu Verwirrung und dem Auftreten verschiedener Identitätsformen führen kann. Identität und Persönlichkeit müssen unter den Bedingungen von

Globalisierung und Transkulturalität als fortwährender Selbstbildungsprozess betrachtet werden.

> „Die dynamische Identitätskonstruktion, die zwischen relativ stabilen Kernelementen, die durch Persönlichkeitsmerkmale, Erziehung und Grundüberzeugungen gekennzeichnet sind, und Begegnungen mit Neuem, Fremdem ständig Beziehungen knüpft. Durch Erfahrung, Reflexion und Wahl wird Neues mit dem Bestehenden verbunden, wobei das Subjekt selbst bestimmt, wieweit und wie tiefgreifend das Neue Einfluss auf seine Persönlichkeit nimmt." (Ebd.: 234)

Identitätsbildung ist eine fortlaufende Erzählung, die Vergangenheit und Zukunft miteinander verwebt und durch kulturelle Hybridisierung auch zu hybriden Identitäten führt, zu Patchworkidentitäten.

Angebote der Persönlichkeitsbildung allgemein, aber besonders auch mit künstlerischen Mitteln können diesen herausfordernden Prozess der Persönlichkeits- und Identitätsbildung unterstützen. Solche Angebote und Maßnahmen zur Persönlichkeitsbildung orientieren sich dabei oft an sozialpädagogischen Theorien und Prinzipien wie Einzelfall- und Subjektorientierung, Sozialraum- und Lebensweltbezug, bewertungsfreier Raum sowie Freiwilligkeit und Mitbestimmung (vgl. Budde/Weuster 2018: 19). Persönlichkeitsbildung wird auch mit sozialem Lernen, Ausbildung emotionaler Intelligenz, aber auch dem Erlangen von Methodenkompetenz, Selbstreflexionskompetenz, Selbstregulationsfähigkeit sowie mit Kreativität, Werteorientierung, Autonomie, Spontanität und Mobilität in Verbindung gebracht (vgl. ebd.: 28).

Durch ästhetisch-kulturelle und künstlerische Bildung können Kompetenzen und Fähigkeiten geschult werden, die für die Persönlichkeits- und Identitätsbildung entscheidend sind. So regt das Erstellen und Betrachten von Bildern dazu an, die Realität aus verschiedenen Blickwinkeln zu betrachten und geistig flexibel zu sein. Durch Reflexion wird die eigene Position in Bezug auf den diskutierten Inhalt kritisch betrachtet und mit persönlichen Ansichten und Haltungen abgeglichen. Diese Reflexion über Neues trägt zur Identitätsarbeit bei, da sich die eigene Identität entsprechend verändert, wenn neue Einflüsse aufgenommen oder ihnen Raum gegeben werden. Die künstlerische Auseinandersetzung schärft nicht nur kognitive Fähigkeiten, sondern fördert auch eine sensible Wahrnehmung und die Fähigkeit zur Imagination. Diese Fähigkeiten sind entscheidend für die fortlaufende Persönlichkeits- und Identitätsbildung sowie die Gestaltung des eigenen Selbst- und Weltbildes (vgl. Bering et al. 2022: 234f.).

Beispiel für eine kunstbasierte Reflexion des eigenen Selbstbilds

Blind gestaltetes Selbstporträt

Vor den Teilnehmenden liegt eine dicke Scheibe Ton in der Größe des eigenen Gesichts auf einem Holzbrettchen. Die Teilnehmenden werden gebeten, die Augen zu schließen und mit geschlossenen Augen zu gestalten, was zunächst einmal Befremdung hervorruft, da man davon ausgeht, dass bildnerisches Gestalten eine visuelle Kontrolle voraussetzt. Zudem soll ohne zu sprechen gearbeitet werden.

Teilnehmende, die die Augen nicht geschlossen halten können, können das Brettchen mit der Tonscheibe unter dem Tisch auf den Oberschenkeln platzieren, sodass die bearbeitete Tonscheibe nicht oder kaum sichtbar ist.
Nun werden die Teilnehmenden aufgefordert, das eigene Gesicht tastend zu erkunden und die Tastempfindungen bildnerisch auf der Tonscheibe umzusetzen. Dabei entstehen Hochreliefs des getasteten Gesichts. Im Arbeitsprozess der Teilnehmenden wechseln sich erstasten des eigenen Gesichts und Gestalten mit dem Ton kontinuierlich ab, Gestaltetes wird durch erneutes Abtasten kontrolliert. Da Ton eine natürliche Erde und damit ungiftig ist, hinterlassen die Hände zwar einige Tonspuren im Gesicht, aber diese sind durch klares Wasser schnell und einfach zu entfernen.
Jede Person gestaltet im eigenen Tempo, die Gestaltungszeit ist nicht sehr lange, maximal eine halbe Stunde. Die Seminarleitung kann das je nach Gruppe anpassen. Am Ende des Gestaltungsprozesses werden die Augen geöffnet bzw. die Brettchen unter dem Tisch hervorgeholt. Das Erstaunen über das Gestaltete ist groß, die Vorstellung, die sich über die Hände vom eigenen Bildwerk geformt hat, ist völlig anders als das, was die Augen sehen. Den Teilnehmenden wird so bewusst, wie sehr sich ‚Bilder', die die einzelnen Sinneskanäle hervorbringen, voneinander unterscheiden.
Die Teilnehmenden werden dann gebeten zu reflektieren, zum einen wie gut ihnen die Umsetzung der Tasterlebnisse während dem Gestalten gelungen ist, zum anderen, inwiefern sie sich in ihren Bildwerken wiedererkennen. Durch die ungewohnte Fokussierung auf den Tastsinn sind viele der Teilnehmenden auf ihre eigene Wahrnehmung aufmerksam geworden. Die Befremdung durch das Tast-Selbstporträt, das so gar nicht zur visuellen Vorstellung des eigenen Gesichts passen will, regt außerdem viele Teilnehmende zu einer intensiven Selbstreflexion an.

Meis/Mies nennen als wichtige Aspekte, wie künstlerische Methoden zur Persönlichkeitsbildung beitragen können, die „Differenzierung von Wahrnehmungserfahrung über die Körpersinne, über die Fernsinne und über die Gefühle", die „innere Verarbeitung durch Eigenkonstruktionen, durch Phantasie, durch sprachliches Denken und durch naturwissenschaftlich-logisches Denken", durch „soziale Beziehungen und Beziehungen zur sachlichen Umwelt", den „Umgang mit Komplexität und Lernen in Sinnzusammenhängen sowie forschendes Lernen" (Meis/Mies 2018: 24). Also ist eine zentrale Komponente der Persönlichkeitsbildung durch Ästhetische Bildung die Förderung der sinnlichen, leiblichen und emotionalen Wahrnehmung mit ästhetisch-künstlerischen Mitteln.

5.6 Forschung in der Kulturellen und künstlerischen Bildung

2018 schreiben Meis/Mies, dass empirische Wirkungsforschung in der Kulturellen Bildung noch „in den Kinderschuhen" (Meis/Mies 2018: 72) stecke. Das ist bezogen auf das Erscheinungsjahr des Buches nur schwer nachvollziehbar und gilt höchstens für den deutschsprachigen Raum der Veröffentlichungen in Bezug auf die ästhetische Praxis in der Sozialen Arbeit. Heute und international stellt sich das Bild zur Forschung in der Kulturellen Bildung insgesamt anders dar. Viele der Forschungsergebnisse zur Kulturellen Bildung lassen auch Rückschlüsse auf die Wirkung künstlerischer und Ästhetischer Bildung in der Sozialen Arbeit zu.

Mittlerweile gibt es aber auch auf internationaler Ebene eine ganze Reihe von Forschungsergebnissen aus dem Feld der künstlerischen und Ästhetischen Bildung in der Sozialen Arbeit

Innerhalb der einzelnen Kunstpädagogiken gab es zudem schon seit den 1970er-Jahren empirische Forschung im englischsprachigen Raum. Spätestens seit der Jahrtausendwende wurden auch vielzählige Wirkungsstudien durchgeführt und veröffentlicht. Viele Erkenntnisse liefern zudem Studien aus den Feldern der künstlerischen Therapien.

2009 gab es eine große Studie in den USA zur Qualität in der Kulturellen Bildung, *The Qualities of Quality: Understanding Excellence in Arts Education* (Hetland et al. 2009), und im gleichen Jahr veröffentlichte Anne Bamford ihre Metaanalyse zur künstlerischen Bildung weltweit, *The wow factor: Global research compendium on the impact of the arts in education* (Bamford 2009). Eine weitere breite Metastudie der Weltgesundheitsorganisation (WHO) von 2019 namens *What is the evidence on the role of the arts in improving health and well-being?: A scoping review* (Fancourt/Finn 2019) ist ebenfalls für das Feld der Sozialen Arbeit von Bedeutung, da sie die Wirkung der Künste auf die Gesundheit untersucht.

In Deutschland ist das Netzwerk *Forschung in der Kulturellen Bildung* besonders aktiv und auf der Onlineplattform *Kubi-online* werden kontinuierlich neue Forschungsarbeiten veröffentlicht.

Die Forschungsansätze in der Kulturellen Bildung sind in der Methodik heterogen, es gibt deutlich mehr qualitative Ansätze als quantitative, Forschungen mit kunstbasierten Methoden sind genauso vertreten wie partizipative Ansätze.

5.7 Ästhetisch-kulturelle Bildung in der Sozialen Arbeit

Im Jahr 1976 veröffentlichte die UNESCO ihre *Empfehlung zur Teilnahme und Mitwirkung aller Bevölkerungsschichten am kulturellen Leben.* Seit den 1970er-Jahren beschäftigt sich die Soziale Arbeit verstärkt mit der Fragestellung, wie eine Teilhabe aller am kulturellen Leben realisiert werden kann. Um die Partizipation am kulturellen Leben zu gewährleisten, lassen sich innerhalb des fachlichen Diskurses der Kulturellen Bildung in der Sozialen Arbeit primär zwei zentrale Perspektiven, zwei Pole erkennen: einerseits die Fokussierung auf das Individuum und andererseits auf die Gesellschaft. Kulturelle Bildung zielt also zum einen darauf ab, die Wahrnehmungs-, Ausdrucks-, Kreativitäts- und Kritikfähigkeit von Einzelpersonen zu stärken, und zum anderen gesellschaftlich und politisch wirksam zu werden, indem sie marginalisierten Gruppen eine Stimme verleiht und öffentlichkeitswirksam agiert. In der Praxis der Kulturellen Bildung finden sich oft Mischformen dieser Ansätze, wohingegen in den theoretischen Diskursen und in den Grundlagentexten zur Kulturellen Bildung in der Sozialen Arbeit diese beiden Pole unterschiedlich akzentuiert werden (vgl. Menrath 2022: 436).

Dies zeigt sich anhand der zentralen Schriften und Lehrbücher zu ästhetisch-kultureller Bildung in der Sozialen Arbeit (vgl. ebd.). Meis und Mies (2018) beispielsweise fokussieren vor allem die subjektorientierten Aspekte und Ziele Kultureller

Bildung in der Sozialen Arbeit, wie Resilienz- und Kreativitätsförderung, Kompetenzerweiterung, Selbstbildung und die Aktivierung von Ressourcen. Jäger und Kuckhermann weisen darüber hinaus auf die Relevanz von Kultureller Bildung auf gesellschaftlich-strukturellen Ebenen hin (vgl. 2004: 49). Ein stärkeres (gesellschafts-)politisches Engagement wird hingegen vom Diskurs um Soziale Kulturarbeit gefordert, die sich in der Tradition der neuen sozialen Bewegungen seit den 1960er-Jahren verortet. „Mitte der 1980er Jahre erreichte die Fachdebatte um Soziale Kulturarbeit und kulturelle Sozialarbeit ihren Höhepunkt [...] Inspiriert durch Beuys' (1975) Aussage [...] ‚Jeder Mensch ist ein Künstler' verbreitete sich ein anti-elitäres, erweitertes Kunstverständnis." (Josties et al. 2020: 146) Der Sozialpädagoge Rainer Treptow führte die Begriffe Soziale Kulturarbeit und kulturelle Sozialarbeit in die theoretischen Diskurse zu ästhetisch-kultureller Bildung in der Sozialen Arbeit in den 1980er-Jahren ein. Seither wird um einen passenden Begriff für ästhetisch-kulturelle Bildung und künstlerische Praxis in der Sozialen Arbeit gerungen. Vertreter*innen des Diskurses um Soziale Kulturarbeit wenden sich gegen die Verwendung des Begriffs Kulturelle Bildung in der Sozialen Arbeit.

> „Soziale Kulturarbeit bedarf der öffentlichen Äußerung, der Performanz und Einmischung und entfaltet in diesem Kontext eine unmittelbare kulturell-symbolische, ja teilweise gesellschaftspolitische Kraft, vor allem im Kontext sozialer Bewegungen und Proteste. Soziale Kulturarbeit hat ihren ästhetisch-künstlerischen Eigensinn und lässt sich weder als ‚Medium' für Bildungszwecke noch vermeintliche soziale Zwecke instrumentalisieren. Sie kann sich jedoch gegen soziale und kulturelle Ausgrenzung stemmen, wenn sie sich auf die Lebenswelten und den Eigensinn der kulturellen Ausdrucksformen der Teilnehmer*innen einlässt. Dies bedeutet jedoch nicht, dass in diesem Kontext kulturelle Bildung und künstlerische Qualität nicht relevant sind [...] Soziale Kulturarbeit kann Erfahrungen von Benachteiligung und Diskriminierung auf künstlerisch-symbolische Weise zum Ausdruck bringen, kritisch thematisieren und öffentlich machen [...]" (Josties et al. 2020: 147).

Soziale Kulturarbeit hinterfragt kulturelle Machtpositionen, strukturelle Diskriminierung und Rassismen, agiert diskriminierungssensibel und zeichnet sich so durch eine „intersektionale Herangehensweise" (ebd.: 148) aus. Sie fokussiert *Empowerment* und kollaborative Praktiken, die „Stärkung von Selbstwirksamkeit ihrer Adressat*innen durch die Eröffnung von Zugängen zu und in den Künsten", kulturell-ästhetische Teilhabe sowie die „künstlerisch-symbolische Artikulation" (ebd.: 149 von Erfahrungen sozialer Ungleichheit. Um gezielt Öffentlichkeiten zu schaffen ist ein Thema auch der künstlerische Gehalt des jeweiligen Werks. Damit agiert Soziale Kulturarbeit sowohl auf der Ebene des Subjekts, auf der gesellschaftspolitischen genauso wie auf der künstlerischen Ebene (vgl. ebd.: 149ff.).

Treptow spricht der Sozialen Arbeit wie der Sozialpädagogik auch ein kulturelles Mandat zu. Ihre Aufgabe sei es, ihre Adressat*innen in ihren kulturellen, ästhetischen Ausdruckformen zu bestärken und zu fördern sowie deren kulturelle Eigensinnigkeit und Eigenständigkeit anzuerkennen und in der Öffentlichkeit anwaltschaftlich zu vertreten, aber auch kritisch zu hinterfragen, ob diese kulturellen Ausdrucksformen das Potenzial haben, andere oder die Gesellschaft zu schädigen (vgl. Treptow 2001: 193f.).

Anzumerken ist allerdings, dass kritische, machtsensible Kulturelle Bildung die gleichen Ziele verfolgt und nicht nur die gleichen bzw. ähnlichen Praktiken anwendet, wie die Vertreter*innen Sozialer Kulturarbeit für sich in Anspruch nehmen – von daher ist es schwer, grundsätzliche Unterschiede auszumachen. Ein wichtiges Verdienst des Diskurses ist aber der Hinweis auf die Bedeutung der Kulturellen Bildung in der Sozialen Arbeit, Räume und Möglichkeiten für Repräsentations- und Machtkritik von marginalisierten Menschen zu schaffen.

Ein weiterer Ansatz, der in den letzten Jahren die Kulturelle Bildung in der Sozialen Arbeit stark beeinflusst hat, ist der *Community Arts*-Diskurs. *Community Arts* wollen gesellschaftliche und politische Veränderungen in einem bestimmten Sozialraum fördern und beziehen sich auf ein breites Spektrum an Kunstformen wie bildende Kunst, Theater, Musik und Tanz. Wird nur eine Kunstform benutzt, spricht man auch von Community Art, Community Music usw. *Community Arts* haben besonders die Förderung sozialer Interaktion, kulturellen Ausdrucks und kollektiver Kreativität im Blick. Der Kern von *Community Arts* liegt in der Aktivierung und Einbeziehung von Menschen eines Sozialraums, beispielsweise Bewohner eines Stadtteils. Durch die partizipative Arbeitsweise und basierend auf einer demokratischen Kultur, verwischen häufig auch die Grenzen zwischen Künstler*innen und Adressat*innen. *Community Arts* arbeiten niederschwellig und fokussieren auf die Inklusion aller. Sie zielen darauf ab, lokale Kulturen im Sinne des *Empowerments* zu stärken, soziale Inklusion zu fördern und einen Raum für dialogische Prozesse zu schaffen, die gesellschaftliche Veränderungen unterstützen und die kulturelle Identität der Beteiligten reflektieren und bereichern. Sie haben besonders auch ausgegrenzte Gruppen und Personen eines Sozialraums im Blick (vgl. Leuerer/Fuchs/Weber 2022). Das Vergemeinschaftungspotenzial und eine sozial-transformative Programmatik Kultureller Bildung und ästhetisch-kultureller Praktiken in der Sozialen Arbeit stehen also in Ansätzen, die sich dem *Community Arts*-Diskurs anschließen, besonders m Fokus (vgl. Menrath 2022: 438).

Blickt man nun auf die Ziele, die Kulturelle Bildung in der Sozialen Arbeit hinsichtlich individueller Kompetenzförderung verfolgt, fällt die Orientierung an empirischen Wirkungsstudien in den letzten 20 Jahren ins Auge.

> „So benennt die empirische Forschung über ästhetische Bildungsprozesse eine ganze Reihe von Kompetenzen, die man im Umgang mit den Künsten lernen kann: regelmäßig werden seit den ästhetischen Entwürfen der Aufklärung und Romantik der Ästhetik eindeutig positive Bildungswirkungen attestiert, d.h. personale und soziale, künstlerische, kulturelle und ästhetische, praktische und reflexive, lern- und leistungsbezogene etc. Fähigkeiten identifiziert, die man im Kontext ästhetischer Erziehung und Bildung erwerben kann." (Klepacki/Zirfas 2009: 112)

Die ästhetisch-kulturelle Bildung in der Sozialen Arbeit zielt in der emanzipatorischen Tradition darauf ab, die Wahrnehmungs- und Erfahrungsmöglichkeiten sowie die Handlungs- und Gestaltungskompetenzen von Menschen aller Altersgruppen zu fördern und dadurch deren Entwicklungspotenziale zu erweitern. Durch die Anleitung zu kreativen und gestalterischen Schaffen, die Initiierung ästhetischer Prozesse und eine handlungsorientierte Arbeitsweise, die zugleich zur Reflexion und Betrachtung anregt, wird ein pädagogischer Rahmen geschaffen, der das Individuum mit seinen spezifischen Fähigkeiten, Fertigkeiten und Potenzialen in den Mittelpunkt stellt. Die Lernprozesse innerhalb dieses Rahmens fokussieren primär auf die ästhetischen Erfahrungen der Individuen, die in Verbindung mit ihrem körperlichen, kognitiven, emotionalen, interpersonellen und soziokulturellen Erleben stehen. Diese Form der kulturellen Bildung versteht sich somit als ein inklusiver Ansatz, der darauf abzielt, allen Menschen unabhängig von ihren individuellen Voraussetzungen einen Zugang zu künstlerisch-kultureller Bildung zu ermöglichen. Jede Kunstform bietet dabei ihre ganz spezifischen Förder- und Lernpotenziale.

Im Zusammenhang mit ästhetisch-kultureller Bildung allgemein und auch bezogen auf das Feld der Sozialen Arbeit sprechen verschiedene Autor*innen von der Notwendigkeit ästhetischer Alphabetisierung für die Partizipation und Teilhabe an Kultur (bspw. Klepacki/Zirfas 2009: 119; Mollenhauer 1990: 11; Dietrich/Krinninger/Schubert 2012: 27ff.), damit ästhetisch-kulturelle Bildung ihre Wirkung entfalten kann. Klepacki/Zirfas zählen dazu in Bezug auf die Schriften von Mollenhauer ein Wissen über Kunst, Werk, aber auch über Symboliken und Bedeutungen von Bildzeichen. Dietrich/Krinninger/Schubert beschreiben vier Dimensionen Ästhetischer Bildung: Fingerfertigkeiten, Alphabetisierung, Selbstaufmerksamkeit, Sprache (vgl. 2012: 26ff.). Dabei definieren sie Alphabetisierung ganz ähnlich wie Klepacki/Zirfas, während Fingerfertigkeit die künstlerisch-methodischen Fertigkeiten in den Blick nimmt, die Selbstaufmerksamkeit die ästhetischen Erfahrungen und die Sprache die Ausdrucksmöglichkeiten in den Künsten und durch die Künste. Ästhetische Alphabetisierung in der Sozialen Arbeit kann aber keinesfalls als ein schulisches Lernen in den Künsten verstanden werden. Was und wie gelernt werden soll, muss im Austausch mit den jeweiligen Adressat*innen verhandelt und festgelegt werden.

Empfohlene Literatur:

Reinwand-Weiss, Vanessa-Isabelle (2013): Künstlerische Bildung – Ästhetische Bildung – Kulturelle Bildung, in: KULTURELLE BILDUNG ONLINE: www.kubi-online.de/artikel/teilhabe-kultur-digitalitaet-kinderarmut-chancen-digitaler-bildung, 18.3.2024.

Hammerschmidt, Peter/Stecklina, Gerd/Steindorff-Classen, Caroline (Hrsg.) (2024): Kulturelle Bildung und Soziale Arbeit, Weinheim/Basel: Beltz Juventa.

6 Kreativität, Phantasie und Spiel

Zusammenfassung

Hier werden drei zentrale Aspekte künstlerischen Schaffens beleuchtet – Phantasie, Kreativität und Spiel. Jedes der drei Phänomene wird dabei definiert: Phantasie als die Fähigkeit der Imagination, sich etwas vorstellen zu können, Kreativität als Schöpferkraft und als Problemlösefähigkeit sowie das Spiel, das zum Experiment anregt. Es werden zentrale theoretische Diskurse zu diesen Phänomenen skizziert und der jeweilige Beitrag der drei Phänomene zur ästhetisch-kulturellen Bildung und zum künstlerischen Gestalten dargelegt. Ebenso werden die Möglichkeiten der Förderung von Kreativität, Phantasie und spielerischer Haltung beleuchtet.

Untrennbar mit ästhetisch-kultureller und künstlerischer Bildung sind die Begriffe der Kreativität, der Phantasie und des Spiels verbunden. Im Folgenden sollen diese nun ein wenig intensiver beleuchtet werden.

6.1 Phantasie

Phantasie ist die Fähigkeit des menschlichen Geistes, sich Dinge vorstellen zu können, die in diesem Moment oder auch gar nicht durch unmittelbare Erfahrungen vermittelt werden, also Dinge, Geschichten, Situationen, die es in dem jeweiligen Moment in der äußeren Realität nicht gibt (vgl. Otabe 2018: 2). Wenn wir von Phantasie sprechen, kommen uns daher auch ähnliche Begriffe, wie Einbildungskraft, Imagination und Vorstellungsvermögen in den Sinn.

Phantasie ermöglicht es Menschen, in Gedanken Szenarien, Bilder, Umgebungen oder ganze Welten zu erschaffen, die real sein könnten oder völlig jenseits der Realität liegen. Wir nutzen Phantasie, um Neues zu erdenken oder mentale Fluchten aus der realen Welt zu schaffen.

Es handelt sich um eine Aktivität, die nicht nur bei der künstlerischen Schöpfung, sondern auch in vielen anderen Bereichen wie der Wissenschaft, beim Problemlösen und im alltäglichen Denken eine wichtige Rolle spielt. Phantasie brauchen wir in vielen Bereichen des Lebens, für technische Entwicklungen genauso wie für Neuerungen im sozialen Feld. Phantasie ermöglicht Künstler*innen, Schriftsteller*innen und Filmemacher*innen überzeugende Geschichten und visuelle Welten zu kreieren, die die Grenzen der Realität überschreiten. In der Wissenschaft hilft die Phantasie, Hypothesen über unbekannte Phänomene zu formulieren und kreative Lösungen für komplexe Probleme zu finden.

Das Wort ‚Phantasie' kommt aus dem Griechischen von *phantasia* und meint die erzeugende Instanz; es ist auch die Wurzel von ‚Phantasma', Vorstellungsbild, Erscheinung, Trugbild oder das Gespenst. Später wird Phantasie als die produktive Einbildungskraft definiert. So verwenden wir dieses Wort auch heute noch. Verwandt mit dem griechischen Wort *phantasia* ist auch das lateinische Wort *imaginatio* (vgl. Huber 2004: 166). Imagination meint auch die Einbildung, die Vorstellung und die Phantasie, also alles, was wir für das künstlerische Gestalten dringend benötigen, da wir mit ihrer Hilfe ein inneres Bild erzeugen von dem, was wir durch das künstlerische Arbeiten ausdrücken möchten.

Hans-Dieter Huber, ein deutscher Bildwissenschaftler, definiert Phantasie als das bildhafte Vorstellungsvermögen. Es ist die zentrale Instanz zwischen der (Bild-)Wahrnehmung und der (Bild-)Verarbeitung, also zwischen äußeren und inneren Bildern. Huber sagt:

> „Sinneswahrnehmung, Phantasie und Gedächtnis wirken sowohl bei der Konstruktion interner als auch externer Bilder eng zusammen. Die Richtung ist jederzeit umkehrbar. Sie kann von innen nach außen gerichtet sein und im nächsten Moment von außen nach innen. Phantasie ist die Schaltzentrale, das Switchboard oder Relais, in der ein Abgleich stattfindet. Zwischen von außen kommenden Irritationen und der inneren Eigen-Aktivität des Beobachters." (Ebd.: 165)

Phantasie wird durch unsere Erfahrungen, Erinnerungen, Gefühle und durch kulturelle Einflüsse gespeist und ist eng mit dem Spiel verknüpft, bei Kindern genauso wie bei Erwachsenen. Unsere Erfahrungen und unser Wissen ermöglichen und begrenzen gleichzeitig unsere Phantasie. „Dass die Einbildungskraft oder Imagination ihrerseits auf dem Erinnerungsvermögen beruht bzw. Imagination ohne Erinnerung kaum denkbar ist, sei hier nicht vertieft, sondern nur darauf verwiesen, dass die Imagination – auch wenn sie vielleicht das ‚wichtigste Instrument des Guten' ist, um es mit John Dewey [...]zu sagen – immer auch begrenzt ist." (Reichenbach/Meulen, van der 2010: 797) Phantasien speisen sich aus den Wahrnehmungen der Wirklichkeit und sind Ausdruck der subjektiven, persönlichen Bedeutung dieser Wahrnehmung. Aisthesis und Phantasie sind daher eng miteinander verknüpft. Unter Aisthesis versteht man, so haben wir bereits kennengelernt, die sinnliche Wahrnehmung, die Wahrnehmung der äußeren Welt und unsere ganzen Wahrnehmungseindrücke. Unter Phantasie versteht man die inneren Bilder und Vorstellungen, die auf diesen Wahrnehmungseindrücken basieren und weit über sie hinausgehen können. Phantasie verknüpft also Vergangenheit, Gegenwart und Zukunft miteinander. Um eine ausgeprägte Phantasie entwickeln zu können, brauchen wir sowohl eine differenzierte Wahrnehmung als auch Wissen und auch Vorstellungsvermögen, Imagination. Um ein Beispiel zu nennen: Der Kunstpädagoge Rudolf Seitz (1934–2001) macht das an der Farbe Rot deutlich. In Bilderbüchern für Kleinkinder wird den Kindern oft erklärt, was alles auf der Welt rot ist, z. B. die Erdbeere, das Hausdach, die rote Ampel, die Tomate oder die Rote Bete und so weiter. Aber diese Dinge sind ganz unterschiedlich rot: erdbeerrot, ziegelrot, weinrot, signalrot. Wir müssen also zum einen fähig sein, differenziert wahrzunehmen, um die unterschiedlichen Rottöne unterscheiden zu können. Auf der anderen Seite müssen wir aber auch die Begriffe, die Wörter und das Wissen dazu haben und uns dann in inneren Bildern vorstellen können, was wir verbal oder bildnerisch ausdrücken möchten. „Wer etwas zeichnen will, muss es sich vorher vorstellen können. Um sich etwas vorstellen zu können, muss ich vorher vieles wissen. Ein Kind, das [...] nur einen Begriff für Rot hat, wird notwendigerweise in seiner Bildsprache sehr einfach bleiben. Es hat – so sagt man dann – weniger Phantasie als andere Kinder.“ (Seitz 1998: 10). So wie mit der Farbe Rot und seinen unterschiedlichen Rottönen, verhält es sich mit allen anderen Bereichen der Wahrnehmung und des Wissens.

Phantasie brauchen wir aber nicht nur beim künstlerischen Gestalten, sie hat ebenso große Bedeutung in der Welt des Sozialen. Mithilfe der Phantasie, als Basis von Empathie, können wir uns in andere Menschen hineinversetzen und verschiedene Perspektiven erkunden (vgl. Dewey 2018: 401). Phantasie ermöglicht es uns auch, uns in die Zeit und den Geist von Menschen zu versetzen, die in anderen Epochen oder Kulturen gelebt haben. Sie hilft uns soziale Situationen genauso vorwegzunehmen wie die Reaktion von anderen Menschen in kommunikativen Situationen.

Phantasie hilft uns Resilienz zu entwickeln, denn Phantasie ist immer verbunden mit einer wünschbaren Zukunft, mit Möglichkeitsdenken und mit innerem Probehandeln. Sie bildet die Brücke zwischen dem Erfahrbaren und dem Möglichen (vgl. Duncker et al. 2010: 46). Mithilfe von Phantasie und Einbildungskraft können wir Alternativen entwickeln, verschiedene Optionen durchspielen, uns die Realität anders vorstellen, anders konstruieren, als wir sie erleben, ohne jegliche Gefahr, die vorgestellte Wirklichkeit bis in die letzte Konsequenz so durchleben zu müssen. Das heißt, wenn wir versuchen Konflikte anders zu lösen, konfliktäre Themen bearbeiten, brauchen wir Phantasie. Damit ist Phantasie auch ein Mittel zur Lebensbewältigung.

Phantasie ist verknüpft mit assoziativem Denken, d.h. wir entwickeln anhand eines Gedankens einen neuen Gedanken oder ausgehend von einem Bild kommt uns ein neuer Gedanke. Die Phantasie ist zudem verbunden mit sinnlichen Qualitäten, mit dem Chaos, der Unordnung, der Uneindeutigkeit. Hier sehen wir schon eine Brücke zur Kreativität, denn gerade dieses Unordentliche, Chaotische ist oft die Basis für eine kreative Lösung.

Mit Phantasie können wir Verengungen aufbrechen. Phantasie leitet uns mit ihrer Schrankenlosigkeit in das Reich des Möglichen.

Phantasie und Kreativität fördern auch das Lernen an sich, denn Lernen ist keineswegs ein passives Aufnehmen von Wissen. Lernen ist konstruktives Erkennen und damit auch ein schöpferischer Akt, ganz im Sinne der Kreativität, und zugleich Weltaneignung und auch ein Entwerfen von Wirklichkeit (vgl. ebd.: 44f.).

Für gestalterisches Arbeiten stellt Phantasie zum einen eine Voraussetzung dar, zum anderen wird durch sie wiederum Phantasie befördert. Gerade das künstlerische Arbeiten in der Gruppe, wenn viele unterschiedliche Ergebnisse entstehen, kann ‚Nahrung‘ für die eigene Phantasie sein wie auch ein Eintauchen in vielfältige und unterschiedliche Bildwelten durch die Bildbetrachtung. Experimentieren und mit dem Zufall gestalten fördert assoziatives Denken und damit die Phantasie, ebenso anregende, ressourcenreiche und ästhetisch ansprechende Lernsettings oder interdisziplinäre Herangehensweise im Zusammenspiel von verschiedenen Künsten.

Phantasie braucht ebenso wie Kreativität eine wertschätzende und anregungsreiche Umgebung, damit sie sich bestmöglich entwickeln kann.

6.2 Kreativität

Was aber ist nun genau Kreativität? Der Wortursprung liegt im lateinischen *creare*, was zeugen, gebären, erschaffen, bedeutet. Früher verwendete man anstatt des Begriffs Kreativität das Wort ‚Schöpferkraft'. Kreativität ist ein komplexes Phänomen und es gibt keine eindeutige Definition dafür.

Die Bewertung und Definition, was Kreativität ist, unterliegt immer gesellschaftlichen Maßstäben. Mit ihr werden aber häufig Innovation, Erfindergeist, künstlerische und schöpferische Prozesse, Originalität, aber auch Problemlösungsstrategien verbunden. Kreativität umfasst sowohl den Einfallsreichtum wie auch die Fähigkeit, flexibel zu denken, sowie den Mut, konventionelle Grenzen zu überschreiten. Sie bezieht sich auf alle Bereiche des täglichen Lebens, auf die Wissenschaft und die Kunst.

Kreativität umfasst viele positive Charakteristika von Individuen und wirkt sich förderlich auf Gesellschaft aus. Kreativität ist aber in unserer heutigen, spät- oder postmodernen Gesellschaft zum Kreativitätsdispositiv (vgl. Reckwitz 2016: 8) geworden, was bedeutet, dass Kreativität einen hohen gesellschaftlichen Wert darstellt und zunehmend als wünschenswerte oder sogar notwendige Eigenschaft für den persönlichen Erfolg und das Wohlbefinden betrachtet wird. Dies stellt hohe Anforderungen an alle, aber gerade auch an Adressat*innen Sozialer Arbeit.

Im Folgenden werden wir kurz einen Blick auf die Geschichte der Kreativitätsforschung werfen und im Anschluss bestimmte Schlüsselmerkmale des Phänomens Kreativität erläutern, um es greifbarer zu machen.

Kreativitätsforschung gibt es in unterschiedlichen Wissenschaftsdisziplinen, in der Philosophie, der Soziologie, den Wirtschaftswissenschaften – am bekanntesten sind die Forschungen der Psychologie. Ein frühes und bedeutendes Werk in diesem Bereich ist *The Art of Thought* von Graham Wallas, das 1926 veröffentlicht wurde und ein bis heute verwendetes Vier-Phasen-Modell des kreativen Prozesses beschreibt (vgl. Nett 2019: 4), auf welches im Folgenden noch näher eingegangen wird. Ein weiterer Meilenstein in der psychologischen Kreativitätsforschung ist die Arbeit von J.P. Guilford. In seiner berühmten Präsidentenansprache vor der American Psychological Association im Jahr 1950 betonte Guilford die Bedeutung der Erforschung von Kreativität, kritisierte die Geringschätzung des wissenschaftlichen Interesses gegenüber Kreativität und entwickelte später umfangreiche Modelle und Tests, um kreative Fähigkeiten zu messen.

Der sogenannte ‚Sputnik-Schock' 1957 war ein Antrieb für eine verstärkte Kreativitätsforschung in den USA und damit in der gesamten westlichen Welt. Durch den Start des ersten Weltraumsatelliten namens ‚Sputnik' 1957 vonseiten der damaligen Sowjetunion wurde die Position der USA nicht nur weltpolitisch, sondern auch im technischen Konkurrenzkampf erheblich geschwächt. Um eine technologische Aufholjagd möglichst schnell zu realisieren, wurden verstärkt die Bedingungen der Entstehung und die Fördermöglichkeiten von Kreativität untersucht (vgl. Eisler-Stehrenberger 2007: 118).

Aber schon ab den 1970er-Jahren haben auch die Sozial- und Bildungswissenschaften ein Interesse an der Kreativitätsforschung entwickelt. Im Bildungskontext spricht man heute von Kreativität als einer Schlüsselkompetenz. Diese Schlüsselkompetenz soll bei der Bewältigung kultureller und gesellschaftlicher Anforderungen helfen und zu einer erhöhten Flexibilität und notwendigen neuen Innovationen führen (vgl. Schubert/Loderer 2019: 40).

Kreativität fördert sowohl technische als auch soziale Innovationen und ermöglicht es uns, Lösungen für Probleme zu finden, die wir heute noch nicht einmal erahnen können. Mit anderen Worten: Um auf das Unvorhersehbare auf individueller genauso wie auf gesellschaftlicher Ebene vorbereitet zu sein, ist Kreativität unerlässlich. Darüber hinaus bereichert die Entfaltung kreativer Potenziale das persönliche Leben und trägt wesentlich zur Selbstverwirklichung bei (vgl. Haager/Baudson 2019: V).

Kreativität wird auch als die Fähigkeit des Menschen zu schöpferischem Handeln und zum Gestalten von Wirklichkeit definiert. Kreativität ist außerdem die Fähigkeit, auf unkonventionelle Weise Probleme zu lösen, neue Verbindungen zwischen bereits existierenden Konzepten herzustellen und innovative Ansätze zu entwickeln. Sie bezeichnet die Fähigkeit einer Person, originelle und nützliche Ideen oder Lösungen zu generieren, die neuartig sind, zumindest für die jeweilige Person. Eine Triebfeder der Kreativität ist die Neugierde (vgl. Eisler-Stehrenberger 2007: 130f.).

Kreatives Potenzial ist jedem Individuum gegeben und es kann sich in jeder Lebenssituation äußern. Kreative Leistungen können in allen Schaffensbereichen, aber auch im ganz alltäglichen Leben vorkommen und jedes Produkt kann eine kreative Leistung sein (vgl. ebd.: 122). Dennoch gibt es Unterschiede hinsichtlich der Kreativität von einzelnen Menschen. Manche sind besonders kreative Persönlichkeiten und die Forschung zu diesen besonders kreativen Persönlichkeiten zeigt uns Möglichkeiten auf, wie wir Kreativität von Menschen, mit denen wir in der Sozialen Arbeit arbeiten, fördern können. Besonders kreative Persönlichkeiten zeichnen sich aus durch die unbeirrbare Hingabe an ihre Arbeit oder Aufgabe, durch ein starkes Durchhaltevermögen. Sie verlieren sich selbst in der Arbeit oder der Aufgabe und sind in einem Zustand des totalen Absorbiertseins. Typisch ist dabei zudem das Bedürfnis nach dem Alleinsein und einem Nicht-gestört-werden-Wollen. Außerdem ist divergentes Denken, ein spielerisches Denken, das nach mehreren Lösungen für ein Problem sucht und sich nicht sofort mit einfachen Lösungen zufrieden gibt, typisch für kreative Persönlichkeiten. Die intrinsische Motivation gilt als die stärkste Triebfeder für kreative Prozesse, aber auch eine Förderung von außen durch Stimulation, Ermutigungen oder Belohnungen kann den Prozess unterstützen (vgl. Nett 2019: 13f.). Wichtig ist darüber hinaus eine gewisse Offenheit für zunächst unsinnig anmutende Assoziationen und ungewöhnliche Lösungen genauso wie für Produkte des Zufalls (vgl. ebd.: 15). Deutlich wird hier, dass viele dieser Eigenschaften trainierbar sind.

Kaum jemand ist ein kreatives Allroundgenie, meistens sind Menschen nur in einem gewissen Bereich besonders kreativ (vgl. ebd.: 17f.) Der Grundstein für eine kreative Persönlichkeit wird in der frühen Kindheit gelegt. Kinder sind zunächst von Haus aus kreativ, denn sie müssen zwangsläufig kreativ sein, um zu lernen. Da sie viele Dinge einfach noch nicht kennen, vieles in der Welt für Kinder neu ist, müssen sie, um die Welt zu entdecken und die Dinge in dieser Welt zu dechiffrieren und sich zu erschließen, kreativ sein. Sie müssen ständig neue Strategien für die Entschlüsselung der Welt entwickeln (vgl. Schäfer 2006: 37).

Die Kreativitätsforschung zeigte, dass Kreativität weder gemacht noch anerzogen oder komplett verhindert werden kann, aber sie kann gefördert oder gehemmt werden. So bleibt die Frage, unter welchen Bedingungen Menschen ihre Kreativität am besten entfalten können. Faktoren, die Kreativität und auch Phantasie hemmen, sind autoritäre Umgebungen, der Zwang zur Konformität, zu große Erfolgserwartungen, Spott, mangelndes Interesse und Zeitdruck. Auf der anderen Seite gibt es vielfältige Faktoren, die Kreativität und Phantasie fördern können. Zunächst einmal braucht Kreativität Raum, Zeit und Muße, das freie Spiel, Zeit zum Ausprobieren, zum Experimentieren, Raum, um solche Experimente durchzuführen. Menschen benötigen das Gefühl der Freiheit, um sich kreativ entfalten zu können (vgl. Haager/Baudson 2019: VII). Ebenso sind Wertschätzung, Selbstsicherheit, aber auch generell Sicherheit, Offenheit, Kooperation in einem Team, ein Gruppengefühl förderliche Aspekte. Kreativität braucht differenzierte Wahrnehmungen, vielfältige Anregungen und Ausdrucksmöglichkeiten. Geeignetes Material muss zur Verfügung stehen, in unserem Falle bildnerisch-künstlerisches Material zum gestalterischen Ausdruck.

Der Verlauf kreativer Prozesse wird oft mit dem zuvor bereits erwähnten Vier-Phasen-Modell von Graham Wallas beschrieben, das schon 1926 entwickelt wurde. In seinem Werk *The Art of Thought* beschreibt Wallas den kreativen Problemlösungsprozess in vier Phasen unterteilt: I) Vorbereitung, II) Inkubation, III) Einsicht (oft als Aha-Erlebnis oder Erleuchtung bezeichnet) und IV) Verifikation.

In der ersten Phase, der Vorbereitung, wird das Problem gründlich analysiert, indem Informationen gesammelt, verschiedene Perspektiven eingenommen und andere Meinungen eingeholt werden. Diese Phase ist durch eine bewusste Auseinandersetzung mit dem Problem gekennzeichnet. Während der Inkubationsphase, der zweiten Phase, wird die bewusste Bearbeitung des Problems vorübergehend unterbrochen, das Bewusstsein geht bezüglich des Problems quasi in einen ‚Stand-by-Modus' und das Unbewusste übernimmt die Verarbeitung. Die gesammelten Informationen werden in dieser Zeit unbewusst weiterverarbeitet, was zu einer tieferen Durchdringung und Umstrukturierung führt. „Zu den eher psychischen Bedingungen für Kreativität gehören etwa die Fähigkeit, etwas geschehen zu lassen, es nicht zu ‚machen', sich nicht anzustrengen, aktiv passiv zu sein. Nur so kann sich etwas ereignen […]." (Eisler-Stehrenberg 1990: 138) Äußerlich scheint es also, als würde nichts zur Lösung des Problems geschehen, dieser Prozess kann von wenigen Minuten bis zu mehreren Jahren dauern. Die Einsicht, der Aha-Moment, der in der dritten Phase zur Lösung oder zum Lösungsweg führt, tritt oft plötzlich und unerwartet auf. Diese Einsicht kann sich in verschiedenen

Formen manifestieren – von einem einfachen Bauchgefühl bis hin zu einer klaren Erkenntnis. Schließlich muss die Idee oder Lösung auf ihre Tragfähigkeit in der abschließenden Verifikationsphase überprüft werden. Ist diese Überprüfung nicht erfolgreich, kann der gesamte Prozess der vier Phasen erneut durchlaufen werden, bis letztlich das gewünschte Ergebnis erreicht wird (vgl. Nett 2019: 4). Anhand des Vier-Phasen-Modells der Kreativität wird also deutlich, dass ein kreativer Prozess Zeit braucht.

Häufig stellt aber in pädagogischen und sozialen Einrichtungen die „Eigenzeit", also die Zeit, die ein Individuum für solche Prozesse braucht, ein Spannungsfeld zur Zeitstruktur der institutionalen Organisation dar, zudem fehlt in sozialpädagogischen Konzeptionen in der Regel das Nichtstun. Will man aber Kreativität wirklich fördern, muss man zum einen für Anregung, aber genauso für Entspannung sorgen, auch was das sozialpädagogische Programm angeht.

Kreativität zu fördern, stellt also Anforderungen an die Sozialpädagog*innen: Eine Haltung der Offenheit und die Bereitschaft, die eigenen Überzeugungen selbstkritisch zu hinterfragen, ist erforderlich, anstatt voreilig zu urteilen. Es ist wichtig, zunächst einfach wahrzunehmen und zu reflektieren. Zudem braucht es Mut, Dinge anders zu machen, wenn man nicht davon überzeugt ist, dass der herkömmliche Weg, den die meisten gehen, der Beste ist. Es ist wichtig, Freiräume zu schaffen und Leere auszuhalten und zuzulassen – sowohl für die Teilnehmenden als auch für sich selbst. Denn oft geschieht im Inneren viel mehr, gerade wenn es von außen betrachtet nicht so aussieht (vgl. Haager/Baudson 2019: VIII).

Wichtig ist zudem, den Teilnehmenden zuzugestehen, dass sie Umwege machen. Umwege zulassen meint, dass man die Welt auf eigenen Wegen entdecken kann, dass man neugierig sein und experimentieren darf, auf Entdeckungsreise gehen kann. Umständliche Wege abzukürzen, verhindert das Glücksgefühl, das sich am Ende bei einer selbst gefundenen Lösung einstellt. Natürlich ist nicht jeder Umweg sinnig und nicht jede Person kann unzählige Umwege tolerieren und aushalten. Wichtig ist aber dennoch für jeden Menschen, dass wenn man Kreativität fördern will, man Frustrationen aushalten lernen muss, aber genauso die Sicherheit hat, dass da jemand ist, mit dem man sein Leid darüber teilen kann. Frustrationen aushalten zu können, ist generell wichtig für jede Art des Lernens, denn Lernen ist immer wieder mit Frustrationen verbunden.

Gerade in der Sozialen Arbeit muss aber auch ein Bewusstsein dafür entwickelt werden, dass Kreativität Angst machen und verunsichern kann. Das Bekannte gibt Sicherheit und liefert einen Interpretationsrahmen, in den wir unsere alltäglichen Erfahrungen einordnen können. Kreativität sprengt diesen Rahmen, sie schafft Neues, das per se unbekannt ist und nicht vorhergesehen werden kann. Dies kann zunächst zu Verunsicherung führen (vgl. ebd.: Vf.).

6.3 Spiel

> „Das Spiel ist der große Freiraum zum Experimentieren, zum Erproben, zum Ausleben, zum Erholen von den Begrenzungen der alltäglichen Realität." (Baer 2013)

In diesem Zitat wird der Bezug von Spiel zu ästhetischer und künstlerischer Bildung deutlich. Künstlerisches Gestalten ist ohne Experimentieren kaum denkbar, denn dadurch können wir uns ausdrücken, ausleben und in eine andere Welt eintauchen.

Spiel ist ein universelles Phänomen, welches eng mit Kreativität verwoben ist, das in fast allen menschlichen Kulturen und sogar im Tierreich beobachtet werden kann. Aus einer anthropologischen Perspektive kann Spiel als eine Reihe von Aktivitäten definiert werden, die freiwillig, intrinsisch motiviert, von der Alltagsrealität abgegrenzt und oft durch festgelegte Regeln und Strukturen gekennzeichnet sind. Spiele dienen verschiedenen sozialen, kognitiven und emotionalen Funktionen. Johan Huizinga (1872–1945), ein niederländischer Kulturhistoriker und einer der ersten Theoretiker*innen, die sich mit dem Spiel auseinandersetzten, prägte in seinem Werk *Homo Ludens* (1938) den Begriff des ‚Spielmenschen'. Huizinga argumentierte, dass Spiel ein grundlegender Aspekt der menschlichen Kultur sei, der vor der Entwicklung von Kultur im eigentlichen Sinne existierte und eine notwendige Bedingung für die Generierung kultureller Phänomene sei. Spiel sei eine allgemeine Aktivität des Menschen, die ohne Zwang und Zweck um ihrer selbst ausgeübt wird, sei es ein So-tun-als-ob, eine erfundene Welt und eine eigene Wirklichkeit, mit eigenen Gesetzen (vgl. Baer 2013). Nur die eigene Phantasie setze der Spielwelt ihre Grenzen. Man müsse sich im Spiel nicht den Gesetzen der Realität unterwerfen, könne viele Möglichkeiten austesten, verschiedene Variationen durchspielen. „Es ist dieselbe Freiheit zur Fiktion, die auch die künstlerische Produktion kennt." (Ebd.)

Nach Huizinga stellt Spiel eine „primäre Lebenskategorie" (ebd.), ein anthropologisches Merkmal dar. Kriterien für Spiel sind Freiwilligkeit und freie Wahl, niemand kann zum Spielen gezwungen werden. Weitere Charakteristika sind intrinsische Motivation, Selbstzweck, Gestaltungsmöglichkeit, Prozessbedeutsamkeit, Vergnügen, Spaß, Freude, positive Emotionen. Spielen führt oft nicht zu einem materiellen Produkt, aber auch bei spielerisch-bildnerischen Prozessen ist nicht das Endprodukt, sondern der Prozess das Ziel. Das fördert Zufriedenheit, Vergnügen und hilft, Frustrationstoleranz aufzubauen, was dazu führt, dass das Spiel gerne und häufig wiederholt sowie geübt wird. Spiele sind unterhaltsam und gehen mit positiven Emotionen einher oder können diese hervorrufen. Sie fordern den ganzen Menschen auf kognitiver, physischer und psychischer Ebene. Im Gruppenspiel sind soziale Kompetenzen entscheidend, insbesondere die Fähigkeit zur Kooperation und die Entwicklung einer gemeinsamen Vorstellungswelt unter den Teilnehmenden. Während im Solospiel Individuen ihrer eigenen Phantasie freien Lauf lassen können, erfordert das Gruppenspiel zudem Fähigkeiten in Kommunikation und Interaktion (vgl. Baer 2013).

Spiel fördert soziale Interaktion, soziale Bindungen und Kooperation, indem es einen Rahmen für gemeinsame Aktivitäten und Erlebnisse schafft. Das Erlebnis von Gemeinsamkeit und Interaktion manifestiert sich insbesondere im Zusammenspiel (vgl. ebd.). Es ermöglicht Individuen, soziale Rollen zu üben und zu verstehen, und fördert das Gefühl der Zugehörigkeit und Gemeinschaft. Es bietet zudem einen sicheren Raum, um Emotionen auszudrücken und zu erleben und hilft bei der Bewältigung von Stress und Konflikten. Spiel kann demnach auch als Lebenshilfe verstanden werden, da Spiel und Spielen durch das Ausleben von Bewegung und Gefühlen zum Spannungsausgleich, zur Selbstverwirklichung und zum Lustgewinn beiträgt.

Spiel ist ein elementarer Ausdruck kindlichen Lebens genauso wie ein wesentliches Mittel für Kinder (und auch Erwachsene) zum Lernen und für die individuelle Entwicklung. Durch Spiel erwerben Kinder sprachliche, kognitive und motorische Fähigkeiten und lernen kulturelle Normen und Werte. Kinder verarbeiten im Spiel die vielen neuen Eindrücke des täglichen Lebens und Lernens, sie machen sich mit Mitteln des Spiels, durch die spielerische Wiederholung von Situationen im Rollenspiel beispielsweise die Welt und ihre Regeln zu eigen. Sie gehen von Anfang an auf spielerische Entdeckungsreise. Gegenstände werden mit allen Sinnen aisthetisch und ästhetisch erfahren.

> „Spiele und Wahrnehmen, damit auch Bildung über Aisthesis, sind untrennbar miteinander verknüpft. Die Entwicklung der Wahrnehmung ist ohne Spiel nicht verständlich. Spiel geht aus der Wahrnehmung hervor und ist zugleich der Impuls für die Weiterentwicklung der Wahrnehmungsmöglichkeiten. Um die Lebenswelt in ihrer Vielfältigkeit erfassen zu können, um anders und anderes zu sehen ist ein spielerischer Impuls notwendig." (Fritz 2018: 10)

Gerade in der Arbeit mit Kindern ist daher auf spielerische Freiräume auch bei gestalterischen Aktivitäten zu achten.

Spielen ist ein Experimentieren mit Möglichkeiten, ein Einüben von Fähigkeiten, es kann aber auch ein Einüben von sensomotorischen Abläufen sein (vgl. Baer 2013).

Für das Spielen ist die Phantasie zentral, da sie zum einen durch das Spiel geschult wird, zum anderen brauchen viele Spielformen Phantasie. Bestimmte Spielformen wie das Konstruktionsspiel, also beispielsweise das Bauen mit Bauklötzen, haben eine unmittelbare Nähe zum künstlerischen Gestalten. Das Konstruieren im freien Spiel unterliegt oft selbst gestellten Regeln, die spielerisch abgewandelt werden können. Spielerische Materialerfahrung steht im Zentrum.

Künstlerisches Lernen und künstlerische Bildung zeigen oft Züge des spielerischen Lernens, insbesondere im gestalterischen Prozess, aber ebenso bei der Betrachtung von Kunstwerken.

Das Experimentieren ist ein wesentlicher Bestandteil sowohl des spielerischen als auch des bildnerischen Gestaltens. Die spielerische Gestaltungssituation ermöglicht es, Materialien zu erkunden, Techniken auszuprobieren, Formen zu erproben, zu verwerfen und zu verändern. Die Entdeckung von Unbekanntem, das Spiel mit dem Zufall und das Entwickeln neuer Ideen beleben die Gestaltungsarbeit mit Spannung, Neugier und einem Wechselspiel aus Ringen um die Form und Freude am Gelingen (vgl. ebd.). So fördert Spielen eine experimentelle Haltung, die gekennzeichnet ist durch Offenheit. (vgl. Knecht 2013).

Es gibt also grundlegende Verbindungen zwischen den Künsten und dem Spiel. Die Kunst selbst ist eine Aktivität, die oft außerhalb von Alltagsroutinen stattfindet, es sei denn, sie strebt explizit danach, enge Verbindungen zum Leben einzugehen, wie es bei sozialer Kunst oder angewandter Kunst der Fall ist. Das Spiel ist häufig gekennzeichnet sowohl Anstrengung als auch das Meistern schwieriger Situationen und trägt daher eine gewisse Ernsthaftigkeit in sich. Das Ringen um das Werk ähnelt der Lösung schwieriger Situationen im Spiel. Das künstlerische Spiel hat ein klar definiertes Ziel und einen Zweck – nämlich das Erschaffen des Werkes. Da das Werk, das Bild jedoch für sich selbst gestaltet wird und nicht für andere Zwecke wie z. B. der kommerziellen Nutzung, bleibt es im Rahmen des Spiels, das seinen Zweck in sich selbst findet (vgl. Bering et al. 2022: 490f.).

Empfohlene Literatur:

Jäger, Jutta/Kuckhermann, Ralf (2004): Ästhetische Praxis in der Sozialen Arbeit: Wahrnehmung, Gestaltung und Kommunikation, Weinheim: Beltz Juventa.

Baer, Ulrich (2013): Spiel und Bildung | kubi-online: www.kubi-online.de/artikel/spiel-bild ung, Datum letzter Abruf, 19.6.2024

7 Bilder und Bildkompetenz

Zusammenfassung

Zunächst wird der komplexe Begriff des Bildes für dieses Buch, aber auch für ein grundlegendes Verständnis handhabbar gemacht. Es wird zudem dargestellt, dass Menschheitsgeschichte ohne Bilder nicht zu denken ist und menschliches Denken immer auch ein Denken in Bildern ist. Es werden die unterschiedlichen Funktionen und Gebrauchsweisen von Bildern aufgezeigt und die Charakteristika der Bildsprache im Unterschied zur verbalen Sprache erklärt. Abschließend wird erläutert, welche Aspekte Bildkompetenz und *Visual Literacy* umfassen und inwiefern diese für die ästhetisch-künstlerische Bildung in der Sozialen Arbeit relevant sind.

Zentral für die Kunstpädagogik allgemein ist die Arbeit mit und am Bild, mit und an Bildern. Sie will die Bildkompetenz, also den kompetenten Umgang mit Bildern und damit eine Schlüsselkompetenz in einer durch die vielfältigen digitalen und analogen Medienbilder geprägten Gesellschaft wie der unseren fördern. Aber was ist eigentlich ein Bild?

7.1 Das Bild

Bilder und bildliche Darstellungen begleiten nicht nur die menschliche Zivilisation kulturhistorisch seit vielen Jahrtausenden, sondern auch die Menschen vom Anfang ihres Lebens an. Ein retrospektiver Blick auf die Frühphase der Menschheitsgeschichte verdeutlicht, dass visuelle Artefakte zusammen mit Werkzeugen und Alltagsobjekten zu den ersten Dokumenten menschlicher Kulturaktivität zählen. Diese visuellen Beweise zeugen schon lange vor der Überlieferung schriftlicher Aufzeichnungen vom kulturellen Leben der damaligen Menschen und bieten uns Einblicke in das Leben unserer Ahnen.

Die ersten visuellen Zeugnisse menschlichen Lebens, die uns heute bekannt sind und die abstrakte Linienzeichnungen und figürliche Darstellungen umfassen, werden auf ein Alter von ungefähr 70000 Jahren datiert. Die bekannten Höhlenmalereien, wie beispielsweise die in Altamira in Spanien und Lascaux in Frankreich, mit reichhaltigen, sehr naturnahen Tierabbildungen und abstrahierten Menschendarstellungen entstanden etwa vor 40000 Jahren. In jüngerer Zeit haben innovative wissenschaftliche und technologische Methoden zur Entdeckung immer älterer Bildzeugnisse geführt, die uns Einblicke in die Bildkulturen unserer Vorfahren geben. Diese fortschreitenden Entdeckungen machen es schwierig, präzise Altersangaben zu den ältesten Bildzeugnissen zu formulieren. Die essenzielle Rolle von Bildern in der menschlichen Kultur seit den uns bekannten Anfängen legt nahe, dass die Menschheit sich selbst schon immer bildlich konzeptualisiert hat, Menschheit und Menschsein also schwer ohne Bilder zu denken sind. Damit ist zwar nun die grundsätzliche Bedeutung von Bildern für Menschen umrissen, aber noch lange nicht geklärt, was ein Bild ist.

Bilder sind in unserer Lebenswelt omnipräsent, sei es als Fotografien, Kunstwerke, Werbeanzeigen, mediale Darstellungen, gedruckt oder auf Bildschirmen sowie als

Verkehrsschilder, Hinweistafeln, Grafiken, Tabellen, Diagramme und Schriftformen, Bühnenszenarien und akustische ‚Klangbilder' zählen ebenfalls dazu. Selbst beim Blick in den Spiegel begegnet uns ein Bild.

Zudem trägt jede/r eine Vielzahl von Bildern tief in sich: Erinnerungsbilder, die vergangene Momente lebendig halten, Vorstellungsbilder, die unsere Wünsche und Hoffnungen formen, sowie andere immaterielle innere Bilder, die unsere Emotionen und Gedanken widerspiegeln. Unsere Sprache ist außerdem durchsetzt mit bildhaften Metaphern. Wir nutzen sie, um komplexe Sachverhalte verständlich zu machen und um unsere Gesprächspartner ‚ins Bild zu setzen'. Diese Aufzählung ist keinesfalls erschöpfend und könnte sicherlich um weitere Facetten ergänzt werden, die die Omnipräsenz und die Vielschichtigkeit von Bildern in unserem Leben unterstreichen. Bilder sind demnach nicht nur ein Mittel der künstlerischen Expression oder der Informationsvermittlung, sondern auch ein fundamentales Element der menschlichen Kognition und Kommunikation.

> „Wer nach dem Bild fragt, fragt nach Bildern, einer unübersehbaren Vielzahl, die es fast aussichtslos erscheinen läßt, der wissenschaftlichen Neugier einen gangbaren Weg zu weisen. Welche Bilder sind gemeint: gemalte, gedachte, geträumte? Was haben sie gemeinsam, das sich allenfalls verallgemeinern ließe? Welche wissenschaftlichen Disziplinen grenzen an das Phänomen Bild? Gibt es Disziplinen, die nicht daran grenzen?" (Boehm 1995: 11)

An diesem Zitat und der vorhergehenden Aufzählung von unterschiedlichen Bildformen wird schon klar, dass es wohl nicht ganz einfach ist, das Phänomen Bild zu definieren. Wissenschaftler*innen unterschiedlicher Disziplinen haben hierzu Vorschläge geliefert, wie man diese Vielzahl von Bildern klassifizieren und kategorisieren kann. Einen in den Bildwissenschaften sehr bekannten Ansatz des Bildwissenschaftler William John Thomas Mitchell (geb. 1942) stellt die nachfolgende Tabelle dar.

Mitchell, der sich der Herausforderungen einer umfassenden Klassifikation aller Formen des Phänomens Bild bewusst ist, bietet eine Klassifikation für statische, nicht bewegte Bilder an. Diese Klassifikation stellt einen weitgehend erfolgreichen Versuch dar, nicht bewegte Bilder zu systematisieren. In seinem Vorwort betont er, dass die gemeinsame Bezeichnung als ‚Bild' nicht notwendigerweise eine inhärente Gemeinsamkeit der verschiedenen Formen des Phänomens impliziert. Vielmehr sollte man sich den Begriff ‚Bild' als eine umfangreiche Familie vorstellen (vgl. Mitchell/Frank/Jatho 2013: 20).

Mitchell unterteilt die Bilder nach ihrer medialen Erscheinungsform in verschiedene Kategorien:

- grafische Bilder, die an ein physisches Medium gebunden sind;
- optische Bilder, die durch Licht erzeugt werden;
- geistige Bilder, die ausschließlich im mentalen Raum einer Person existieren;
- perzeptuelle Bilder, die durch sensorische Daten entstehen;

- sprachliche Bilder, die durch Sprache vermittelte visuelle Phänomene beim Lesenden oder Hörenden hervorrufen (vgl. ebd.).

BILD Ähnlichkeit/Ebenbild				
GRAFISCH	OPTISCH	PERZEPTUELL	GEISTIG	SPRACHLICH
Gemälde Zeichnungen etc. Statuen Pläne	Spiegel Projektionen	Sinnesdaten Formen Erscheinungen	Träume Erinnerungen Ideen Vorstellungsbilder (Phantasmata)	Metaphern Beschreibungen

Abb. 2: Eigene Darstellung nach Mitchell/Frank/Jatho 2013: 20

Trotz der Nützlichkeit dieser Einteilung bestehen Unklarheiten, beispielsweise ob Bilder auf Computern oder Tablets sowie Fotografien als grafisch oder optisch eingestuft werden sollten. Zudem sind Klangbilder und durch Bewegung entstehende Bilder, wie sie im Film oder Tanz vorkommen, in dieser Klassifikation nicht berücksichtigt.

Das Wahrnehmen, Interpretieren, Nutzen und Erzeugen von visuellen Bildern ist eng mit den mentalen Vorstellungen, also den geistigen Bildern einer Person verbunden. Diese inneren Bilder sind geprägt von den Bedingungen der Entwicklung, des Aufwachsens und der Sozialisation eines Menschen und von den jeweiligen ästhetischen Lebenserfahrungen. Dies führt dazu, dass unterschiedliche Menschen beim Betrachten des gleichen Bildes durchaus Unterschiedliches sehen.

> „Wenn zwei Menschen dasselbe Bild von einem Apfel betrachten, bedeutet das nicht automatisch, dass sie dasselbe in diesem Apfel sehen – vielleicht ist das Bild für den einen einfach eine visuelle Repräsentation eines Apfels, für den anderen aber ein Symbol für gesunde Ernährung, für den Sündenfall oder eine bekannte Computerfirma. Ebenso wird eine Person ein Klassenfoto zum Zeitpunkt seiner Entstehung anders beurteilen als im Rückblick Jahrzehnte später. Auf diese enge Verbindung von materiellem Abbild und immateriellem Denkbild hatte bereits der Kulturwissenschaftler und Kunsthistoriker Aby Warburg (1866–1929) hingewiesen." (Müller/Geise 2015: 19)

Wie Wahrnehmung ganz allgemein, ist auch Bildwahrnehmung sehr individuell. Dieses Phänomen muss in der Arbeit mit Bildern bewusst sein und kann, wie wir noch sehen werden, im kunstpädagogischen Arbeiten produktiv genutzt werden.

Nachdem wir einen Blick auf die Komplexität des Phänomens Bild geworfen haben, stellt sich die Frage, welche Formen des Phänomens Bild nun für die ästhetisch-künstlerische Bildung relevant sind. Blickt man auf die Tabelle von Mitchell, lässt sich kein Bereich ausschließen.

Der kunstpädagogische Bildbegriff, also all das, was in den Bildwissenschaften als Bild bezeichnet wird und visuell erfassbare Bilder meint, ist ebenfalls sehr breit. Dies bedeutet, dass er nicht nur gedruckte, gezeichnete und gemalte Bilder sowie Fotografien umfasst, sondern auch alle medialen Darstellungen sowie plastische und räumliche Kunstwerke der Bildenden Künste einschließt. Dieser weite Bildbegriff der Bildwissenschaften findet in diesem Buch Verwendung. Ein Bild muss also nicht zwingend zweidimensional sein.

7.2 Funktion von Bildern

Eine weitere Möglichkeit, Bilder zu klassifizieren, ist eine Kategorisierung nach Funktion oder Gebrauch. Schon die ersten Zeugnisse menschlicher Bilder hatten wohl unterschiedliche Funktionen und wurden unterschiedlich gebraucht, Bilder dienten der Dekoration, Verzierung, aber wurden auch zu kultischen Zwecken hergestellt. Vielen dieser uralten Bilder wird eine rituelle Bedeutung zugeschrieben, obwohl wir weder Ritus noch Inhalte derselben kennen. Hier soll nicht diskutiert werden, ob diese Zuschreibungen richtig und sinnvoll sind, sondern anhand dieser Zuschreibungen soll deutlich gemacht werden, wie Bilder wohl immer schon gebraucht wurden und es noch werden als Bestandteile religiöser, kultischer Praktiken. Manchen Bildern schreiben Religionen oder Kulturen magische Wirkungen zu, die sie z. B. beim Berühren entfalten, wie die Sitzfigur des Heiligen Jakobus in Santiago de Compostela. Andere Bilder weinen Tränen oder sind Teil von Zauberritualen wie Voodoo-Puppen. Bilder mit magischem oder kultischem Gebrauch verweisen auf eine Welt jenseits unserer modernen rationalistischen Weltauffassung. Die Abgebildeten scheinen im Bild und in der Realität der Betrachtenden anwesend zu sein. So veraltet dieser Bildumgang auf den ersten Blick scheint, müssen wir uns doch eingestehen, dass er uns auf der anderen Seite seltsam vertraut vorkommt. Es gibt wohl kaum jemand, der/die sich nicht in der Kindheit vor bestimmten Bildern gefürchtet hätte, so als könnte das dort Dargestellte plötzlich in der realen Welt auftauchen, sich dort materialisieren oder wir könnten in das Bild hineingezogen oder entführt werden in eine andere Welt. Science-Fiction-Filme und Fantasy-Geschichten sind voller solcher Bilder, aber auch viele Kinderbücher.

Bilder informieren, stellen dar und interpretieren Wirklichkeit. Sie haben eine didaktische Funktion und sozialisieren. Bilder sind Kommunikationsmittel und werden in besonderem Maße in sozialen Medien zur Kommunikation genutzt. Damit sind sie auch Bestandteil unserer alltäglichen sozialen Praxis.

Bilder erfüllen eine Vielzahl von Funktionen in unserer Gesellschaft. Sie dienen als Medien ästhetischer Erfahrung und befriedigen voyeuristische Neugier. Außerdem bieten sie sowohl kollektive als auch individuelle Zerstreuung. Bilder werden zur visuellen Kommunikation genutzt, um Wissen zu illustrieren und wissenschaftliche Erkenntnisse zu generieren. Sie werden gesammelt, ausgestellt und gehandelt, und sind oft Teil religiöser Rituale und kultischer Handlungen. Darüber hinaus werden Bilder als Werkzeuge der Werbung, der Machtausübung, Propaganda, Zeugenschaft sowie für polizeiliche oder staatliche Überwachung eingesetzt. Sie sind Mittel zur privaten und öffentlichen Erinnerung und helfen bei der Modellierung der Zukunft. Bilder finden Anwendung in Freundschaftspraktiken, politischer Diplomatie und militärischer Aufklärung. Sie dienen der Selbstinszenierung und sind oft Gegenstand von Kontroversen und physischer Gewalt (vgl. Günzel/Mersch/Kümmerling 2014: 29). Bilder kommen also in einer Vielzahl von Praktiken zum Einsatz und übernehmen ganz unterschiedliche Funktionen, diese können wechseln und sich überlagern bzw. gleichzeitig zur Wirkung kommen. Ein in erster Linie zu Werbezwecken erstelltes Bild kann auch ästhetischen Genuss hervorrufen. Bedeutungen können je nach Kontext, in dem sich ein Bild befindet, variieren.

Allen Bildern gemeinsam aber ist, dass sie etwas zeigen, was in dem Moment nicht anwesend ist. Auf Bildern sind Dinge abgebildet, sei es ein Apfel, der aber in dem Moment der Betrachtung als realer Apfel nicht anwesend ist, sondern nur das Bild eines Apfels darstellt.

> „Ein offensichtlich zentrales Wesensmerkmal eines Dings, das ein Bild sein will, ist dessen Möglichkeit, etwas sichtbar werden zu lassen, ohne dieses Sichtbare zu sein. […] Was […] für immer verloren wäre, wenn der Mensch keine Bilder mehr hätte, wäre die Sichtbarkeit des Abwesenden. Mit dieser Eigenschaft, das Abwesende sichtbar zu machen, wird oft eine Ähnlichkeitsbeziehung zwischen dem am Bild Wahrnehmbaren und dem im Bild Abgebildeten verbunden […]“ (Wolf 2006: 110).

Auch in unseren inneren Bildern nehmen wir Dinge wahr, die gerade oder gar nicht zu sehen sind.

7.3 Denken in Bildern

Unser Denken ist zu einem großen Teil ein Denken in Bildern, auch wenn uns das nicht immer bewusst ist. Ein Denken in Bildern entwickelt sich entwicklungspsychologisch sehr früh, lange bevor ein Denken in Sprache relevant wird; es ist vorsprachliches Denken.

Beispiel

Das verlorene Kuscheltier
Ein 14 Monate altes Kind, das noch kaum ein Wort spricht, verliert beim Einkauf mit dem Vater sein Kuscheltier im Supermarkt. Trotz intensiver Suche taucht das heißgeliebte Kuscheltier nicht mehr auf und das Kind vermisst das Kuscheltier sehr. Die Großmutter hört von der Geschichte und versucht, ein möglichst ähnliches Kuscheltier für das Kind zu besorgen. Genau dasselbe war aber auf die Schnelle nicht erhältlich.
Das neue Kuscheltier wird dem Kind als das alte in neuen Kleidern präsentiert. Das Kind nimmt das neue Kuscheltier freudig an und nichts deutet darauf hin, dass es das alte vermissen würde. Die Familie und auch die Großmutter sprechen mit dem Kind nicht mehr über den Verlust.

Ein gutes Jahr später, als das Kind schon recht flüssig erzählen kann, sitzt es abends mit seiner Mutter auf dem Sofa und hält das nun nicht mehr ganz neue Kuscheltier im Arm und betrachtet es. Plötzlich sagt es zur Mutter: „Gell, Mama, mein altes Kuscheltier habe ich vor einiger Zeit im Supermarkt verloren, dann hat mir die Oma ein neues gekauft."
Die ganze Sequenz erinnerte das Kind in einem bildlich-szenischen Modus, denn Sprache war zu der Zeit für das Kind noch kaum verfügbar. Diese bildlichen Erinnerungen konnte es auch nach längerer Zeit abrufen und dann in verbale Sprache übersetzen.

Aber auch später, wenn wir auf Sprache als Modus des Denkens zurückgreifen können, werden viele Denkprozesse unbewusst von bildlichen Anteilen begleitet. Bei jeder Betrachtung eines Gegenstands, eines Bilds findet ein assoziativer Diskurs in Bildern statt. Das Betrachten von Bildern und das Lesen von Texten erzeugen innere Bilder.

Wie funktioniert aber nun das Denken in Bildern? Um Symbole, einschließlich Bilder begreifen zu können, müssen diese im Gehirn als duale Repräsentationen verankert sein, d.h., sie müssen sowohl als reale Objekte als auch als mögliche Symbole für dieses Objekt, die auf dieses hinweisen, im Gehirn gespeichert werden (vgl. Pauen et al. 2016: 229). Nehmen wir das Beispiel eines Apfels. Das Bild eines realen Apfels wird im Gehirn abgespeichert, mit jeder neuen Begegnung mit einem etwas anders aussehenden Apfel wird das innere Bild von Apfel erweitert. Zudem wird jede schematische Abbildung von Apfel, jedes gezeichnete Bild von Apfel als Symbol für Apfel abgespeichert. Um Apfel bildlich denken zu können, ist es notwendig, eine Kategorie ‚Apfel' im Gehirn zu erstellen, da ein Apfel eben auf unzählige Weisen bildlich dargestellt werden kann. Alle diese Darstellungen werden nun als Apfel identifiziert werden, sofern sie als Apfel erkennbar sind. Obwohl Kinder bereits in einem frühen Alter den Unterschied zwischen Symbolen und realen Objekten erkennen und duale Repräsentationen speichern können, ist dieser Lernprozess ein fortwährender Prozess, der zeitlebens andauert. Je mehr bildliche Repräsentationen wir speichern, umso reicher ist unser bildlicher ‚Wortschatz', der wie zuvor bereits dargestellt, Grundlage für Kreativität und Phantasie ist.

Bilder werden grundsätzlich besser erinnert als Text, auch bei Erwachsenen. Dieses Phänomen wird als *picture superiority effect* bezeichnet und wurde in der Psychologie in vielen Studien bestätigt. Zur Erklärung des Phänomens gibt es eine Reihe von Modellen (vgl. Hockley 2008: 1351). Eine zentrale Erklärung des Bildüberlegenheitseffekts für Item-Informationen ist, dass Bilder eine umfangreichere Verarbeitung im Gehirn erfahren als Wörter. So profitieren einzelne Bilder in Bezug auf die Erinnerbarkeit und die zwischen ihnen gebildeten Assoziationen von den tiefen oder konzeptionellen Verarbeitungsstufen, die Bildern zuteil werden (vgl. ebd.: 1357).

7.4 Bildsprache und ‚Bilderlesen'

„Wir können niemals ein Bild verstehen, solange wir nicht erfassen, wie es zeigt, was nicht zu sehen ist." (Mitchell/Frank/Jatho 2013: 66)

Bilder, visuell wahrnehmbare Bilder, sind ein Mittel der Kommunikation ähnlich wie die verbale Sprache, aber Bilder haben ihre eigene Strukturlogik und ihre Gesetzlichkeiten in Komposition und Rezeption. Das ‚Lesen' der Bilder folgt spezifischen Regeln, die an mancher Stelle mit der grammatikalischen Struktur der gesprochenen und geschriebenen Sprache verglichen werden kann. Manche Autor*innen sprechen von einer visuellen Grammatik der Bilder (vgl. Kress/Leeuwen 2010: 18). Dennoch ist es nicht unproblematisch, Bilder mit Begriffen der Verbalsprache charakterisieren zu wollen. Sie haben eine andere Logik, einen anderen Aufbau, eine andere Produktionslogik und sie werden auf andere Art gelesen.

> „Die [...] zentrale Besonderheit des Zeichensystems Wortsprache liegt darin, dass sie aus einer relativ überschaubaren Anzahl von Elementen und Regeln besteht. Wortsprache funktioniert linear, da die einzelnen Elemente (Buchstaben) aneinandergereiht werden, um Worte zu bilden, und diese wiederum werden hintereinandergestellt zu Sätzen, die in derselben Art zu Texten werden. In welcher Reihenfolge diese Elemente aufeinanderfolgen müssen, um den gewünschten Sinn zu ergeben, wird in Regelsystemen wie Orthographie und Satzgrammatik beschrieben." (Wolf 2006: 115)

Bildsprache dagegen charakterisiert die theoretisch unbegrenzt vielen Zeichencharaktere, auch wenn sie in der Verwendung in bestimmten Formen und Kontexten wie beispielsweise bei Verkehrszeichen klar eingegrenzt und normiert sind. Die Komposition der einzelnen bildhaften Zeichen zu einem Bild lässt zudem eine größere Breite an Möglichkeiten als die verbale Sprache zu. Dennoch ist die Bildkommunikation nicht gänzlich regellos. Daniel Chandler bezeichnet diese Fülle der Variationen hinsichtlich Zeichen und Aufbau in der Bildsprache als „reich an Kommunikationsmöglichkeiten" (ebd.: 117).

Bild- und Wortsprache unterscheiden sich also hinsichtlich der vereinbarten Regeln und möglichen Zeichenelemente erheblich, dies führt aber nicht dazu, wie öfter in der Literatur zu lesen ist, dass Wortsprache klarer und eindeutiger sei als Bildsprache. Wolf macht das am Problem von Begriffsdefinitionen in den Wissenschaften und an den vielen alltäglichen Missverständnissen in der sprachlichen Kommunikation deutlich (vgl. ebd.: 117f.).

Für beide Sprachsysteme gilt, „wer etwas mitteilen will, muss dafür verständliche Zeichen wählen" (ebd.: 118). Kommunikation findet immer in einem sozialen und kulturellen Kontext statt, der mitbestimmt, was für wen verständlich ist oder verständlich sein soll. Dementsprechend imaginieren Bildermacher*innen immer schon mögliche Rezipient*innen. Aus der Kommunikationsabsicht mit diesen ergibt sich dann die Wahl der Bildzeichen und der Regeln des Bildaufbaus, in der Annahme, dass der/die Rezipient*in über entsprechende Decodierschlüssel zum richtigen ‚Lesen' der Bildbotschaften verfügt.

Das Regelsystem von bildhaften Zeichen, mit dem der Sinn derselben erschlossen werden kann, ist nach Wolf stark an dem jeweiligen kulturellen Verwendungszusammenhang orientiert (vgl. ebd.: 119). Wie Textsprache auch, hat Bildsprache unterschiedliche Modi, Stile der Kommunikation. Bilder können informativ, narrativ, erzählend oder auch konzeptionelle Repräsentationen sein, die ein Konzept veranschaulichen: „[...] we noted that visual structures of representation can either be narrative, presenting unfolding actions and events, processes of change, transitory spatial arrangements, or conceptual, representing participants in terms of their more generalized and more or less stable and timeless essence, in terms of class, or structure or meaning.“ (Kress/Leeuwen 2010: 79)

Ein Beispiel zur Verdeutlichung. Wenn in einer bildhaften Illustration des Märchens *Schneewittchen* die böse Stiefmutter Schneewittchen den Apfel überreicht, ist das ein erzählendes Bild. Wenn auf einer Saftflasche ein Apfel schematisch dargestellt ist, um darüber zu informieren, um welches Saftgetränk es sich handelt, ist das eine informative, konzeptionelle Abbildung.

Wie unterscheiden sich nun Bilder in der Art der Kommunikation von verbaler Sprache? Bilder bieten dem Betrachter alle in ihnen enthaltenen Informationen gleichzeitig an, was nicht bedeutet, dass sie beim Betrachten gleichzeitig wahrgenommen und verarbeitet werden. Bilder arbeiten mit dem Modus des Zeigens und nicht des Sagens. Es gibt beim Betrachten keine streng geregelte ‚Leserichtung‘ wie bei Texten. Die Leserichtung bei Texten kann zwar je nach Schriftkulturraum unterschiedlich sein, ist aber innerhalb eines Schriftkulturraums einheitlich. So wird im arabischen Sprach- und Schriftkulturraum von rechts nach links gelesen, in Ländern, die das lateinische Alphabet verwenden von links nach rechts und von oben nach unten. Bilder dagegen werden eher in zirkulären Prozessen gelesen, wie Studien zeigen, die mit Eyetrackern die Blickrichtungen beim Betrachten nachvollzogen haben.

Um den Sinn von Bildern zu entschlüsseln, muss das zugehörige Regelwerk, die Logik des Bildes, des Bildaufbaus erkannt werden. Die Bildwissenschaften haben im 20. Jahrhundert dazu ausdifferenzierte Systeme der Bildanalyse entwickelt, die bekanntesten sind die von Erwin Panofsky (Panofsky/Höck 2002) und Max Imdahl (Imdahl 1996). Beide Bildwissenschaftler haben auch die Strömungen der Sozialwissenschaften, die Bilder als Datenmaterial verwenden, wie z. B. die dokumentarische Bildanalyse, stark beeinflusst.

Das Bild wird einer genauen, systematischen, von Regeln geleiteten Analyse unterzogen. Betrachtet werden u.a. der soziokulturelle Kontext eines Bildes, die Stil- und Entstehungsgeschichte eines Bildes, die Gestaltungselemente, der Bildaufbau, um dann zu einer Sinndeutung zu gelangen. Um ein Bild ‚lesen‘ zu können, muss man auch die bildlichen Symboliken einer Kultur verstehen.

Visuelle Kommunikation, also die Kommunikation mit und über Bilder, folgt einer assoziativen Logik. Bei den Rezipient*innen entstehen beim Betrachten und Analysieren von Bildern bewusste und unbewusste Verknüpfungen von bestehenden und entstehenden mentalen Repräsentationen und Konstrukten, also mit inneren Bildern (vgl. Müller/Geise 2015: 37). Betrachter*innen nähern sich Bildern immer mit dem Hintergrund der eigenen Lebensgeschichte und mit ihrer Einbettung in soziale und kulturelle Bezüge, übersetzen anhand dieser Lebensbezüge auch bekannte Symbole auf eine persönliche Art und Weise. Sie füllen mit den eigenen Lebensbezügen, den eigenen Erfahrungen und inneren Bildern die Leerstellen, die Ungewissheitsstellen eines Bildes, wie Wolfgang Kemp sagt (vgl. Kemp 1992: 307ff.). Leerstellen eines Bildes entstehen durch die Möglichkeiten, den nicht sichtbaren Kontext eines im Bild festgehaltenen verdichteten Augenblicks zu imaginieren. Betrachter*innen stellen so das Bild in einen zeitlichen Kontext, imaginieren ein Vorher oder Nachher des auf dem Bild dargestellten, ‚gefrorenen' Augenblicks. Bilder lösen bei einem intensiven Betrachtungsprozess vielfältige Assoziationen aus. Wir kommunizieren mit den Bildern, indem wir eigene Bilder dazu entwerfen oder auch Geschichten dazu erfinden. Durch diesen assoziativen ‚Bildleseprozess' vor dem Hintergrund der eigenen Lebensgeschichte und den eigenen inneren Bildern können sich die von den Bildschöpfer*innen intendierten Bildbedeutungen von den assoziierten Bedeutungen durch die Betrachtenden durchaus erheblich unterscheiden. Auf bildwissenschaftlicher Ebene lassen sich durch geeignete Analysemethoden die intendierten Bedeutungen ‚herauslesen' und deuten (vgl. Müller/Geise 2015: 41). Für die Arbeit mit Bildern in Settings der Sozialen Arbeit stehen vielmehr die assoziierten Bedeutungen der Betrachtenden im Vordergrund.

Wenn wir uns über Bilder sprachlich austauschen und sie sprachlich deuten, ist das immer ein Übersetzungsprozess in die Struktur der gesprochenen und geschriebenen Sprache und deckt wie jede Übersetzung nie den gesamten Gehalt des bildlich Dargestellten ab und bleibt somit immer nur eine Annäherung an den bildlichen Gehalt. Wir müssen uns bewusst sein, „dass mit der Erzeugung und Betrachtung von Bildern Wahrnehmungsprozesse verbunden sind, die bildspezifische Dynamiken aufweisen, welche nicht umstandslos sprachlich artikuliert werden können. [...] [Und] sich beim Sprechen über Bilder auch deren Wahrnehmung verändert." (Breckner 2012: 145)

7.5 Bildkompetenz und Visual Literacy

Ästhetisch-kulturelle Bildung mit Mitteln der Bildenden Kunst in der Sozialen Arbeit will genauso wie Kunstpädagogik allgemein die Bildkompetenz ihrer Adressat*innen fördern. Bildkompetenz meint den kompetenten, kritischen Umgang mit Bildern, sowohl aktiv in der Bildgestaltung als auch bei der Bildrezeption. Dies ist wichtig in einer Welt, die stark bildgeprägt ist, in der wir über digitale Medien vielfach bildhaft kommunizieren. Bilder sind in unserer Kultur allgegenwärtig. Sie haben immer eine kommunikative Funktion, selbst wenn wir sie nur flüchtig betrachten. Bilder sind durch ihre Allgegenwart zudem sozialisatorisch bedeutsam, prägen unsere inneren Bilder, unsere Vorstellungen und Normen. Bei Schönheitsidealen und Moden ist diese Wirkung der uns umgebenden, sozialisatorisch wirksamen Bilderwelt überdeutlich. Sich selbst ein Bild machen zu können und zu dürfen, sich gegenüber medialen Bildern zu emanzipieren, ist daher eine zentrale Bildungsaufgabe für kulturell-Ästhetische Bildung in der Sozialen Arbeit und eine wichtige Entwicklungsaufgabe von Menschen in unserer Gesellschaft.

Dazu gehört auch, dominante gesellschaftliche Bilder, die zur Einschränkung von Rechten und Chancen von Adressat*innen führen, gezielt zu demontieren.

Zur Entwicklung der wissenschaftlichen *Visual Literacy* haben eine ganze Reihe von Fachdisziplinen einen Beitrag geleistet. Bildkompetenz ist ein facettenreicher Begriff und dementsprechend schwer umfassend zu definieren. Die Aspekte, die er umfasst, sollen nun in den Blick genommen werden. Neben den Problemen mit der Begriffsdefinition gibt es zudem in den Wissenschaften, die sich mit Bildkompetenz auseinandersetzen, keine eindeutige Begriffsverwendung für das Phänomen; *Visual Literacy* und Bildkompetenz werden genauso verwendet wie Bildliteralität. Die griechische Bildungswissenschaftlerin Maria Avgerinou und der schwedische Medienwissenschaftler Rune Pettersson erstellten um die Jahrtausendwende mit einer vergleichenden Untersuchung einer Vielzahl von Bildkompetenz- bzw. *Visual Literacy*-Definitionen eine Zusammenstellung ihrer Gemeinsamkeiten und damit der wichtigsten Aspekte des Phänomens Bildkompetenz. Sie besteht aus den Bausteinen visuelles Denken, visuelle Kommunikation und visuelles Lernen, visuelle Wahrnehmung und visuelle Sprache (vgl. Pettersson 2013: 33), was die nachfolgende Abbildung verdeutlicht.

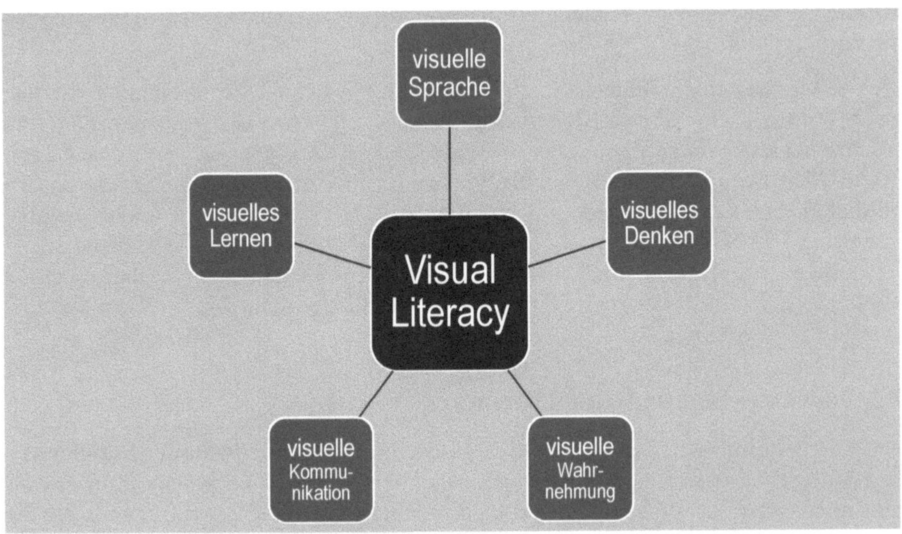

Abb. 3: Visual Literacy-Kategorien nach Avgeriniou und Pettersson (ebd.)

Verschiedene Aspekte charakterisieren den Diskurs um die Definition von Bildkompetenz. Ein ganz wesentlicher Punkt dabei ist, dass Menschen eine Bildsprache haben, die sich parallel zur verbalen Sprache entwickelt. Die mit Bildkompetenz zusammengefassten Fähigkeiten und Fertigkeiten sind: Bilder lesen, Bilder dekodieren, Bilder interpretieren, visuelle Botschaften schreiben, visuelle Botschaften kodieren, visuelle Aussagen kreieren, visuell denken.

Bildkompetenz/*Visual Literacy* ist eine kognitive Leistung, die mit dem emotionalen Bereich verknüpft ist. Die Fähigkeiten der Bildkompetenz sind mit anderen Wahrnehmungs- und Ausdruckskompetenzen verknüpft genauso wie mit visuellem Denken, visuellem Kommunizieren und visuellem Lernen. Der letzte Aspekt weist schon darauf hin, dass Bildkompetenz und die ihr zugeordneten Fähigkeiten und Fertigkeiten lernbar und lehrbar sind. Die Entwicklung der Bildkompetenz hält ein Leben lang an und es gibt kein finales Stadium von Bildkompetenz. Der Hauptfokus im pädagogischen Kontext liegt auf der intentionalen Kommunikation in vermittelnden Kontexten (vgl. Avgerinou/Pettersson 2011: 4).

In unserem täglichen Leben verwenden wir ständig verschiedene Symbolsysteme, einschließlich der geschriebenen Sprache, Verkehrszeichen, Zahlen und Bilder. Zu den Symbolen gehören Wörter, Zahlen, Pläne, Diagramme, Zeichnungen, Fotos, Filme, Icons, Uhren und vieles andere. Diese Symbole spielen eine zentrale Rolle in unserer Kommunikation. Jede Sprache, sei es die verbale oder die visuelle, dient als symbolisches Werkzeug der Kommunikation. Symbole versorgen uns mit wichtigen und nützlichen Informationen und sind dabei tief in den jeweiligen kulturellen Kontexten verwurzelt. Ihre Bedeutungen sind also immer kulturspezifisch. Wie der russische Psychologe Lev Vigotsky (1896–1934) bereits feststellte, setzt die aktive Teilnahme und Teilhabe an einer Kultur die Beherrschung ihrer symbolischen und zeichenbasierten Systeme voraus (vgl. Nieding/Ohler 2013: 46). In westlichen Kulturen umfasst dies beispielsweise die Fähigkeiten des Lesens und Schreibens sowie die Fähigkeit, Bilder und Medieninhalte zu deuten. Für die kulturelle Teilhabe und ein gelingendes Leben ist daher eine ausgeprägte Bildkompetenz erforderlich.

Durch den Erwerb von Bildkompetenz gewinnen Menschen Orientierungswissen für und Informationen über ihre kulturelle und soziale Umwelt, die heute eben durch die unterschiedlichsten digitalen Medien maßgeblich bildgeprägt ist.

> „Bildkompetenz beschreibt Kenntnisse und Fähigkeiten, die erforderlich sind, um in einer Welt, die in und mit Bildern konstruiert wird, zurechtzukommen. Es geht darum, Bilder und deren Rolle beim Zu-Stande-Kommen der Wirklichkeit zu verstehen, Bilder aktiv zur Gestaltung und Beeinflussung der Wirklichkeit zu verwenden, aber auch erfinden und herstellen zu können. [...] Bildkompetenz bedeutet aus Bildern Informationen und Botschaften zu gewinnen. [...] Darüber hinaus gilt es, die Motivation und Absichten der Bildverwender zu erkennen und zu verstehen." (Duncker/Lieber 2013: 19)

Bildkompetenz bedeutet demnach, Bilder betrachten, verstehen und produzieren zu können. Der Begriff Bildkompetenz umfasst eine Vielzahl von Faktoren, die an der Wahrnehmung, Interpretation, dem Verständnis, der Gestaltung und der Nutzung von Bildern beteiligt sind. Dies reicht von der einfachen Wahrnehmung und Erkennung einfacher Bilder bis zum hochkomplexen Verständnis der Konventionen und Techniken sehr komplexer Bilder. Bildkompetenz umfasst also sowohl Wahrnehmungsfähigkeiten als auch konzeptionelles Wissen. Bildkompetenz ist zwar eng verbunden mit visueller Kompetenz und selbst wenn manche Autor*innen visuelle Kompetenz und Bildkompetenz/*Visual Literacy* synonym gebrauchen, erscheint es sinnvoll, diese zu unterscheiden, denn visuelle Kompetenz meint

> „die Fähigkeit zur visuellen Wahrnehmung [...], während Bildkompetenz speziell die Wahrnehmung von Bildern im Sinne eines erweiterten Bildbegriffs meint. Bildkompetenz ist also ein Spezialfall der visuellen Kompetenz, da sie die Spezialisierung auf Bildlichkeit beinhaltet. Gleichermaßen kann visuelle Kompetenz als Voraussetzung für Bildkompetenz beschrieben werden, da sie das notwendige Fundament zur Wahrnehmung von Bildlichkeit legt." (Schaper 2012: 32)

Bei der Wahrnehmung und Interpretation eines Bildes sehen die Betrachtenden nicht nur die Darstellung, die Bildoberfläche, sondern sie sehen auch ‚durch' sie hindurch auf ihren Referenten. Gleichzeitig müssen die Betrachtenden die Art der Beziehung zwischen Darstellung und Referent verstehen und im Gedächtnis behalten. Schließlich beinhaltet die bildliche Kompetenz pragmatisches Wissen darüber, wie Bilder produziert und verwendet werden (vgl. DeLoache/Pierroutsakos/Uttal 2003: 115).

Bildkompetenz kann als latentes Persönlichkeitsmerkmal definiert werden, das sich abhängig von Anforderungssituationen zeigt oder auch nicht zeigt. Wie viele Kompetenzen ist Bildkompetenz nicht direkt beobachtbar, sondern nur die jeweilige Bildperformanz in einer konkreten Anforderungssituation. Das Konzept der Bildkompetenz umfasst „Wissen, Können, Fähigkeiten und Fertigkeiten in variablen Situationen und Prozessen der Bildproduktion, -distribution und -rezeption" (Schaper 2012: 31). Bildkompetenz kann in unserer bildgeprägten Kultur als Schlüsselkompetenz beschrieben werden.

Visual Literacy/Bildkompetenzen können gelernt und gefördert werden, gerade bildnerisch-künstlerische Mittel sind hierbei eine wichtige Komponente. Die Kompetenzen, die mit der Bildkompetenz verbunden sind, wie Bilder lesen, Bilder dekodieren, Bilder interpretieren, visuelle Botschaften schreiben, visuelle Botschaften kodieren, visuelle Aussagen kreieren und visuell denken, müssen aber noch in weitere Unterkompetenzen gegliedert werden, um sie im (sozial-)pädagogischen Alltag im Blick zu behalten und gezielt fördern zu können.

Visual Literacy umfasst:

- Elementare visuelle Kompetenzen:
  - Sehen
  - Bilder als solche wahrnehmen
  - Bekanntes wiedererkennen
  - Bildwerke im Raum wahrnehmen
- Visuelles Denken, Denken in Bildern:
  - Mentale Bilder abrufen
  - Mentale Bilder produzieren

  - Imaginieren
  - Unterscheiden von Wirklichkeit und Fiktion
- Wissen über Bilder und Wissen über Kunst:
  - Bildtypen
  - Epochen
  - Bildkulturen
  - Verstehen des kulturellen Eingebettetseins von Bildern
  - System Museum kennen
- Rezeptive Bildkompetenzen:
  - Bilder mit ihren verschiedenen Bedeutungsebenen entschlüsseln können.
    - Visuelle Zeichen ‚lesen' können
    - Wissen um kulturelle Bedeutung von Materialien, Formen etc.
    - Bedeutungen durch Bildkomposition erschließen können.
    - Wissen zum Bildkontext, zu den Bildermacher*innen verwenden
  - Bilder vergleichen können.
  - Bilder interpretieren können.
  - Bildabsichten, Bildzweck erkennen.
  - Bilder wertschätzen können.
- Produktive Bildkompetenzen:
  - Kenntnisse in gestalterischen Techniken und Verfahren erwerben und anwenden.
  - Verschiedene Bildertypen in unterschiedlichen Techniken herstellen können.
  - Bilder manipulieren, bearbeiten können.
  - Sich in Bildern ausdrücken können.
- Kompetenz der Bildverwendung:
  - Bildpräsentation
  - Bilddistribution
  - Bildkommunikation/Visuelle Kommunikation

- Ästhetisches Erfahren und Urteilen:
  - Ästhetische Urteilskompetenz und Bildkritik
  - Fähigkeit, sich einfühlen zu können.
  - Spüren
  - Atmosphären bewusst wahrnehmen.
  - Genussfähigkeit
  - Freude im Umgang mit Bildern
  - Offenheit für neue Bilder
  - Verknüpfung mit eigenen biografischen Erfahrungen
- Kommunikative Kompetenzen:
  - Über Bilder kommunizieren können.
- Kompetenz der Bildbewältigung:
  - Ambiguitätstoleranz
  - Umgang mit belastenden Bildern, z. B. Gewaltdarstellungen
  - Umgang mit belastendem Bildgebrauch, z. B. magischer Kontext

Die bildnerisch-künstlerische Praxis, die Kunstpädagogik in der Sozialen Arbeit ist eine Arbeit an und mit der visuell und sinnlich erfahrbaren Welt, ein Handeln mit ästhetischen Mitteln, ein Bildhandeln, die damit zur Erweiterung der Bildkompetenzen der Adressat*innen beiträgt.

Empfohlene Literatur:

Müller, Marion G./Geise, Stephanie (2015): *Grundlagen der visuellen Kommunikation*, Konstanz: UVK Verlagsgesellschaft mbH.

Wolf, Claudia Maria (2006): *Bildsprache und Medienbilder: die visuelle Darstellungslogik von Nachrichtenmagazinen*, Wiesbaden: VS Verlag für Sozialwissenschaften.

8 Kunstpädagogik als ästhetisch-kulturelle Bildung in der Sozialen Arbeit

Zusammenfassung

Kunstpädagogik allgemein ist sowohl ein akademisches als auch praktisches, pädagogisches Feld. Kunstpädagogik in der Sozialen Arbeit ist keine spezielle Kunstpädagogik, arbeitet aber mit den sehr heterogenen Adressat:innengruppen Sozialer Arbeit. Manche Einrichtungen Sozialer Arbeit haben einen explizit künstlerischen Schwerpunkt, an anderen werden kunstpädagogische Angebote fakultativ eingesetzt.
Im Zentrum kunstpädagogischer Praxis steht die Arbeit mit Bildern. Kunstpädagogik in der Sozialen Arbeit orientiert sich an sozialpädagogischen Zielsetzungen, die sich wiederum aus Theorien Sozialer Arbeit wie Lebensweltorientierung, *Empowerment* und der Theorie der Lebensbewältigung ableiten. Ebenso arbeitet sie inklusions- und diversityorientiert. In manchen Feldern und in manchen Settings Sozialer Arbeit verschwimmen die Grenzen zwischen Kunsttherapie und Kunstpädagogik. So werden hier auch die jeweiligen Spezifika der beiden Felder umrissen und auch deren Schnittmengen.

Bildnerisch künstlerisches Arbeiten und Kunstrezeption haben eine lange Tradition in der sozialen Arbeit, wie einleitend gezeigt werden konnte. Sie basieren auf Ästhetischer und ästhetisch-kultureller Bildung, deren Methoden und Ziele, sie fokussieren auf Kreativität wie Phantasie und bedienen sich der Methode sowie Haltung des Spiels.

Kunstpädagogik allgemein ist sowohl ein akademisches als auch praktisches Feld, in deren zentralem Fokus die Förderung von Bildkompetenz, gestalterischer Ausdrucksfähigkeit und die Vermittlung von Kunst steht.

> „Kunstpädagogik beschäftigt sich mit Bildern, sie arbeitet mit Bildern, sie analysiert Bilder und sie produziert Bilder. Sie richtet ihren Blick nicht nur auf äußere, mit den Augen wahrnehmbare Bilder, sondern auch auf die inneren Bilder wie Phantasien und Vorstellungen. Durch das Schaffen „eigener“ Bilder können vorgeformte, medial vermittelte Bildwelten dekonstruiert werden [...]“ (Dorner 2004: 83).

Kunstpädagogik hat als wichtige Bezugsdisziplinen die visuellen Kunstformen, wie Malerei, Zeichnung, Skulptur, Rauminstallationen und Fotografie, sowie mediale Kunstformen. Ziel der Kunstpädagogik ist es nicht nur, methodisch-künstlerische Fertigkeiten und ein Wissen in den Künsten zu vermitteln, sondern vor allem auch den ästhetischen Selbstausdruck, die ästhetische Urteilsbildung, kritische Analysefähigkeit und kreative Problemlösung zu fördern.

Kunstpädagogik ist zwar ein Schulfach, aber ihr Handlungsfeld ist viel breiter als der schulische Kunstunterricht. In außerschulischen Bildungseinrichtungen legt die Kunstpädagogik großen Wert auf die persönliche Entwicklung der Teilnehmenden, indem sie den bildnerischen Selbstausdruck und individuelle Kreativität unterstützt. Sie beschäftigt sich mit kulturellen, historischen und sozialen Perspektiven auf Kunst, um ein tieferes Verständnis für die Rolle der Kunst in der Gesellschaft zu fördern. Zentral für kunstpädagogisches Arbeiten ist, basierend auf der Ästhetischen Bildung, die Förderung von sinnlicher Wahrnehmungsfähigkeit und die Arbeit mit dem sinnlich und nicht nur visuell Wahrgenommenen.

Kunstpädagogik in der Sozialen Arbeit ist keine spezielle Form der Kunstpädagogik, aber sie bezieht sich gezielt auf Theorien und Ziele Sozialer Arbeit und sie arbeitet mit ganz spezifischen Zielgruppen. Sie fasst den Begriffsanteil ‚Kunst' weit, indem sie ganz generell die Gestaltung der visuell und sinnlich wahrnehmbaren Welt sowie das Handeln mit ästhetischen Mitteln fokussiert. Bewertungskriterien wie im schulischen Kunstunterricht sind ihr fremd, ob etwas gelingt, entscheiden allein die Adressat*innen. Nicht immer ist das Ziel, ein ansehnliches bildnerisches Werk zu schaffen, oft ist auch der gestalterische Prozess selbst das Ziel. Kunstpädagogik in der Sozialen Arbeit arbeitet präventiv, unterstützend und bildungsfördernd sowie subjektorientiert und richtet sich situativ auf die Adressat*innen aus. Einerseits arbeitet sie produktionsorientiert und emanzipatorisch, motiviert zum Handeln und baut auf den je individuellen Ressourcen der Adressat*innen, vor allem auf ihren personalen Ressourcen (Fähigkeiten, Interessen, Stärken, Wissen) und sozialen Ressourcen (Beziehungen, Netzwerke, Gruppenzugehörigkeit) wie auf ihrem vitalen Handlungspotenzial auf. Sie stärkt deren gesunde, konstruktive Anteile. Andererseits fördert sie vielfältige Reflexionsprozesse über eigene Wahrnehmungen, Bewertungen und die Handlungen. Sie möchte die Wahrnehmungs-, Handlungs- und Erfahrungsmöglichkeiten der Adressat*innen erweitern und basiert auf der Annahme, dass ästhetische Prozesse das Potenzial zur Selbstaktivierung, Selbstrehabilitation, Ich-Stärkung sowie zur Veränderung bieten, indem sie Gelegenheiten zum Gestalten und zum Selbstdialog mit ästhetischen Erfahrungen schaffen. Die produktive gestalterische Eigentätigkeit ermöglicht es dem Individuum, sich selbst, die eigene Lebensrealität und die Realität anderer zu erschließen sowie kommunikative Fähigkeiten zu entwickeln. Ästhetische Handlungsprozesse vereinen fortlaufend Aktivitäten der Selbstklärung, des Selbstausdrucks und der problemlösenden Gestaltung, und integrieren die sinnlichen, geistigen und emotionalen Ebenen der Persönlichkeit (vgl. Richter-Reichenbach 1992: 98).

Besonders zentral ist der Einsatz bildnerisch-künstlerischer Mittel in der Sozialen Arbeit dort, wo die verbale Alltagssprache als Kommunikationsmittel nicht ausreicht oder ihren Dienst versagt, weil manches nicht verbal ausgedrückt werden kann oder sie generell nicht zur bevorzugten Ausdrucksform der Adressat*innen gehört (vgl. Dorner 2004: 83).

Im Folgenden werden nun sowohl die Potenziale ästhetisch-künstlerischer Bildung für die Soziale Arbeit aufgezeigt als auch die Chancen, durch ästhetisch-kulturelle Bildung für ganz unterschiedliche Zielgruppen kulturelle Teilhabe zu ermöglichen. Es wird ein Blick auf die drei Handlungsformen der Kunstpädagogik, das Gestalten, die Bildbetrachtung und das Präsentieren geworfen und ihre Potenziale für die Soziale Arbeit aufgezeigt. Ebenso wird der Aspekt der kulturellen Vielfalt, der transkulturellen und inklusiven Kunstpädagogik diskutiert. Kunstpädagogik in der Sozialen Arbeit ist zudem eng verknüpft mit theoretischen Ansätzen der

Wissenschaft der Sozialen Arbeit, besonders aber den Konzepten der Lebensweltorientierung, der Lebensbewältigung und des *Empowerments*. Deshalb wird zunächst die Verknüpfung dieser theoretischen Ansätze der Sozialen Arbeit mit der Kunstpädagogik dargestellt.

8.1 Lebensweltorientierung

Lebensweltorientierung ist ein zentraler theoretischer Ansatz in der Wissenschaft der Sozialen Arbeit, der von Hans Thiersch und anderen ab dem Ende der 1970er-Jahre im Kontext der Kritischen Theorie und der Sozialpädagogik entwickelt wurde. Dieser Ansatz betont die Bedeutung der Lebenswelt, also der alltäglichen, sozialen und kulturellen Umgebung eines Menschen für die Soziale Arbeit und ihre Interventionen. Lebensweltorientierte Soziale Arbeit zielt darauf ab, die Lebenswelt der Menschen, mit denen sie arbeitet, zu verstehen und diese in ihrem eigenen Lebensumfeld zu unterstützen, ihre Selbstbestimmung und Teilhabe an der Gesellschaft zu fördern und soziale Gerechtigkeit zu verbessern.

> „Die Frage danach, wie Menschen ihren Alltag bewältigen, sind Thema und Aufgabe der Sozialen Arbeit, und der lebensweltorientierten im Besonderen. – Alltagsbewältigung als Aufgabe der Sozialen Arbeit aber darf nicht missverstanden werden. Der Alltag muss gleichsam als Vorderbühne verstanden werden, auf der die dahinterliegenden Probleme sichtbar werden; Alltag ist – noch einmal anders formuliert – die Schnittstelle der objektiven gesellschaftlichen Strukturen und der subjektiven Bewältigungsarbeit." (Thiersch 2019: 5)

Aus dem Alltag ergeben sich für jeden Menschen unterschiedliche Probleme, die bewältigt werden müssen: finanzielle, soziale Probleme, Probleme bezogen auf Arbeit, Ausbildung, Partnerschaft, Familie usw. Der einzelne Mensch und die Lebenswelt der Individuen, mit ihren Routinen, sozialen Beziehungen, Problemen und Ressourcen, aber auch mit deren Widersprüchlichkeiten stehen im Mittelpunkt der Sozialen Arbeit. Thiersch argumentiert, dass professionelle Hilfe nur dann effektiv sein kann, wenn sie die Perspektive, die Erfahrungen und das Wissen der Menschen über ihre eigene Lebenswelt wertschätzt, respektiert und einbezieht. Das Alltagsleben einer jeden Person ist geprägt von einer Mischung aus bewussten, reflektierten sowie unbewussten und unreflektierten Denk- und Handlungsmustern, wobei diese Muster in ihrer spezifischen, individuell empfundenen Normalität und Alltäglichkeit variieren. Der Alltag, die alltäglichen Lebensumstände einer Person lassen sich aber nur unter Berücksichtigung von biografischen, sozialen und gesellschaftlichen Bedingungen begreifen (vgl. Füssenhäuser 2021: 119).

Handlungsmaxime der lebensweltorientierten Sozialen Arbeit nach Thiersch sind: Prävention, Dezentralisierung/Regionalisierung, Alltagsorientierung, Inklusion/Integration, Partizipation und das Prinzip der Einmischung (vgl. ebd.: 120). Dies gilt auch für Angebote der ästhetisch-kulturellen Bildung in der Sozialen Arbeit.

Prävention betont die Bedeutung von vorbeugenden Maßnahmen und der Stärkung der Ressourcen der Individuen, um Probleme in der Lebensführung vorzubeugen. Primäre Prävention konzentriert sich darauf, unterstützende Strukturen sowie wesentliche Kompetenzen und Fähigkeiten zur Bewältigung des Lebens aufzubauen und zu erhalten, um gerechtere Lebensbedingungen zu schaffen. Ergänzend dazu befasst sich die sekundäre Prävention mit der Früherkennung und Abmilderung potenzieller Belastungen und Risiken, um schwerwiegendere Probleme zu vermeiden, und erweitert somit den Ansatz der primären Prävention um präventive Angebote, die sich speziell auf erkennbare Herausforderungen in der alltäglichen Lebensbewältigung fokussieren (vgl. Thiersch 2019: 14).

Das Prinzip der Dezentralisierung und Regionalisierung nimmt die räumliche wie geografische Komponente von alltäglichen Erfahrungen ernst und knüpft an raumtheoretische Konzepte sowie Überlegungen zur Sozialraumorientierung an. Soziale Arbeit organisiert sich im erreichbaren Nahraum der Adressat*innen. Darüber hinaus trägt sie zur Entwicklung sozialer Räume bei, um in diesen Räumen lebensnahe Unterstützungsangebote zu etablieren und zugänglich zu machen. Neuere Veröffentlichungen von Thiersch legen ein verstärktes Augenmerk auf die Sozialraumorientierung und erweitern die Diskussion um den Aspekt des virtuellen Raums. Auch virtuelle Angebote müssen so gestaltet sein, dass die Adressat*innen niedrigschwellig darauf zurückgreifen können (vgl. ebd.: 13f.).

Orientierung am Alltag und am Alltagsleben der Adressat*innen bezieht sich sowohl auf das Erkennen der Bedürfnisse der Zielgruppen als auch auf die Gestaltung von Angeboten durch Institutionen und Organisationen. Die Soziale Arbeit soll sich an den und auf die alltäglichen Erfahrungen und die Lebenswelten der Adressat*innen ausrichten, sich an den Prinzipien der Nähe, Erreichbarkeit, Niedrigschwelligkeit sowie dem Abbau von Zugangsbarrieren orientieren, um eine sinnvolle Unterstützung anzubieten. Die Interventionen sollen die Vielfalt der Lebensaspekte berücksichtigen und eine ganzheitliche Perspektive auf das Individuum und seine Umwelt einnehmen (vgl. ebd.: 13).

Lebensweltorientierte Soziale Arbeit zielt darauf ab, Ausgrenzung und gesellschaftliche Spaltungen zu vermeiden sowie die soziale Integration und Inklusion der Adressat*innen zu fördern. Unter Anerkennung von sozialen und kulturellen Ungleichheiten sowie der gleichen Rechte aller versucht sie die Chancengleichheit zu fördern. Unterschieden begegnet sie mit Respekt (vgl. ebd.: 15).

Die Partizipation der Adressat*innen an der Gestaltung und Umsetzung der Hilfeleistungen ist zentral, um ihre Autonomie, Mit- und Selbstbestimmung zu stärken. Sie fokussiert aber auch auf die Erweiterung und Stärkung der gesellschaftlichen Beteiligungs- und Mitbestimmungsstrukturen ihrer Adressat*innen, nimmt Bezug auf Menschen- und Bürgerrechte und geht damit weit über den Aspekt der reinen Beteiligung hinaus.

Das Prinzip der Einmischung und des Mitmischens in der Praxis der Sozialen Arbeit ist immer eingebunden in sozialpolitische Diskurse und Kooperationen mit politischen Partner*innen sowie mit anderen Institutionen. Einmischung meint dabei eine kontinuierliche Beteiligung an relevanten politischen Diskursen (vgl.

Füssenhäuser 2021: 120ff.). Sie ergreift mit ihrer spezifischen Sicht auf die Adressat*innen in diesen Diskursen und Kooperationen auch Partei für diese. In ihrem Engagement des Einmischens und Mitmischens arbeitet sie an der Utopie einer besseren, gerechteren Gesellschaft „im Zeichen der Menschenrechte" (Thiersch 2019: 20).

Lebensweltorientierte Soziale Arbeit erfordert eine flexible, offene und reflexive Haltung der Fachkräfte, eine strukturierte Offenheit, da sie sich auf die spezifischen, oft komplexen und sich wandelnden Lebenswelten der Adressat*innen einlassen und auf die Unwägbarkeiten des Alltags und des Handelns von Menschen eingehen können müssen. Dennoch muss sich Soziale Arbeit methodische Handlungskompetenzen für das jeweilige Feld aneignen, um sinnvoll arbeiten zu können (vgl. ebd.: 17).

Ziel der lebensweltorientierten Sozialen Arbeit ist die Anregung zur Selbstbildung und damit Lebensbewältigung sowie ein gelingenderer Alltag für die Adressat*innen. „Und Hilfe zur Bewältigung heißt, dass die Menschen in ihren Verhältnissen ernst genommen werden, aber dass sie auch lernen sollen und können, dass es Möglichkeiten gibt, in verfahrenen Situationen neu anzusetzen, die Verhältnisse zu gestalten und umzugestalten und sie darin dann Stück für Stück auch in ihren Rahmenbedingungen zu verändern." (Ebd.: 5)

In diesem Zitat von Hans Thiersch werden schon die Potenziale von Ästhetischer Bildung und Kunstpädagogik in der Sozialen Arbeit deutlich, die zu ihren Kernaufgaben die Förderung von Gestaltungs- und Veränderungskompetenz zählt.

Die Umsetzung des Ansatzes stellt Sozialarbeitende vor die Herausforderung, individuelle Bedürfnisse und gesellschaftliche Anforderungen in Einklang zu bringen, während sie gleichzeitig die Autonomie und die Teilhabemöglichkeiten der Menschen fördern. Der Ansatz der Lebensweltorientierung fördert eine praxisnahe, klientenzentrierte und partizipative Sozialarbeit, die auf die Verbesserung der Lebensqualität und die Förderung der sozialen Gerechtigkeit abzielt. Die Herausforderungen bei der Implementierung lebensweltorientierter Ansätze unterstreichen die Notwendigkeit einer kontinuierlichen Reflexion und Anpassung der sozialarbeiterischen Praxis an die dynamischen Lebenswelten der Menschen.

Lebensweltorientierte ästhetisch-künstlerische Bildung in der Sozialen Arbeit arbeitet sowohl im Bereich der Primärprävention, besonders in Feldern der Kinder- und Jugendhilfe, aber auch der offenen Senior*innenarbeit. Hier adressiert sie eine Vielfalt von Entwicklungsmöglichkeiten durch künstlerische Angebote, von der Förderung der Wahrnehmung, des eigenen Ausdrucks bis zur Prävention vor Vereinsamung durch geeignete Gruppensettings. Sie bietet aber ebenso unterstützende Angebote im Bereich der Sekundärprävention, wenn Adressat*innen ganz spezifische Herausforderungen bewältigen müssen. Auch hier richten sich die Angebote über die gesamte Lebensspanne, von künstlerischen Angeboten zur Stressbewältigung in der Heilpädagogischen Tagesstätte (HPT) bis zu Malgruppen von Menschen mit Demenzerkrankungen. Angebote der ästhetisch-kulturellen Bildung werden oft in Einrichtungen angeboten, zu denen die Adressat*innen sowieso schon Kontakt haben bzw. mit denen diese Einrichtungen selbst kooperieren, in

Form von offenen Angeboten in Stadtteilzentren oder auch durch Formen der aufsuchenden Arbeit. Künstlerisch-Ästhetische Bildung in der Sozialen Arbeit setzt an der realen Lebenssituation der Individuen an, wenn sie beispielsweise die Beteiligten ermutigt, durch künstlerisches Forschen selbstgewählten Themen oder Fragen, die ihre eigene Lebenssituation betreffen, nachzugehen. Die ästhetisch-künstlerischen Produkte so einer künstlerischen Forschung können wiederum genutzt werden, um die Lebenswelt von Adressat*innen mit ihren je spezifischen Herausforderungen einer breiteren Öffentlichkeit bekannt zu machen. Hier wirkt das Prinzip der Einmischung in den öffentlichen Diskurs.

Künstlerischer Ausdruck ist ohne Partizipation nicht möglich, von daher ermöglichen ästhetisch-künstlerische Angebote Selbsttätigkeit und Teilhabe. Allerdings nur dann in vollem Maße, wenn die Angebote möglichst inklusiv gestaltet werden und es wenig Hürden für die Teilnahme gibt. Die Methoden der ästhetisch-künstlerischen Bildung haben wirklichkeitsaneignendes und wirklichkeitsveränderndes Potenzial: Der Perspektivwechsel, die Verfremdung von Erfahrungen in der eigenen Lebenswelt und die Umwandlung dieser in künstlerische Ausdrucksformen und auch in Prozessen der Kunstbetrachtung ermöglichen es, sich von der eigenen Lebensrealität zu distanzieren. Diese Distanzierung fördert die Reflexion und kritische Beurteilung, was dann wiederum zu einem veränderten Verhalten führen kann. Wenn jedoch die Ausrichtung des ästhetisch-kulturellen Lernens auf die tatsächliche Lebenswelt nicht stattfindet, bleiben die spezifischen emanzipatorischen Potenziale künstlerischer Bildung ungenutzt (vgl. Braun/Schorn 2013).

Beispiel

ISART und *Färberei* des Kreisjugendrings München Stadt – Graffiti und Streetart

Lebensweltorientierung in der künstlerischen Bildung

Graffiti und Streetart sind zusammen mit der aus der Musik kommenden Hip-Hop-Kultur Teil unserer visuellen Kultur. Vor allem verschiedenste Subkulturen und jugendkulturelle Szenen orientieren sich an den ästhetischen Codes der Street-Art. Graffiti und Hip-Hop bilden ein wichtiges Zentrum ihrer Lebenswelt. Auch wenn diese Szenekultur mittlerweile Eingang in das Mainstreamdesign von Kleidungsstücken und Schuhen gefunden hat und Graffiti-Formen im Marketing verwendet werden, um eine jugendliche Zielgruppe zu erreichen, bewegen sich viele Sprayer*innen (Jugendliche und junge Erwachsene) dagegen weitab vom Mainstream und bei der Herstellung ihrer Werke häufig in der Illegalität. Verschiedenste Einrichtungen der Jugendhilfe bundesweit arbeiten mit diesen jugendlichen Szenekulturen. Ein über die Landesgrenzen hinaus bekanntes Projekt, das an das Jugendkulturzentrum die *Färberei* des Kreisjugendrings München-Stadt angebunden ist, ist das jährlich stattfindende Graffiti-Festival *ISART*. Im Rahmen von *ISART* werden die Brückenpfeiler und Wände der Brudermühlbrücke in München, einer großen Brücke über den Fluss Isar, neu besprayt.

Die ISART wurde 1996 ins Leben gerufen und etablierte sich als eine bedeutende legale und unterstützte Graffiti-Initiative – eine echte Seltenheit in München zu dieser Zeit, obwohl die Stadt seit den frühen 1980er-Jahren ein zentrales Zentrum der europäischen Graffiti-Kultur war. Der Schwerpunkt von *ISART* und der Arbeit mit der Graffiti-Szene in München liegt darauf, Graffiti aus der Illegalität zu holen und als öffentliche Kunstform sichtbar zu machen sowie die

Anerkennung der Graffiti-Kunst als legitime künstlerische Bewegung zu fördern. Lag die Organisation jahrelang in den Händen einer Sozialpädagogin der *Färberei*, hat sich in den letzten Jahren die ISART als kreative Plattform und Schaufenster für eine neue Künstlergeneration entwickelt, die mittlerweile auch die Kuratierung und Organisation übernimmt, ganz im Sinne des *Empowerments* – in Kooperation mit der *Färberei*.
Die *Färberei* bietet zudem im Rahmen der Szenearbeit Beratung in rechtlichen Fragen für Sprayer*innen an.

8.2 Empowerment

> „Das Empowerment-Konzept richtet den Blick auf die Selbstgestaltungskräfte der Adressat[*inn]en sozialer Arbeit und auf die Ressourcen, die sie produktiv zur Veränderung von belastenden Lebensumständen einzusetzen vermögen." (Herriger 2020: 7)

In diesem Zitat wird schon durch die Wortwahl der Bezug zur Kunstpädagogik in der Sozialen Arbeit deutlich: Selbstgestaltungskräfte werden durch *Empowerment* freigesetzt und gestärkt, so können Adressat*innen produktiv werden. *Empowerment* ist ein weiteres zentrales theoretisches Konzept in der Wissenschaft der Sozialen Arbeit, das die Eigenkräfte, die Ressourcen und die Selbstbestimmung von Individuen und Gemeinschaften in den Vordergrund stellt. Dieser Ansatz zielt darauf ab, Menschen zu unterstützen, ihre eigenen lebensgeschichtlich erworbenen, individuellen Ressourcen zu erkennen und zu nutzen, um belastende Lebenssituationen zu meistern, Ohnmachtserfahrungen entgegenzuwirken und ihre Lebenssituation zu verbessern. Damit soll soziale Ausgrenzung abgemildert und im Idealfall ganz vermieden werden. *Empowerment* umfasst die Ermutigung und Unterstützung von Menschen, damit diese ihre Ressourcen und Stärken nutzen können, um ihre Ziele zu erreichen und ihre Lebensbedingungen zu verbessern. *Empowerment* in der Sozialen Arbeit bezieht sich auf Prozesse, durch die Individuen, Gruppen und Gemeinschaften befähigt werden, Kontrolle über ihre Situation, ihre Lebensumstände zu erlangen und ihr Recht auf ein selbstbestimmtes Leben in einer gerechteren Gesellschaft wahrzunehmen (vgl. Pankofer 2000: 7f.). *Empowerment* ist somit auch direkt anschlussfähig an den emanzipatorischen pädagogischen Ansatz von Wolfgang Klafki (siehe Kapitel 5.1).

Im englischen Begriff *Empowerment* steckt das Wort *power*, das sowohl Kraft, Ausdruckskraft wie Kompetenz als auch Macht, Berechtigung und Einfluss bedeutet. *To empower* bedeutet im Englischen ‚ermächtigen'. Der Ursprung des Empowerment-Ansatzes liegt in der US-amerikanischen Bürgerrechtsbewegung der ausgehenden 1960er-Jahre (vgl. Pankofer 2000: 10). *Empowerment* hat verschiedene Dimensionen, eine davon ist die politische (vgl. Herriger 2020: 14). Soziale Arbeit will Adressat*innen unterstützen, aus Ohnmachtssituationen herauszukommen, sie dazu befähigen, an politischen und gesellschaftlichen Entscheidungsprozessen partizipativ teilzuhaben. Menschen sollen aktiv an Entscheidungen beteiligt sein, die ihr Leben betreffen. Damit einher geht auch soziale Gerechtigkeit wie die Reduzierung sozialer Ungleichheiten und die Förderung von Gleichberechtigung (vgl. Pankofer 2000: 13).

Empowerment hat ebenso eine lebensweltliche Dimension, gemeint ist das Vermögen, die Schwierigkeiten, Komplikationen, Probleme des Lebens in der eigenen Lebenswelt aus eigener Kraft bewältigen zu können und „eine eigenbestimmte Lebensregie zu führen und ein nach eigenen Maßstäben gelingendes Lebensmanagement zu realisieren“ (Herriger 2020: 15).

Empowerment hat auch eine reflexive Dimension und meint hier die Selbstbemächtigung, das Erlangen von Autonomie und die Aneignung von Ressourcen wie Lebenskräften. In aktuellen Diskursen verknüpft sich der Empowerment-Gedanke mit dem Konzept der *Agency*, der Handlungsmacht.

> „Agency kann hier verstanden werden als die subjektive Erfahrung von ‚Handlungsmächtigkeit‘, welche die Akteure befähigt, mit sozialen Herausforderungen, Konflikten, belastenden Lebenslagen gelingend umzugehen und ihre personale Agenda zu verwirklichen. Agency zeichnet die Menschen also als handlungsfähige, eigenwillige und gestaltende Akteure, die in der Lage sind, eigene Vorstellungen über ihre Lebensbedingungen, Bedürfnisse und Interessen zu entwickeln, ihr Leben aktiv zu führen und eigensinnig sich mit den Zwängen und Bedingungen auseinanderzusetzen, mit denen sie konfrontiert sind.“ (Ebd.: 18)

Bezogen auf die Soziale Arbeit und die Professionellen der Sozialen Arbeit hat *Empowerment* auch eine transitive Dimension. Diese müssen die Adressat*innen in ihren Selbstbemächtigungsprozessen unterstützen und Ressourcen dafür zur Verfügung stellen. In der beruflichen Praxis arbeitet *Empowerment*-orientierte Soziale Arbeit mit den Prinzipien der Begleitung statt Lenkung, der Gleichberechtigung und der gleichen ‚Augenhöhe‘. *Empowerment* geht weit über die Bereitstellung direkter Dienstleistungen hinaus, fokussiert auf die Aktivierung von Selbsthilfepotenzialen und die Förderung von Teilhabe und zielt auf Selbstbestimmung ab. Das beinhaltet die Anerkennung und Wertschätzung der individuellen Fähigkeiten von Menschen genauso wie die Anerkennung des Eigensinns der Lebensgestaltung und die Arbeit an der Veränderung struktureller Bedingungen, die Ungleichheit und Ausgrenzung verursachen. *Empowerment* richtet sich an die individuelle Ebene, die Ebene der Gruppen und Organisationen und an die strukturelle Ebene. *Empowerment* ist damit sowohl eine Haltung als auch ein Handlungsansatz in der Sozialen Arbeit (vgl. Pankofer 2000: 13f.).

Die Perspektive des *Empowerments* „ist eine Ermutigung und Erweiterung der Selbstverfügungs- und Selbstbestimmungskräfte des Subjekts, ausgerichtet auf zukunftsoffene Prozesse in einer Befürwortung des Erkundens und Entdeckens“ (Laven 2018: 114). Der Kunstpädagoge Rolf Laven skizziert hier schon erste wichtige Bezüge zwischen der Kunstpädagogik und dem *Empowerment*-Ansatz. Künstlerische Prozesse sind in aller Regel zukunftsoffen, gerade dann, wenn sie mit einer spielerischen Haltung verknüpft werden, die zum Experimentieren einlädt. Wichtig für gelingende *Empowerment*-Prozesse ist die Erfahrung von

Selbstwirksamkeit, von aktiver Gestaltungskraft und Gestaltungsvermögen (vgl. Herriger 2020: 21). Da im Prozess bildnerisch-künstlerischen Arbeitens durch das eigene Gestalten immer ein visuell wahrnehmbares Ergebnis entsteht, wird Selbstwirksamkeit in direkt visuell wahrnehmbarer Form sichtbar und Gestaltungskraft erfahrbar. Dies stärkt auch das eigene Selbstwertgefühl. Kunstpädagogik geht davon aus, dass im bildnerischen Gestalten erfahrene Gestaltungskräfte eine Auswirkung auf die Lebenskräfte allgemein und damit auch auf die Gestaltungskompetenz bezogen auf das eigene Leben haben. „Das Empowerment-Konzept zeichnet so das Bild von Menschen, die kompetente Konstrukteure eines gelingenden Alltags sind." (Ebd.: 74) Dieses Menschenbild des Empowerment-Konzepts teilt die Kunstpädagogik in der Sozialen Arbeit.

Bildnerisch-künstlerisches Arbeiten fördert die Kreativität und diese wiederum ist eine psychische Ressource für *Empowerment*-Prozesse. Darüber hinaus wird aber auch als weitere zentrale Ressource das kulturelle Kapital erweitert. Ebenso wird durch die Förderung der Wahrnehmung auch die Selbstwahrnehmung sensibilisiert und damit auch die Selbstachtsamkeit als weitere psychische Ressource (vgl. ebd.: 96). In vielen Angeboten der Kunstpädagogik in der Sozialen Arbeit wird die Lebensgeschichte der Adressat*innen in den Blick genommen, sei es durch ein gezieltes Angebot der gestalterischen Biografiearbeit, sei es im Sprechen über die entstandenen Werke. Durch die gemeinsame Arbeit an der Lebensgeschichte findet auch eine „Spurensuche nach verschütteten Lebenskräften" (ebd.: 139) statt, was zur psychischen und physischen Gesundung und zur Gesunderhaltung im Sinne der Salutogenese beitragen kann.

In ästhetisch künstlerischen Angeboten wirken schon bestimmte Lernarrangements im Sinne des *Empowerments*. Laven beschreibt das am Beispiel des Werkstatt- oder Atelierprinzips (siehe auch Kapitel 12.3). In der vorbereiteten Umgebung der Werkstatt, in der es eine Vielzahl unterschiedlicher künstlerischer Materialien gibt, können selbstinitiierte, selbstorganisierte, prozess- wie selbstgesteuerte Gestaltungs- und damit auch Bildungsprozesse stattfinden. Die Werkstatt hat somit ein großes Potenzial in Bezug auf Subjekt-, Handlungs-, Prozess- und Erlebnisorientierung (vgl. Laven 2018: 114).

> „Empowerment-geleitetes Denken und Handeln [...] abzielend auf ein Erschließen der individuellen Ressourcen, begleiten das gesamte Prozessgeschehen wie etwa Plenum, Dialog, Experiment, bis hin zum Sichtbarmachen und Würdigen bzw. Präsentieren individueller Beiträge. Diese Vorschläge inkludieren einen Verzicht auf vorgefertigte Lösungsschablonen und bieten eine ergebnisoffene Realisierungsphase, um das Forschen nach eigenen Lösungen zu ermöglichen." (Ebd.: 115)

So kommt ein ganzheitlicher Gestaltungsprozess in Gang. Dies wiederum führt zu Erfahrungen von Selbstverfügung, zu Selbst- und Mitbestimmung in dem gestalterischen Setting, zu einem Bewusstwerden eigener Ressourcen und Kompetenzen, die Handlungsfähigkeit erhöhen, gerade wenn eigene gestalterische Lösungen gefunden werden.

Wird in der Gruppe gestaltet, können durch die intensive Gruppenerfahrung während des Gestaltens, durch Kooperation genauso wie im Austausch über die Werke auch die sozialen Netzwerke gestärkt werden. In Kleingruppen werden häufig partnerschaftliche wie wechselseitige Unterstützungsleistungen angeboten, so erleben sich die Adressat*innen eingebunden in solidarische Gemeinschaften, was auch eine Anbahnung für die weitere solidarische Vernetzung sein kann.

Durch das gemeinsame Sprechen über Bilder werden ebenso die kommunikativen Kompetenzen erweitert.

> „Gespräche über das Kreativitätshandeln und das Zusammenführen wie Sichtbarmachen der einzelnen Beiträge können im Sinne des Empowerments als gelingende Mikropolitik innerhalb des alltäglichen Lebens interpretiert werden. Dies bedeutet eine Überwindung des Nebeneinanderseins hin zu einer […] Bereitschaft, sich in solidarische Gemeinschaften einzubinden [...]" (Laven 2018: 116).

Im Austausch wird auch Reflektieren genauso wie kritisches Denken erfahren und geschult und Vielfalt erlebt. Eine geteilte Haltung der Wertschätzung und ein ressourcenorientierter Blick tragen dazu bei, dass andere Perspektiven auf die bestehenden Problematiken entwickelt werden können (vgl. Pankofer 2000: 221). So ist ein Verlassen des „Gehäuse[s] der Abhängigkeit und der Bevormundung" (Herriger 2020: 16) möglich und es entwickelt sich auch die Kraft zur Einmischung.

Meis/Mies (2018: 40) fassen die subjektorientierten Ziele von ästhetisch-künstlerischer Arbeit mit Bezug auf das *Empowerment*-Konzept folgendermaßen zusammen:

- „Aktivierung und Selbststeuerung,
- Generierung, Aufarbeitung und Vernetzung eigener Erlebnisse und Erfahrungen,
- Differenzierung von Wahrnehmung,
- neue Eindrücke und neue Ausdrucksformen, Kommunikation und Interaktion,
- (eigen-sinnige[r]) Erwerb von Wissen, Kenntnissen und Fertigkeiten,
- selbstständiges Forschen/Erforschen von alltagsrelevanten Zusammenhängen,
- (Welt-)Erfahrung und (Welt-)Zugang,
- (selbstbewusst und selbstwirksam) schöpferisch produktiv sein, Werte schaffen und Sinn stiften,
- Lebensfreude und Glück,
- soziale Kontakte, gesellschaftliche und kulturelle Teilhabe".

Durch *Empowerment*-Prozesse soll auch die Resilienz, also die psychische Widerstandsfähigkeit der Adressat*innen gestärkt werden. *Empowerment* durch ästhetisch-künstlerische Angebote in der Sozialen Arbeit ist aber eben nicht nur subjektbezogen, es wirkt genauso auf sozialer und gesellschaftlicher Ebene, gerade wenn Adressat*innen mit ihren bildnerischen Werken und ihren Gedanken in die Öffentlichkeit gehen, damit selbst ihre Stimme erheben und sichtbar werden.

8.3 Lebensbewältigung nach Lothar Böhnisch

Eng mit dem *Empowerment*-Ansatz ist das Konzept der Lebensbewältigung verbunden, das seit den 1970er-Jahren von mehreren Autor*innen entwickelt und fortgeschrieben wurde, einer der prominentesten Vertreter*innen ist Lothar Böhnisch (geb. 1944), dessen Ansatz nun vorgestellt wird.

Jedes Individuum hat im Laufe seines Lebens in unserer modernen Gesellschaft durch den gesellschaftlichen Strukturwandel aufgrund von Individualisierung und Entgrenzung eine Reihe von Herausforderungen zu bewältigen (vgl. Böhnisch 2023: 99). Diese können lebensalter-, aber auch lebenslagenspezifisch sein. Kindern beispielsweise stellen sich andere Herausforderungen bei der Bewältigung des Übergangs vom Kindergarten in die Schule als Jugendlichen oder Erwachsenen, ebenso beeinflussen finanzielle und andere Ausstattungsressourcen bzw. das Fehlen derselbigen und Bildung die Lebenslage einer Person. Soziale Arbeit hat im Konzept der Lebensbewältigung die Aufgabe, ihre Adressat*innen bei der Bewältigung der mannigfaltigen Herausforderungen und Belastungen ihres Lebens zu unterstützen.

Neben länger bestehenden Herausforderungen durch spezifische Lebenslagen kann es auch zu krisenhaften Lebensereignissen kommen, wie z. B. dem Verlust einer Bezugsperson oder Arbeitslosigkeit, die zusätzlich bewältigt werden müssen und oftmals zu hohem Bewältigungsdruck bis zur Hilflosigkeit führen. „Lebensbewältigung meint in diesem Zusammenhang das Streben nach subjektiver Handlungsfähigkeit in Lebenssituationen, in denen das psychosoziale Gleichgewicht – im Zusammenspiel von Selbstwert, sozialer Anerkennung und Selbstwirksamkeit – gefährdet ist." (Böhnisch 2018: 47) Das psychosoziale Gleichgewicht ist dann gefährdet, wenn die Ressourcen und Handlungsstrategien einer Person nicht ausreichen oder nicht zielführend eingesetzt werden können und die psychosoziale Handlungsfähigkeit bedroht ist (vgl. Böhnisch 2023: 18).

Böhnisch differenziert vier Dimensionen einer kritischen Bewältigungskonstellation, „eine tiefenpsychisch eingelagerte Erfahrung des Selbstwertverlustes, die Erfahrung sozialer Orientierungslosigkeit und fehlenden sozialen Rückhalts und die Suche nach erreichbaren Formen sozialer Integration, in die das Bewältigungshandeln sozial eingebettet" (Böhnisch 2018: 47) ist. Bewältigungshandeln bezeichnet die Prozesse und Strategien, die Individuen anwenden, um mit den psychosozialen Herausforderungen und Belastungen ihres Alltagslebens umzugehen.

Der Ansatz der Lebensbewältigung betont die Bedeutung von sozialen und individuellen Ressourcen sowie strukturellen Bedingungen für die Bewältigungsprozesse von Menschen. Im Fokus der Unterstützungsleistungen durch die Soziale Arbeit steht vorrangig das Individuum, seine Bewältigungsstrategien und sein Bewältigungshandeln. Um sinnvolle Unterstützungsleistungen entwickeln zu können, müssen die Fähigkeiten und Ressourcen der Einzelnen erkannt, verstanden und gefördert werden. Aber nach Böhnisch umfasst Lebensbewältigung nicht nur die individuellen Bemühungen, persönliche Krisen oder Herausforderungen des Lebens zu managen, sondern auch die Auseinandersetzung mit sozialen und strukturellen Gegebenheiten, die die Lebensbewältigung der Menschen beeinflussen.

Das Konzept beruht auf der Annahme, dass Bewältigungshandeln immer im Kontext sozialer Ungleichheit, institutionellen Rahmenbedingungen und individueller Vulnerabilität verstanden werden muss.

Das Konzept der Lebensbewältigung bietet für kunstpädagogische Angebote in der Sozialen Arbeit einen Rahmen, um die Komplexität der Lebenssituationen von Menschen zu verstehen und angemessene kunstpädagogische Unterstützungsangebote zu entwickeln. So kann Kunstpädagogik in der Sozialen Arbeit Menschen dabei unterstützen, nicht nur kurzfristige Lösungen für ihre Probleme zu finden, sondern auch langfristige Strategien zur Verbesserung ihrer Lebensqualität und zur Veränderung ungünstiger Lebensbedingungen zu entwickeln. Böhnisch selbst stellt einen Zusammenhang zwischen dem Konzept der Lebensbewältigung und dem Feld der ästhetisch-kulturellen Bildung her, wenn er schreibt, dass Soziale Arbeit „die sozialen und kulturellen Spielräume" von Individuen, „soweit sie pädagogisch interaktiv beeinflussbar sind" (Böhnisch 2023: 101), verändern und erweitern kann. Dabei bedient sie sich auch der künstlerischen Mittel, die helfen, psychosoziale Handlungsfähigkeit wieder herzustellen und auszubauen. Soziale Arbeit muss dafür geeignete Bildungssettings schaffen (vgl. Hammerschmidt/Stecklina/Steindorff-Classen 2024: 25).

Bildnerisches Gestalten und Kunstpädagogik können mit vielen Aspekten des Konzepts der Lebensbewältigung in Zusammenhang gebracht werden. Gerade durch die Möglichkeit des (Selbst-)Ausdrucks im bildnerischen Gestalten, „als der Chance [...], seine innere Befindlichkeit thematisieren zu können und nicht abspalten zu müssen" (Böhnisch 2023: 102), wird Lebensbewältigung unterstützt. Auch den Aspekt der Bildbetrachtung greift Böhnisch in diesem Zusammenhang kurz auf, indem er Bildbetrachtungen die Möglichkeit zuschreibt, Sprachlosigkeit zu überwinden (vgl. ebd.: 119). Ebenso hilfreich zur Stärkung von bewältigungsorientierten Fähigkeiten ist das Erlangen von Anerkennung, das Wahrgenommenwerden in der Gruppe, in sozialen Kontexten. Über die Bildwerke, die im gestalterischen Prozess entstanden sind, können Teilnehmende an kunstpädagogischen Angeboten Anerkennung durch die Gruppe erfahren und sie werden gesehen. Dadurch wird wiederum das Selbstwertgefühl stabilisiert (vgl. ebd.). Auch die Erfahrung von Selbstwirksamkeit durch das gestalterische Tun ebenso wie durch das gestalterische Produkt trägt zur Stabilisierung des Selbstwerts bei.

Das gestalterische Tun kann in Zusammenhang mit den von Böhnisch vorgeschlagenen Strategien zur Förderung der psychosozialen Handlungsfähigkeit gebracht werden. So nennt er die Aktivierung von Adressat*innen im Sinne des *Empowerments* und das Anbieten wie Einüben von funktionalen Äquivalenten für problematische Bewältigungsstrategien als zentral, genauso wie die Niederschwelligkeit der sozialpädagogischen Angebote und eine akzeptierende Haltung vonseiten der Sozialpädagog*innen (vgl. ebd.: 114ff.). An den Prinzipien der Niederschwelligkeit und der akzeptierenden Haltung, die zudem alle Aspekte von Diversity berücksichtigt, müssen sich daher auch die Angebote ästhetisch-kultureller Praxis in der Sozialen Arbeit messen lassen. Eine Aktivierung durch das Gestalten geschieht quasi automatisch, sobald Adressat*innen sich auf das bildnerische Gestalten einlassen können. Dieser Prozess bis zum Sich-einlassen-Können muss allerdings methodisch und durch die sozialpädagogische Beziehungsarbeit begleitet werden. Ein Interesse und Spaß am künstlerischen Gestalten zu entwickeln, mit all den förderlichen Aspekten des gestalterischen Prozesses (siehe Kapitel 9.1), kann auch als funktionales Äquivalent für bisheriges, nicht zielführendes Bewältigungshandeln wirken. Böhnisch führt als problematisches Bewältigungshandeln beispielsweise aggressives Verhalten oder übermäßigen Alkoholkonsum auf. Gerade bildhauerische Projekte, die viel körperlichen Einsatz verlangen und den eigenen Körper sehr unvermittelt im Umgang mit dem Material spüren lassen, können hilfreich zum Abbau von Aggressionen sein. Die Erfahrung, dass auch künstlerisches Gestalten zum Abbau der eigenen Aggressionen beiträgt, und das ohne die Nebenprodukte der körperlichen Gewalt in sozialen Situationen wie z. B. Strafverfolgung, können dazu beitragen, andere Bewältigungsstrategien als körperliche Gewalt für Aggressionen zu finden. Ein Einlassen auf ein gestalterisches Projekt kann allerdings nur dann gelingen, wenn das Angebot im Sinne einer Subjekt- und Lebensweltorientierung auf die jeweiligen Teilnehmenden zugeschnitten ist, sie Interesse und Spaß an dem jeweiligen ästhetisch-künstlerischen Medium haben (vgl. Hammerschmidt/Stecklina/Steindorff-Classen 2024: 32).

Gestalterisches Arbeiten, aber auch Bildbetrachtungen können zur Persönlichkeitsbildung beitragen, was sich wiederum positiv auf die Lebensbewältigung auswirkt, gerade durch Differenzerfahrungen: „Durch unerwartete Wahrnehmungen und Erfahrungen im gestalterischen Prozess können neue Aspekte im Selbsterleben aktiviert und das Potential subjektiver Handlungsmöglichkeiten erweitert werden." (Jäger/Kuckhermann 2004: 53)

8.4 Inklusive und Diversity-orientierte künstlerisch-ästhetische Bildung in der Sozialen Arbeit

Ästhetisch-künstlerische Bildung in der Sozialen Arbeit strebt in der Regel nach einem Maximum an Inklusivität und Niederschwelligkeit. Alle sollen sich beteiligen können, Hürden der Teilhabe sollen abgebaut werden. Der Begriff Inklusion hat seine Wurzeln im lateinischen Wort *includere*, das einschließen, einbeziehen bedeutet.

> „Inklusion meint also die unbedingte Einbeziehung und Zugehörigkeit aller Menschen – unabhängig von bestimmten Merkmalen – zu sozialen und gesellschaftlichen Institutionen. Solche Institutionen sind z. B. das allgemeine Bildungssystem, der erste Arbeitsmarkt, es können aber auch Einrichtungen wie Freibäder oder Theater sein, die Allen offenstehen sollen." (Kulke 2023)

Inklusion nimmt zum einen die Lebensbedingungen von Menschen mit Benachteiligung oder Behinderung in den Blick, zum anderen die gesellschaftlichen Verhältnisse, die diese Menschen behindern, und fokussiert auf eine inklusive Gesellschaftsentwicklung. Die Diskussion zu Inklusion und Teilhabe hat durch die Verabschiedung der UN-Behindertenrechtskonvention 2006 starken Aufwind erhalten. Die UN-Behindertenrechtskonvention schreibt Inklusion als Menschenrecht fest und mit ihrer Ratifizierung in Deutschland haben alle Menschen in

Deutschland einen Rechtsanspruch auf umfassende Inklusion und Teilhabe. Die UN-Behindertenrechtskonvention enthält acht Prinzipien: Die Achtung vor der Menschenwürde, einschließlich der Freiheit, eigene Entscheidungen zu treffen sowie der Selbstbestimmung, die Nichtdiskriminierung, die Partizipation und Inklusion, die Achtung der Diversität behinderter Menschen und die Anerkennung dieser Diversität als Teil menschlicher Vielfalt, die Chancengleichheit, die Barrierefreiheit, die Geschlechtergerechtigkeit und die Achtung der sich entwickelnden Fähigkeiten von behinderten Kindern und ihrer Identität (vgl. Degener 2016: 13f.).

Der Begriff Inklusion wurde zunächst bezogen auf Menschen mit Behinderungen verwendet, seine Verwendung wurde aber zunehmend auf alle Aspekte von Vielfalt und Diversität erweitert. So spricht man heute von einem engen Inklusionsbegriff, der sich nur auf Behinderung fokussiert, und einem weiten Inklusionsbegriff, der auch andere Aspekte von Vielfalt wie Geschlecht, sexuelle Orientierung, Sprache und Herkunft miteinbezieht (vgl. Kulke 2023). Inklusion löste den früher gebrauchten Begriff der Integration ab. Integration meint die Eingliederung von Individuen in bestehende gesellschaftliche Strukturen, während Inklusion auch die Transformation dieser Strukturen selbst vorantreibt, um Vielfalt und Unterschiedlichkeit als Norm zu etablieren. Inklusion ist ein Prozess, der darauf abzielt, allen Menschen unabhängig von ihren individuellen Voraussetzungen eine gleichberechtigte Teilhabe an allen gesellschaftlichen, kulturellen und ökonomischen Prozessen zu ermöglichen. Dabei wird besonderer Wert auf die Anerkennung und Wertschätzung von Diversität gelegt. Inklusion fordert eine Gesellschaft, in der Unterschiede nicht als Defizit, sondern als Bereicherung verstanden werden und in der Barrieren, die Teilhabe verhindern, aktiv abgebaut werden.

In der Sozialen Arbeit nimmt das Konzept der Inklusion eine wichtige Rolle ein, sie ist seit jeher für die Menschen zuständig, die in einer Gesellschaft Exklusionserfahrungen machen und von solchen bedroht sind. So ist es naheliegend, dass Soziale Arbeit zentral daran beteiligt ist, die UN-Behindertenrechtskonvention umzusetzen und ebenfalls im Sinne eines weiten Inklusionsbegriffs zu agieren. Alle Institutionen Sozialer Arbeit haben seit der Ratifizierung in Deutschland 2009 die Aufgabe, gesellschaftliche und kulturelle Teilhabe aller Menschen zu fördern und Ausgrenzungen aller Art entgegenzuwirken. Damit steht die Förderung von Gleichberechtigung und Chancengleichheit auf Basis der Menschenrechte im Fokus sozialer Dienste. Durch den Abbau von Barrieren und die Schaffung von Zugängen unterstützt die Soziale Arbeit aktiv die Gleichberechtigung und die gerechte Behandlung aller Gesellschaftsmitglieder. Vielfalt und Heterogenität werden dabei als Normalzustand in einer Gesellschaft verstanden. Durch die Anerkennung und Wertschätzung von Vielfalt trägt die Soziale Arbeit zu einer offeneren und toleranteren Gesellschaft bei.

Soziale Arbeit unterstützt individuelle und kollektive *Empowerment*-Prozesse: Indem Menschen befähigt werden, an der Gesellschaft teilzuhaben, fördert die Soziale Arbeit auch ihre Selbstbestimmung und Autonomie. Inklusion in der Sozialen Arbeit bedeutet auch, auf struktureller Ebene zu arbeiten, um Diskriminierung zu bekämpfen und inklusive Praktiken in allen Lebensbereichen zu etablieren. Die

Praxis Sozialer Arbeit zielt also auch auf die Veränderung gesellschaftlicher und institutioneller Strukturen hin zu inklusiven Strukturen und damit nicht nur auf individuelle Unterstützungsmaßnahmen (vgl. Graumann 2016: 69).

Die Realisierung von Inklusion erfordert eine kontinuierliche Reflexion der eigenen sozialarbeiterischen und sozialpädagogischen Praxis sowie ein kontinuierliches Engagement, sowohl auf individueller als auch auf gesellschaftlicher Ebene, und stellt Sozialarbeitende vor die Herausforderung, innovative und kreative Wege zu finden, um Teilhabe und Gerechtigkeit für alle zu fördern. Durch die Verankerung von Inklusionsprinzipien in ihrer Praxis trägt die Soziale Arbeit maßgeblich dazu bei, Barrieren abzubauen und eine Kultur der Vielfalt und des Respekts zu fördern.

Kunstpädagogik und Ästhetische Bildung können einen Beitrag zur Förderung von Inklusion in der Praxis der Sozialen Arbeit leisten, müssen sich aber dazu auch der intensiven Reflexion über mögliche inklusionshemmende Aspekte der eigenen Praxis stellen. „Aufgrund der Komplexität von Inklusion auf der einen und der Individualität der beteiligten Menschen auf der anderen Seite kann es ‚die' Inklusion nicht geben. Wohl aber kann es eine Inklusionsorientierung geben im Sinne einer grundsätzlichen Haltung, die Inklusion für möglichst viele der Beteiligten wahrscheinlich macht [...]" (Lätzer 2020).

Künstlerisch-kreative Prozesse können nicht nur individuelle, sondern auch gemeinschaftliche Entwicklungsprozesse unterstützen. Kunstpädagogische Projekte haben häufig einen positiven Einfluss auf das Selbstwertgefühl und die sozialen Fähigkeiten der Teilnehmenden. Künstlerisches Gestalten ermöglicht es den Individuen, ihre Gedanken und Gefühle auf nonverbale Weise auszudrücken, was allen Menschen, die Probleme mit dem sprachlichen Ausdruck haben, entgegenkommt, und fördert ein Gefühl der Zugehörigkeit und Gemeinschaft. Kunstpädagogische Ansätze können helfen, Barrieren zwischen verschiedenen Gruppen abzubauen, Menschen über kulturelle, sprachliche und soziale Grenzen hinweg zu verbinden und zur Entwicklung einer inklusiven Kultur beitragen. Künstlerisches Gestalten, aber auch das Betrachten von Kunstwerken kann zur psychischen Gesundheit und zum Wohlbefinden beizutragen, was essenziell für die soziale Inklusion ist. Die kulturelle Bildungsforschung weist auch darauf hin, dass künstlerische Bildung zur Entwicklung kritischen Denkens und zur Förderung sozialer Kompetenzen beitragen kann (vgl. Housen 2001: 122).

Inklusive Kunstpädagogik in der Sozialen Arbeit will allen Menschen, unabhängig von ihren individuellen Fähigkeiten, Behinderungen, soziokulturellen Hintergründen oder Altersgruppen den Zugang zu und die Teilnahme an künstlerischen Bildungsangeboten ermöglichen. Dazu muss sie ein Umfeld schaffen, in dem jede/r Einzelne ihre/seine persönlichen und künstlerischen Fähigkeiten voll entfalten kann. Eine inklusive Kunstpädagogik zeichnet sich durch mehrere Schlüsselmerkmale aus, die sich aus den Prinzipien inklusiven Arbeitens in der Sozialen Arbeit (vgl. Dannenbeck 2018: 23f.) ableiten:

Barrierefreiheit: Sowohl physische als auch sozio-kulturelle Barrieren, die den Zugang zu Kunst und kultureller Bildung einschränken, werden identifiziert und abgebaut. Dies umfasst die Anpassung von Räumlichkeiten, Materialien und Lehrmethoden, um sie für alle zugänglich zu machen. Sie fokussiert aber auch auf die inneren Barrieren, die sich durch die Sozialisation und Enkulturation entwickeln. Dazu muss inklusive Kunstpädagogik in der Sozialen Arbeit der Frage nachgehen, wie Zugänge, wie Teilhabe und Partizipation gestaltet werden, damit Menschen unabhängig von ihren Ressourcen, ihrer Herkunft, ihren Bedarfen und Stärken mit allem, was sie mitbringen, dazugehören können und sich von den Angeboten sowie Institutionen angesprochen fühlen.

Individualisierung und individuelle Förderung: Ziele und kunstpädagogisch-didaktische Methoden werden flexibel gestaltet, um auf die individuellen Bedürfnisse und Fähigkeiten jeder/s Teilnehmer*in einzugehen. Ziel ist es, jeder/m Einzelnen eine persönliche und sinnstiftende Auseinandersetzung mit Kunst zu ermöglichen.

Partizipation: Aktive Beteiligung und Mitgestaltung der ästhetischen und künstlerischen Lernprozesse durch die Teilnehmer*innen werden gefördert. Dies stärkt das Selbstbewusstsein und die Selbstwirksamkeit der Beteiligten und fördert ein inklusives Gemeinschaftsgefühl.

Vielfalt und Transkulturalität: Inklusive Kunstpädagogik würdigt und integriert die kulturelle, soziale und persönliche Vielfalt der Teilnehmenden. Sie nutzt Kunst als universelle Sprache, um kulturelle Unterschiede zu überbrücken und gegenseitiges Verständnis zu fördern.

Kritische Reflexion: Sie regt zur kritischen Auseinandersetzung mit gesellschaftlichen Normen, Werten und Machtverhältnissen an und fördert ein Bewusstsein für soziale Gerechtigkeit und Gleichberechtigung.

Gesellschaftliche Sensibilisierung: Die Sensibilisierung der Öffentlichkeit für die Themen Inklusion und Diversität ist ein wichtiger Bestandteil der sozialen Arbeit, gerade das Organisieren von Ausstellungen und andere Formen kreativer Öffentlichkeitsarbeit (siehe Kapitel 11) können dazu beitragen.

In der Praxis bedeutet inklusive Kunstpädagogik, dass Einrichtungen der Sozialen Arbeit, aber auch Museen und andere Institutionen ihre Programme so gestalten müssen, dass sie für Menschen mit unterschiedlichen Bedürfnissen zugänglich und ansprechend sind. Ziel ist es, ein inklusives Bildungsumfeld zu schaffen, das alle Menschen ermutigt und befähigt, kreativ tätig zu sein, sich durch Kunst auszudrücken und an der Welt der Kunst teilzuhaben. Dazu müssen auch exklusive Angebote erweitert und geöffnet werden, die sich nur an eine spezifische Zielgruppe richten. Inklusive Kunstlabore oder Ateliers, in denen Menschen mit und ohne Beeinträchtigungen künstlerisch tätig sein können, sind hier ein Praxisbeispiel. Allerdings kann es Situationen in der Praxis der Kunstpädagogik in der Sozialen Arbeit geben, in denen es wichtig ist, für eine bestimmte Gruppe einen Schutzraum zu schaffen, der erst mal nicht für andere geöffnet ist, um den Teilnehmenden die Angst und Scheu zu nehmen, an künstlerischen Angeboten zu partizipieren. Inklusionsorientierung in der Praxis der Kunstpädagogik in der Sozialen Arbeit kann also sehr verschieden gestaltet sein.

8.5 Das Verhältnis von Kunsttherapie und Kunstpädagogik in Feldern Sozialer Arbeit

Künstlerische Praxis, pädagogische Kunsttherapie, künstlerische Interventionen, ästhetische Praxis, künstlerische Methoden, Kreativtherapie, Kunstpädagogik – setzt man sich mit dem Thema der künstlerisch-ästhetischen Praxis in der Sozialen Arbeit auseinander, ist schnell die Vielfalt von verwendeten Begrifflichkeiten bei unterschiedlichen Autor*innen festzustellen. Es kommt zu einer „Überblendung, ja Verwebung der Diskurse um Ästhetische Bildung, Bildende Kunst, künstlerisch-therapeutische Verfahren, deren Theoriebildung, Interventionsformen und Praxen" (Niederreiter 2021: 12) und macht die Abgrenzung zwischen Kunsttherapie und Kunstpädagogik in der Sozialen Arbeit nicht immer leicht, auch wenn die Unterscheidung zwischen Kunsttherapie und Kunstpädagogik auf der anderen Seite Gegenstand intensiver Diskussionen ist (vgl. ebd.).

Das breite Feld der Kunsttherapie mit ihren unterschiedlichen Schulen und Ansätzen in diesem Buch vertieft zu behandeln, würde den Rahmen sprengen. Dennoch soll das Feld hier grob umrissen werden. Kunsttherapie gehört zu den psychotherapeutischen Therapieformen, sie ist eine wissenschaftlich fundierte therapeutische Behandlungsform mit bildnerisch-gestalterischen Mitteln. Sie basiert auf einer Diagnose, einem therapeutischen Setting und einer therapeutischen Beziehung.

> „Bei allen Unterschieden in den Ansätzen: Kunsttherapie ist ein ressourcen-, erlebnis-, handlungs- und beziehungsorientiertes therapeutisches Verfahren, bei dem die Potenziale der bildenden Kunst zur Entfaltung kommen und eine Hilfe beim Bewältigen von Leiden, Krisen, Krankheit darstellen. Die schöpferischen Kräfte eines Menschen werden in der therapeutischen Begegnung (re-)aktiviert – im Sinne einer Stärkung von Selbstheilungskräften und einer identitätsstiftenden Selbstregulierung." (Mechler-Schönach/von Spreti 2005: 163)

Sowohl der Kunstpädagogik als auch der Kunsttherapie ist gemein, dass sie als zentrale Bezugswissenschaft die Bildende Kunst haben und beide Wirkung bei den Adressat*innen durch Mittel, Methoden und Techniken der Bildenden Kunst erzeugen und zwar durch ein Tätigwerden, ein Gestalten und Betrachten von Bildern. Es gibt eine breite Überschneidung im methodischen Repertoire. In vielen Definitionen der Kunsttherapie wird diese so beschrieben, dass es sich beim Gestalten im Rahmen von Kunsttherapie um einen innerpsychischen und sich sinneshaft wie psychomotorisch auswirkenden Formbildungs- und Gestaltungsvorgang handelt, der sich in der bildnerischen Formdynamik eines ästhetischen Mediums spiegelt, der innere wie äußere Lebensverhältnisse abbildet, sodass diese bearbeitbar und kommunizierbar werden (vgl. Menzen 2017: 14). Ähnliches ließe sich auch für gestalterisches Arbeiten in der Sozialen Arbeit formulieren.

Unterscheidungen gibt es dagegen hinsichtlich Settings und der Form der Beziehung in Kunsttherapie und Kunstpädagogik in der Sozialen Arbeit. Kunstpädagogik in der Sozialen Arbeit ist eingebettet in die Hilfeformen Sozialer Arbeit und gerahmt vom Professionsverständnis Sozialer Arbeit; in der Kunsttherapie ist es ein therapeutisches Setting mit einer therapeutischen Beziehung. So kann man sich durchaus der Argumentation des Kunstpädagogen Georg Peez anschließen: „Kunstpädagogik enthält zwar therapeutische Momente – u.a. durch die kompensatorische Wirkung ästhetischer Praxis, und umgekehrt enthält Therapie pädagogische Elemente. Aber Kunstpädagogik ist nicht Kunsttherapie“ (Peez 2022: 89). Allerdings kann es aufgrund der überlappenden Merkmale von Methoden und Zielen von Kunsttherapie und Kunstpädagogik in der Sozialen Arbeit durchaus bisweilen schwierig sein, eine klare Trennlinie zwischen therapeutischen und pädagogischen Ansätzen zu ziehen. Künstlerisches Arbeiten mit Adressat*innen der Sozialen Arbeit ist keine Therapie, aber künstlerische Ansätze und Zugänge in der Sozialen Arbeit können therapeutische, heilende Wirkungen entfalten. „In ästhetischen Erfahrungsprozessen wird die emotionale Tiefenschicht der Persönlichkeit stärker angesprochen als bei vorwiegend kognitiv orientierten Prozessen.“ (Jäger & Kuckhermann 2004: 68) Sowohl kunstpädagogische als auch kunsttherapeutische Interventionen haben viele gemeinsame Inhalte wie Ziele und auch in der professionellen Beziehung gibt es Überschneidungen: Begleitung, Persönlichkeitsentwicklung, Prävention, Unterstützung, Wachstumsförderung, Förderung der (psychischen) Gesundheit und Bewältigung von Krisen und all diese Zugänge erfordern eine vertrauensvolle Beziehung als Grundlage (vgl. Niederreiter 2021: 35). So bezieht die Kunstpädagogin und Kunsttherapeutin Lisa Niederreiter Gegenposition zu Peez und hält die Trennung zwischen kunstpädagogischen Zugängen im Kontext von Bildungsprozessen und kunst- und gestaltungstherapeutischer Praxis für den klinischen Kontext als nicht mehr vertretbar. Zu komplex seien der Unterstützungsbedarf und die Entwicklungswünsche der Adressat*innen in den unterschiedlichsten Settings, als dass eine klassische Einteilung in bildungsspezifisch oder behandlungsbedürftig möglich wäre (vgl. ebd.: 9f.). Niederreiter argumentiert mit Blick auf das Konzept der Lebensbewältigung, das in vielfältiger Weise Bezug nimmt auf psychologische Modelle wie innere Abspaltungen (vgl. ebd.: 37). Niederreiter sieht in der Verknüpfung therapeutischer und sozialpädagogischer Ansätze zudem eher eine Chance der Erweiterung des eigenen Fachwissens und der wechselseitigen Erweiterung fachlicher Kompetenzen. So können Professionelle aus dem psychosozialen und klinischen Feld von der Dimension der pädagogischen und soziologischen (Selbst-)Bildungsprozesse profitieren, auf der anderen Seite können pädagogische Professionelle ihr psychodynamisch subjektorientiertes, psychologisches und sozialpsychiatrisches Wissen vertiefen. Künstlerisch-ästhetische Praxis bietet in beiden Disziplinen möglicherweise unterschiedliche Wirkungsdimensionen und Funktionen, gleichzeitig kann sich in beiden Fällen auf ein gemeinsames theoretisches und praktisches Fundament berufen werden (vgl. Niederreiter 2021: 10). Dennoch betont sie, dass durchaus Handlungsprinzipien herausgebildet werden können, die klinisch-therapeutische Aufträge von erziehenden, bildenden und begleitenden Interventionen unterscheiden lassen. „Mitunter sind es lediglich das Setting und die formalen Rahmungen, die therapeutische von psychosozialen Begleitungen unterscheiden, auch als primär kunstpädagogisch definierte Methoden und Interventionsformen haben therapeutische Valenzen“ (ebd.: 35). Ein klarer spezifischer Auftrag ist besonders von Bedeutung für die anzustoßenden Prozesse und die Klärung der verschiedenen pädagogischen oder bewältigungsorientierten Aspekte, um im Schutz eines geregelten und strukturierten Settings den eigenen professionellen Handlungsrahmen zu schaffen und implizite oder explizite Vereinbarungen zu treffen. Das unterschiedliche methodische und theoretische Wissen muss dazu aufgezeigt und die wissenschaftlichen Hintergründe und institutionellen Kontexte verdeutlicht und gekennzeichnet werden (vgl. ebd.: 35f.).

So ähnlich sich kunsttherapeutisches und kunstpädagogisches Handeln in der Sozialen Arbeit auch sein mögen, muss dennoch darauf hingewiesen werden, dass eine explizit therapeutische Behandlung ohne therapeutische Ausbildung nicht zu verantworten ist. Darüber müssen sich Professionelle in der Sozialen Arbeit immer bewusst sein. Jäger und Kuckhermann weisen darauf hin, dass ein reflektierter Umgang mit den Grenzen besonders in psychosozialen Gruppenangeboten von großer Bedeutung ist (vgl. 2004: 55). Gerade in klinischen Arbeitsbereichen oder psychosozialen Einrichtungen werden die Grenzen bisweilen durchsichtig, besonders wenn Sozialarbeiter*innen durch erworbene Zusatzqualifikationen und aufgrund eines institutionellen Auftrags mit therapeutischen Methoden arbeiten. In der Praxis ist es daher wichtig, dass Sozialpädagog*innen sich den Herausforderungen und den Grenzen des jeweiligen Settings und der eigenen Kompetenzen bewusst sind.

8.6 Einrichtungen der Sozialen Arbeit mit einem künstlerischen Schwerpunkt

Im Feld der Sozialen Arbeit werden ästhetisch-bildnerische Methoden häufig in ganz verschiedenen Einrichtungen für Adressat*innen über die ganze Lebensspanne fakultativ eingesetzt, um bestimmte sozialpädagogische Ziele zu verfolgen. Daneben gibt es aber in vielen Städten, weniger allerdings auf dem Land, soziale Einrichtungen, die schwerpunktmäßig mit bildnerischen Mitteln arbeiten. Einige Beispiele hierzu sollen im Folgenden vorgestellt werden, diese stellen allerdings nur einen kleinen Ausschnitt aus der Vielfalt kunstfokussierter Einrichtungen Sozialer Arbeit dar.

In der offenen Kinderkulturarbeit finden sich Kinderkultureinrichtungen, die ein breites Angebot im gestalterischen Bereich für Kinder bereitstellen. Die Organisationsform der Angebote variiert stark. Einige Einrichtungen bieten Kursangebote, die kostengünstig und für Kinder, deren Eltern wenig oder gar kein Einkommen haben, auch kostenfrei sind. Es werden zudem Eltern-Kind-Angebote gemacht.

Im Feld der Berufsorientierung, der berufsbezogenen Jugendhilfe gibt es Einrichtungen, die jungen Menschen mit unterschiedlichem Förderbedarf Angebote zur Ausbildungsorientierung im gestalterischen Bereich machen. Die Arbeit steht in solchen Einrichtungen im Spannungsfeld zwischen professioneller künstlerischer Arbeit und Jugendhilfe. Soziale Arbeit kooperiert hier mit professionellen Künstler*innen, um die Qualität beider Berufsgruppen zu verbinden und die jungen Menschen umfassend auf die nachfolgende Studiums- oder Ausbildungsphase vorzubereiten. Durch das Sich-Ausprobieren in unterschiedlichen Gestaltungstechniken, durch spielerisches, zweckfreies Experimentieren, können die jungen Erwachsenen die eigenen Stärken und Interessen ausloten. Es geht um die Entwicklung der eigenen Kreativität, und zwar nicht nur bezogen auf die berufliche Zukunft, sondern ganz allgemein bezogen auf die Gestaltung des eigenen Lebens. Kunst wird als ein Spielraum der Möglichkeiten verstanden, in dem das eigene Denken und Handeln überprüft werden kann, da Kunst Selbstreflexion und Weiterentwicklung fordert und fördert.

Auch wenn solche Einrichtungen mit Mitteln des bildnerischen Gestaltens arbeiten, bedeutet das nicht, dass alle teilnehmenden jungen Erwachsenen auch zwangsläufig in ein gestalterisches Berufsfeld einmünden. Womöglich entdecken sie während des Berufsorientierungsjahres ganz andere Kompetenzen in sich selbst.

In der Arbeit mit psychisch erkrankten Menschen gibt es Tagesstätten, die zwar auch klassische Beratungsangebote machen, aber schwerpunktmäßig mit ästhetisch-künstlerischen Mitteln die Adressat*innen begleiten. Tagesstätten sind Einrichtungen für meist chronisch psychisch kranke Menschen, die niederschwellige tagesstrukturierende und beschäftigungs- genauso wie arbeitstherapeutische Angebote machen. Die Angebote zielen auf die soziale Rehabilitation, Stabilisierung oder Besserung des Gesundheitszustandes. Tagesstätten mit einem Fokus auf künstlerische Angebote bieten den Adressat*innen, die sowohl künstlerische Interessen haben als auch psychisch erkrankt sind, häufig eine Auswahl an Angeboten aus unterschiedlichen Künsten an, z. B. die Möglichkeit an einer Theatergruppe teilzunehmen oder im Atelierbereich bildnerisch zu gestalten oder sie fokussieren sich auf eine Kunstsparte wie die Bildende Kunst. Diese Angebote müssen, um die Leistungen nach der Eingliederungshilfe nach SGB IX zu erhalten, genauso wie in einer ‚normalen' Tagesstätte regelmäßig besucht werden und geben den Adressat*innen eine sinnvolle Tagesstruktur. Die Angebote können ein sehr breites Spektrum umfassen, das von Zeichenkursen, plastischem Gestalten, Maskenbau, textilem Gestalten, Upcycling bis zur Schmuckgestaltung reicht. Gemeinsame Ausstellungsbesuche können das Programm ebenfalls ergänzen. Den Künsten wird dabei eine grundsätzlich heilsame Wirkung zugeschrieben, ohne dass es sich bei den künstlerischen Angeboten der Tagesstätte grundsätzlich um Therapieangebote handeln würde. Teilweise wechseln sich künstlerisch-bildende und kunsttherapeutische Angebote in der Tagesstätte ab. Die künstlerischen Angebote leisten Hilfe zur Selbsthilfe im Sinne des *Empowerments*. Sie führen häufig zu einer Stabilisierung der gesundheitlichen Situation, lassen aber auch neue Ressourcen für das alltägliche Leben entdecken und Vertrauen in die eigene Gestaltungskraft und Gestaltungsfähigkeit entwickeln. Zudem wirken sie der sozialen Isolation entgegen und fördern den Austausch mit anderen in einer ähnlichen Lebenslage.

Im Bereich der Behindertenhilfe gibt es Werkstätten für Künstler*innen mit einer kognitiven Beeinträchtigung, die begleitete Atelierplätze für diese Künstler*innen bieten, Ausstellungen für und mit diesen organisieren sowie Öffentlichkeitsarbeit für sie betreiben. Die Ateliergemeinschaft unterstützt die Einzelnen in ihrer künstlerischen und persönlichen Entwicklung.

Empfohlene Literatur:

Dorner, Birgit (2004): Bildende Kunst, in: Jutta Jäger/Ralf Kuckhermann (Hrsg.): *Ästhetische Praxis in der Sozialen Arbeit: Wahrnehmung, Gestaltung und Kommunikation*, Weinheim: Juventa-Verlag, S. 83–102.

Niederreiter, Lisa (2021): *Kunst, Bildung und Bewältigung: Kunsttherapie in pädagogischer und psychosozialer Praxis*, Stuttgart: Verlag W. Kohlhammer.

9 Das Gestalten und das künstlerische Material

Zusammenfassung

Dieses Kapitel beleuchtet das freie künstlerische Gestalten genauso wie das produktorientierte Werken. Es werden der Verlauf von gestalterischen Prozessen, die Bedeutung des Materials im künstlerischen Prozess dargestellt genauso wie die Potenziale des Gestaltens zur ganzheitlichen Förderung von Adressat*innen in der Sozialen Arbeit. Der Einsatz digitaler Medien im bildnerischen Prozess wird ebenso fokussiert wie der Einsatz von gestalterischen Methoden in der Biografiearbeit und das künstlerische Forschen als didaktische Methode.

Kunstpädagogische Handlungsformen können unterschieden werden in Gestalten, Betrachten und Präsentieren. In diesem Kapitel wird die Handlungsform des Gestaltens in den Blick genommen und es werden die Potenziale von gestalterischen Prozessen im Hinblick auf Selbstausdruck sowie auf die vielfältige Kompetenzförderung in kunstpädagogischen Angeboten in der Praxis der Sozialen Arbeit erläutert.

9.1 Das Gestalten

Gestaltung ist ästhetische Produktion. Durch das Gestalten mit bildnerischen Mitteln können wir neue Ausdrucksmöglichkeiten finden für Dinge, die uns beschäftigen, die uns anrühren, mit denen wir uns auseinandersetzen. Ein zentrales Element in der kunstpädagogischen Praxis in der Sozialen Arbeit ist die Förderung des kreativen Schaffens, des gestalterischen Selbstausdrucks der Teilnehmenden und die Anregung ästhetisch-gestalterischer Prozesse.

Im Rahmen der Sozialen Arbeit strebt die kunstpädagogische Praxis danach, ein optimales Niveau an Eigeninitiative und Selbststeuerung bei ihren Zielgruppen zu erreichen. Indem räumliche, materielle und personelle Bedingungen für das Gestalten geschaffen werden, wird es den Beteiligten ermöglicht, selbstständig ästhetische Aktivitäten zu entwickeln und in einen selbstgeleiteten ästhetisch-gestalterischen Prozess einzusteigen. Dies impliziert, dass für die jeweilige Zielgruppe ein Höchstmaß an gestalterischer Freiheit gewährleistet wird, die förderlich ist, also ohne dass diese Freiheit Angst macht oder zu Orientierungslosigkeit führt. Das bedeutet auch, dass trotz eines Inputs vonseiten der Vermittelnden der ästhetische Prozess in Bezug auf das Ergebnis, den Inhalt, das Material und den Prozess selbst so offen wie möglich für eigene Interpretationen und Konkretisierungen bleibt.

In ästhetisch-kreativen Prozessen werden eine ganze Reihe von Erfahrungen angestoßen. Gestalten beinhaltet, sich selbst ein Bild machen von etwas bzw. von uns selbst. So setzen wir uns im Gestalten auch mit unseren Erfahrungen, mit Ereignissen unseres Lebens auseinander. Das kann bewusst von den Vermittelnden eingeleitet werden, wie wir noch im Kapitel 9.7 zur kreativen Biografiearbeit sehen werden, es passiert während des gestalterischen Prozesses aber sehr häufig unwillkürlich. Eine Farbe, eine Form löst Assoziationen und Erinnerungen aus, die uns über diese während des Gestaltens reflektieren lässt und womöglich auch das, was gestaltet wird, beeinflusst und/oder verändert.

Gestalten ist eine ganzheitliche Erfahrung, die das aktive Erforschen und Reflektieren durch mehrere Sinne einschließt, aber auch ein Begreifen durch direktes Handanlegen an ein Thema und die spürbare Auseinandersetzung damit, wie beispielsweise Aspekte der eigenen Biografie. Es ist als ein intrapersonaler-ganzheitlicher Aktivitätsmodus unter Mitbeteiligung sinnlich-geistiger Persönlichkeitsdimensionen.

Gestalten regt zum Experimentieren an und fördert eine spielerische Haltung genauso wie den produktiven Umgang mit dem Zufall und damit die kreativen Fähigkeiten. Durch unbeabsichtigte Bewegungen oder durch eigenwilliges Verhalten des Materials kann es notwendig werden, Aspekte, die zunächst als Missgeschick oder Fehler gesehen werden, produktiv ins Werk zu integrieren und sie damit zum Positiven zu wenden. Solche Prozesse können auch den Umgang mit Fehlern im Alltag verändern helfen, die Resilienz stärken, also die Fähigkeit, mit widrigen Lebensumständen konstruktiv umgehen zu können, und die psychische Widerstandskraft.

9.1.1 Einstieg in den gestalterischen Prozess

Für einen gelingenden Einstieg in einen gestalterischen Prozess müssen vonseiten der Vermittelnden Voraussetzungen für die ästhetische Eigentätigkeit der Adressat*innen geschaffen werden – durch das didaktische Herangehen, aber auch durch die räumlich-atmosphärische Gestaltung des Settings. Nach einer Hinführung zur Gestaltungsaufgabe, die ganz unterschiedlich sein kann, kann bisweilen auch einfach nur das bereitgestellte Material und eine Einführung in den Umgang damit ausreichen, um zum eigenen Experimentieren anzuregen. Ebenso kann eine Wahrnehmungs- oder Spürübung, ein Spiel, eine thematische oder visuelle Anregung, der Ausgangspunkt für das gestalterische Arbeiten sein. Die Teilnehmenden können durch eine kurze Geschichte oder durch Musikstücke zu eigenen Imaginationen geführt werden, die dann gestalterisch umgesetzt werden.

Nach einem anregenden Input folgt der Einstieg in den selbstgeleiteten ästhetischen Prozess. Dies kann durch eine anfangs spielerische, experimentelle Phase oder durch eine zielgerichtete Umsetzung von Vorstellungen, Ideen sowie Ausdrucks- und Darstellungszielen basierend auf dem Input und der Kommunikation darüber mit sich selbst oder anderen in der Gruppe beginnen. Der gestalterische Prozess soll im Idealfall so weit wie möglich selbstgesteuert verlaufen, denn so können die eigenen kreativen Fähigkeiten und das eigene Gestaltungsvermögen am besten erlebt werden. Die Vermittelnden stehen als Prozessbegleitende jederzeit zur Verfügung und können dann Hilfe geben, wenn gestalterische Probleme auftreten, die die Teilnehmenden nicht alleine lösen können. Das positive Erlebnis eigener kreativer Fähigkeiten während des Gestaltungsprozesses kann dazu beitragen, das Vertrauen in die eigene Handlungsfähigkeit, das möglicherweise verloren gegangen ist oder wenig entwickelt wurde, (wieder-)herzustellen. Durch das entstehende gestalterische Produkt wird auch Selbstwirksamkeit erfahren. Gelingt das Produkt, trägt es auch dazu bei, das Selbstwertgefühl zu steigern. „Dort, wo Menschen diese Erfahrungen von Selbstwert und aktiver Gestaltungskraft sammeln können, vollziehen sich mutmachende Prozesse einer Stärkung von Eigenmacht“ (Herriger 2014: 20). So können durch das Gestalten auch Ressourcen aktiviert werden.

9.1.2 Der ästhetisch-gestalterische Prozess

Ästhetisch-gestalterische Prozesse zeichnen sich oft durch ein Nachdenken aus verschiedenen Perspektiven unter Einbeziehung der sinnlichen und leiblichen Ebene aus, besonders im Rahmen des kreativen Prozesses selbst, der oft intensive Phasen des Selbstdialogs beinhaltet. Gestalten ist Selbstausdruck, persönliche Themen und Erfahrungen werden durch Ausdrucksformen und Bewegungsmuster sowie durch Inhalte integriert. So entsteht Form als verdichteter Ausdruck von Erfahrung. Gleichzeitig finden durch die Kommunikation mit sich selbst, mit und über das Werk, Prozesse der Selbstklärung statt, die zu einem vertieften Selbstverständnis führen.

Im gestalterischen Prozess ändert sich auch bisweilen das ursprüngliche Thema, es wird modifiziert. „Im ästhetischen Prozess erarbeitet, ‚erhandelt‘ sich die Person ihr Thema, indem sie [...]mit sich selbst mehrdimensional und ganzheitlich (auf sinnlich-emotionalen-kognitiven Ebenen) kommuniziert.“ (Richter-Reichenbach 1996: 114) So führt Gestalten auf der kognitiven Ebene zu mehr Flexibilität.

Gestalten ermöglicht das Arbeiten mit und an den eigenen inneren Bildern und Vorstellungen. Durch diesen Prozess erlangen wir ein Bewusstsein für unser bildliches Denken und können es als eine eigenständige Form der Kognition erkennen. Bildliches Denken, das der Sprache vorgelagert ist, stellt entwicklungspsychologisch eine der ältesten Formen der Erkenntnis dar und bietet dadurch einen unmittelbareren Zugang zu Erfahrungen und Erlebnissen aus der frühen Kindheit, indem es eine ‚entwicklungspsychologisch uralte Verbindung‘ aus der Zeit vor der Sprachentwicklung nutzt. Indem wir diesen inneren Bildern in gestalteten Bildern Ausdruck verleihen, schaffen wir für uns selbst auch eine weitere Möglichkeit der Reflexion. Sie sind nun visuell wahrnehmbar, erscheinen nicht nur in unserer inneren Vorstellung. Durch die visuell gestaltete Form lassen sich womöglich auch ganz neue Aspekte dieser Bilder entdecken.

Ästhetische Praxis basiert immer auf Möglichkeitsdenken, auf Phantasie und Probehandeln. Im ästhetischen Prozess können mittels der Phantasie Imaginationen, Variationen von Wirklichkeit entstehen und Gestalt finden.

> „In einem freien, dynamischen Zusammenspiel mit dem Verstand werden über den gesamten Produktionsprozess hinweg Vorstellungen, Ideen, Sinn- und Bedeutungsgebungen entwickelt, bewusst und zielgerichtet wie teilbewusst-spontan Ausdrucks-, Darstellungs- und Strukturierungsentscheidungen getroffen und zu einem vieldeutigen Ganzen geformt. Ästhetische Produkte basieren so also auf selbstgeleiteter Hervorbringung und Regelgebung.“ (Richter-Reichenbach 1992: 89f.)

Wir haben die Freiheit, unterschiedliche Optionen zur Veränderung der Realität durch das Gestalten zu testen, ohne die Notwendigkeit, die konzipierte Realität tatsächlich so erleben zu müssen. Manches kann vielleicht tatsächlich in die Realität überführt werden. Dieser Prozess des Experimentierens und Ausprobierens kann perspektivisch unsere Sichtweise auf die Gestaltung der zukünftigen Realität transformieren.

> „In den Bewegungen des Gestaltens werden Erfahrungen gesichert und gleichzeitig neue entworfen. Der Gestaltende überrascht sich, während das Geformte unter der Hand entsteht, keineswegs nur durch ‚Wiedergaben', sondern auch durch Vorgriffe auf Neues, noch nicht Bearbeitetes. Die Arbeit des Gestaltens führt nicht bloß in ein Erinnern und Sichern, sondern auch in ein Vorstellen und Wünschen." (Selle 1993: 33)

Wie schon an verschiedenen Stellen erwähnt, ist künstlerisches Gestalten zum einen an die sinnliche und leibliche Wahrnehmung gebunden, zum anderen aber auch an die Verstandestätigkeit. Dies bedeutet allerdings nicht, dass, um ausdrucksvoll gestalten zu können, eine hohe Intelligenz vonnöten wäre. Auch Menschen mit intellektuellen Beeinträchtigungen können gestalterisch tätig sein und schaffen oft eindrucksvolle Bilder.

Gestalten aktiviert andere Bereiche des Gehirns als jene, die für die sprachliche Kommunikation verantwortlich sind. Aus diesem Grund ermöglicht künstlerisches Schaffen eine Form des Selbstausdrucks auch dann, wenn die für die Sprache zuständigen Gehirnareale beeinträchtigt oder gestört sind. Somit erweitert das Gestalten die Palette unserer Ausdrucksmöglichkeiten und bietet uns die Möglichkeit, uns in einer zusätzlichen ‚Sprache' zu artikulieren.

Dadurch, dass die bildnerischen Ausdruckskanäle mit unserem Leibgedächtnis, also den erinnerten leiblichen Wahrnehmungen, mit gespeicherten emotionalen Bewertungen von Sinneserfahrungen, mit ästhetischen Erfahrungen kooperieren, fällt vielen Menschen der Ausdruck von Emotionen, Gefühlen und atmosphärischen Erinnerungen durch den ästhetisch-gestalterischen Ausdruck wie das bildnerische Gestalten, aber auch das Musizieren, Tanzen, Theaterspielen leichter als über die gesprochene Sprache.

In gestalterischen Prozessen werden Emotionen und Gedanken nicht nur visualisiert, sondern auch direkt geformt und erhalten eine dauerhafte Form. Diese ästhetische Transformation von einer rein inneren Erfahrung zu einer äußerlich wahrnehmbaren Form macht Emotionen, Ideen und Gedanken für eine weitergehende Reflexion und Verarbeitung zugänglich. Durch die bildliche Form ist es möglich, sie aus einer gewissen Entfernung, aus verschiedenen Perspektiven und Blickwinkeln zu analysieren. Eine Kommunikation mit anderen und mit sich selbst, mit den Bildern und über sie wird dadurch ermöglicht.

Gestalten ist aber ebenso die Arbeit mit dem eigenen Körper, der auf diese Tätigkeit vorbereitet und dessen Wahrnehmung für innere und äußere Eindrücke sensibilisiert werden muss. Es gilt also, in Vorbereitung auf den ästhetischen Prozess den Körper ‚aufzuwärmen' und die Sinneswahrnehmung zu stimulieren, denn Kreativität benötigt eine Vielfalt an Materialien: körperliche und sinnliche Eindrücke, Bilder, Gedanken, Erfahrungen sowie Erinnerungen. Die Kunstpädagogik nutzt hierfür eine Reihe von Methoden zur Sensibilisierung der Wahrnehmung, die jedoch nicht nur als Vorbereitung auf einen spezifischen ästhetischen Prozess zu verstehen sind. Vielmehr haben diese Methoden langfristige und weitreichende Auswirkungen: Sie fördern das Bewusstsein für die eigene Wahrnehmung, die angewandten Wahrnehmungsstrategien sowie für das eigene Sinnesgedächtnis. Durch eine sensibilisierte Wahrnehmung werden wir uns selbst bewusster. Eine geschärfte Wahrnehmung der Welt bildet die Grundlage für jede Form der kreativen Veränderung der Realität, welche wiederum ein zentrales Ziel der Sozialen Arbeit darstellt.

Durch das Gestalten und den Einsatz von gestalterischen Techniken werden aber auch motorische Kompetenzen geschult, wir erlangen Fingerfertigkeit und erweiterte motorische Kontrolle. Das führt zudem zu einem gesteigerten Kompetenzerleben und lässt uns kulturelle Teilhabe leiblich erfahren.

9.1.3 Gesundheitsförderliche Aspekte des gestalterischen Prozesses

Gestalten wirkt im Sinne der Salutogenese auf vielfältige Aspekte von Gesundheit und ist förderlich zur Gesunderhaltung. Im Rahmen des Gestaltens und der dabei stattfindenden ästhetischen Prozesse erleben die Schaffenden eine Form der Entlastung, können Stress abbauen und so zu Momenten des Glücks gelangen. Die Kunsttherapie bezeichnet dies als den ‚kathartischen Effekt' (vgl. Dorner 2004: 90) der bildnerischen Arbeit, sie sieht in ihr ein pädagogisch-therapeutisches Instrument zur ‚Selbstheilung' und setzt gestalterische Prozesse daher bei unterschiedlichen psychischen Belastungen an. Üblicherweise werden dazu offene, ergebnisoffene, experimentelle kreative Aktivitäten angeboten. Besonders Prozesse, die spielerische, meditative oder bewegungsorientierte Elemente beinhalten, werden oft als beruhigend und spannungslösend wahrgenommen. Der kathartische Effekt des ästhetischen Schaffens kann aber genauso in allen Feldern des kunst- und sozialpädagogischen Arbeitens genutzt werden. Gestalten kann somit einen Beitrag leisten zur Stress- und Lebensbewältigung. Durch die Aktivierung von Selbstheilungskräften im ästhetischen Prozess, wie z. B. durch die ganzheitliche Erweiterung von Kommunikations- und Handlungskompetenzen, können jedoch zunächst alte, verdrängte Wunden aufgedeckt werden, was manchmal schmerzhaft sein kann.

Gestalten bedeutet auch, die eigenen Grenzen zu erfahren – sei es in Bezug auf die Ausdrucksmöglichkeiten oder die gestalterischen Fähigkeiten im Umgang mit dem Material. Grenzen können aber auch kreativ machen, sie fordern gestaltendes Problemlösungsverhalten und innovatives Handeln.

Ein weiteres heilsames Moment von gestalterischen, kreativen Prozessen ist das *Flow-Erleben*. Das Konzept des *Flow-Erlebens*, geprägt durch den Psychologen Mihaly Csikszentmihalyi (2019), beschreibt einen Zustand absoluter Vertiefung, der Selbstvergessenheit und völligem Aufgehen in einer Tätigkeit, bei dem Individuen ein besonderes Erleben der eigenen Tätigkeit und Konzentration erfahren. *Flow* charakterisiert sich durch eine fokussierte Aufmerksamkeit, eine gesteigerte Kontrolle über die Handlung und ein Gefühl, dass die Zeit entweder verlangsamt oder beschleunigt vergeht. Csikszentmihalyi identifiziert mehrere Bedingungen für das Auftreten von *Flow*, darunter das Vorhandensein klarer Ziele und unmittelbares Feedback zu den eigenen Handlungen – sei es auch einfach auf der leiblichen Ebene durch das bearbeitete Material sowie durch eine Balance zwischen den wahrgenommenen Anforderungen der Tätigkeit und den eigenen Fähigkeiten. Forschungen im Bereich der Psychologie zeigen, dass häufiges *Flow-Erleben* mit langfristig erhöhtem Wohlbefinden, gesteigerter Leistungsfähigkeit und Kreativität verbunden ist (vgl. Pfeifer 2017: 18). Es wird angenommen, dass *Flow* in verschiedenen Kontexten wie Arbeit, Lernen, Sport und besonders auch im künstlerischen Gestalten auftreten kann, was seine Bedeutung als universelles Konzept für die Förderung von Engagement und Zufriedenheit in diversen Lebensbereichen unterstreicht.

Durch solche Erfahrungen von Glücksmomenten im Gestalten, genauso aber durch die zuvor beschriebenen, sich im Gestalten eröffnenden Möglichkeitsräume und das Erleben von Selbsttätigsein wird auch die Resilienz der Adressat*innen gefördert. Meis/Mies nennen die Resilienzförderung, neben Selbstbildung, Selbstbemächtigung und *Empowerment* sowie das Schaffen von heilsamen Resonanzen als wesentliche Ziele künstlerischen Gestaltens in der Sozialen Arbeit (vgl. Meis/Mies 2018: 40). Die Adressat*innen werden dabei unterstützt, ein gelingenderes Leben zu führen.

9.1.4 Kommunikationsförderung durch Gestalten

Gestalten ist außerdem die Förderung von Kommunikation, die schon erwähnte Selbstkommunikation, aber auch die Kommunikation in der Gruppe, wenn gemeinsam gestaltet wird. Dadurch, dass ‚ein Drittes' im Raum ist – das Gestalten und das entstehende Werk –, auf das ein Teil der Aufmerksamkeit gerichtet ist, öffnen sich viele Menschen während des Gestaltungsprozesses für ein ungezwungenes Gespräch über alles mögliche mit anderen. Dazu muss nicht gemeinsam an einem Werk gearbeitet werden, es kann auch jede Person ihr eigenes Werk verfolgen. Wird gemeinsam an einem Werk gearbeitet, muss sich abgestimmt und über die eingesetzten Formen und Mittel verhandelt werden. Das fördert die sozialen und kommunikativen Kompetenzen.

Ebenso regen Kunstwerke, die in gestalterischen Angeboten entstehen, zum Dialog an, zu einem Austausch über das Geschaffene und damit verbundene Assoziationen. Aufgrund der inhärenten Vieldeutigkeit von Bildern, die wiederum viele visuelle Assoziationen wecken, kann der Austausch über die Interpretationen anderer Personen zu einer erweiterten Selbstwahrnehmung beitragen.

Obwohl Gespräche zur Reflexion des Gestaltungsprozesses und des Gestalteten wichtig sind, darf die Eigenständigkeit des kreativen Prozesses nicht in den Hintergrund treten. Die Bedeutung des produktiven Prozesses wird oft unterschätzt, und die Ergebnisse werden häufig nur als Mittel für den verbalen Austausch genutzt. Dabei ist die ästhetische Produktion eine eigenständige Ausdrucksform jedes Teilnehmenden, die in der Lage ist, emotionale Nuancen und Unterbewusstes zu vermitteln – oft stärker als das reflektierende Wort (vgl. Mann/Schröter/Wangerin 1995: 27).

9.2 Mimesis und Poiesis

Mimesis und *Poeisis* sind zentrale Konzepte in der Ästhetik, die ursprünglich aus der antiken griechischen Philosophie stammen und für das Gestalten ebenso wichtige Prinzipien sind.

Poiesis als Begriff stammt aus dem Griechischen und bedeutet hervorbringen, herstellen, erzeugen und produzieren. *Mimesis* meint die Nachahmung, das Nachmachen oder die Darstellung der Realität in der Kunst. In der griechischen Philosophie wurde der Begriff der *Mimesis* insbesondere von Platon (427/428–348/347 v.Chr.) und Aristoteles (384–322 v.Chr.) diskutiert und interpretiert, wobei beide Philosophen ihm unterschiedliche Bedeutungen und Werte zuschrieben. In Platons Werken, insbesondere in seiner *Politeia* (Der Staat), wird *Mimesis* als künstlerisches Handlungsmuster eher kritisch betrachtet. Platon argumentierte, dass die Kunst nur eine Imitation der physischen Welt sei, welche ihrerseits bereits eine Kopie der idealen, unveränderlichen Formen darstelle. Aus seiner Sicht ist die künstlerische *Mimesis* somit eine Nachahmung einer Nachahmung und steht weit entfernt von der Wahrheit. Er sah in ihr ein Potenzial zur Irreführung und moralischen Verderbtheit, da sie Emotionen hervorrufe und die Menschen von der Vernunft ablenke (vgl. Otto 2013).

Aristoteles, ein Schüler Platons, nimmt in seiner *Poetik* eine deutlich positivere Haltung gegenüber der *Mimesis* ein. Er betrachtet sie als grundlegende menschliche Neigung und als Mittel, durch das Menschen lernen und Einsichten über die Welt gewinnen. Für Aristoteles ist die künstlerische Nachahmung nicht einfach eine Kopie der Realität, sondern eine Möglichkeit, universelle Wahrheiten und menschliche Erfahrungen auf eine Weise darzustellen, die Erkenntnis und kathartische Wirkungen, Wirkungen der Entlastung und Reinigung, beim Publikum erzeugen können. Insbesondere im Kontext der Tragödie sah er in der *Mimesis* ein Instrument zur Reinigung der Emotionen (Katharsis) der Zuschauer (vgl. ebd.). Die Schriften beider Philosophen beeinflussen die Diskussion um *Mimesis* und *Poiesis* bis heute.

In der modernen Ästhetik hat der Begriff *Mimesis* vielfältige Interpretationen und Anwendungen erfahren. Er wird nicht mehr nur im Sinne einer buchstäblichen Nachahmung der Realität verstanden, sondern kann auch die kreative Interpretation, die symbolische Darstellung oder die soziale Konstruktion der Wirklichkeit in der Kunst umfassen.

Mimesis bleibt ein Schlüsselkonzept in der Diskussion über das Wesen und die Funktion der Kunst, über die Beziehung zwischen Kunst und Wirklichkeit sowie über die Art und Weise, wie Kunstwerke Bedeutung und Verständnis für menschliche Erfahrungen schaffen.

> „Dabei ist Mimesis weniger als ein „Nachmachen", eher als ein Nach-Bilden, ein „Sich-in den Gegenstand-Hineinversetzen", also als ein Akt der Annäherung an die Welt zu verstehen. Mimesis und Poiesis verweisen auf die rezeptiven und produktiven Anteile ästhetischer Erkenntnis. Sie sind

> zugleich wichtige Ankerpunkte für den Einsatz ästhetischer Settings in der Sozialen Arbeit.“ (Kuckhermann 2015: 187)

Besonders beim Erlernen bildnerischer genauso wie handwerklicher, aber auch künstlerischer Techniken spielt *Mimesis* im Sinne von Nachahmen eine große Rolle. Techniken können nur schwer erklärt werden, sie müssen im Leibgedächtnis verankert werden, um ‚leicht von der Hand‘ zu gehen. Der Lernprozess ist gekennzeichnet durch ein Vormachen einer kundigen Person, dem Zuschauen und dem Versuch des Nachmachens. Ebenso wichtig ist *Mimesis*, wenn ein möglichst wirklichkeitsgetreues Abbild als Zeichnung, Graphik, Malerei oder Plastik entstehen soll. Dabei wird durch möglichst genaues Hinsehen und durch das geübte gestalterische Handeln Wirklichkeit nachgebildet. Durch Abzeichnen von bewunderten Vorbildern können zudem bildnerische Kompetenzen erworben werden. In der Geschichte der Kunst haben viele Künstler*innen ihr Handwerk durch das Kopieren anderer Kunstwerke gelernt. Auch wenn heute häufig im kunstpädagogischen Kontext das Verwenden von Vorlagen und das Kopieren kritisch gesehen wird, kann ein erfolgreiches Nachahmen auch Glücksgefühle auslösen und das gezielte Verwenden von Vorlagen für bestimmte Teilbereiche einer Gestaltung eine hilfreiche Unterstützung sein. Durch Kombination und Variation der Vorlagen geht *Mimesis* über in *Poiesis*.

Poiesis, das Hervorbringen und Produzieren, wird in der Philosophie auch als eine Form des Übergangs, der Überführung vom Nichtsein zum Sein bezeichnet, wenn „etwas zuvor nicht Anwesendes, also Ungegenwärtiges, in eine Anwesenheit und Gegenwärtigkeit eintritt“ (Kleine-Benne 2022: 1). In der Ästhetik hat der Begriff eine tiefere und spezifischere Bedeutung angenommen und bezieht sich auf den Prozess der kreativen Schöpfung, durch den etwas Neues ins Dasein gebracht wird, das vorher nicht existierte und auch nicht als notwendig erachtet wurde. „Etwas zu schaffen, das nicht als notwendig verstanden werden konnte, bevor es geschaffen wurde; das in seiner Entstehung nicht kausal zu begründen ist, sondern den Zufall als sein Modell zu haben scheint und das schließlich in diesem künstlerischen Akt von *Poiesis* einen Raum der Wahrheit eröffnet.“ (Ebd.: 26)

Poiesis betont den aktiven, schöpferischen Prozess und die Eigenheiten desselben, der etwas hervorbringt, und nicht lediglich eine Imitation oder Reproduktion der bereits existierenden Wirklichkeit ist, charakterisiert also das Schaffen und den Entstehungsvorgang von Kunstwerken aller Art, einschließlich Malerei, Skulptur, Musik und Literatur. Es handelt sich dabei allerdings nicht um ein Schöpfen aus dem Nichts, sondern eher um ein In-Form-Bringen vorher unstrukturierter Materie. *Poiesis* umfasst die Idee der Transformation und der Schaffung von Bedeutung durch künstlerische Arbeit. Während *Mimesis* traditionell mit der Nachahmung oder Darstellung der Realität in der Kunst verbunden ist, hebt *Poiesis* die Fähigkeit der Kunst hervor, zu erschaffen und zu transformieren, Realitäten auf eine Weise zu kreieren, die neue Sichtweisen und Erkenntnisse ermöglicht (vgl. ebd.: 24).

Poiesis kann damit auch in einem weiteren Sinne verstanden werden, um den Prozess des Gestaltens, Werdens und der Transformation zu beschreiben, der über den Bereich der Kunst hinausgeht und der neue Möglichkeitsräume in der Gestaltung von Wirklichkeit eröffnet. *Poiesis* wird zu einem zentralen Begriff für das Verständnis der menschlichen Kreativität, dafür wie Menschen ihre Welt interpretieren und gestalten, sowie der Fähigkeit, durch Handlungen, Sprache und Kunst die Welt zu verändern und zu interpretieren (vgl. ebd.: 23).

9.2.1 Visionen gestalten

Um Welt verändern zu können, braucht es Visionen. Diese entstehen aus einer lebendigen Phantasie und ihre ‚Visualisierungen' sind Ausdruck der schöpferischen Kraft. Sie basieren auf wahrgenommener Realität und haben somit ihren Ursprung in dieser. Visionen führen zu Klarheit und Zielstrebigkeit in Denken und Handeln, wir haben ein Ziel vor Augen, und sie geben uns Orientierung und Motivation. Um wirkmächtig zu sein, müssen Visionen über das rational Planbare hinausgehen. Sie verbinden Vorstellungen und innere Bilder mit positiven Gefühlen, wodurch Sehnsüchte geweckt werden (vgl. Dorner 2009: 218). Dies illustriert der bekannte Spruch nach Antoine de Saint-Exupéry deutlich: „Wenn Du ein Schiff bauen willst, so trommle nicht Männer zusammen, die Holz beschaffen, Werkzeuge vorbereiten, Holz bearbeiten und zusammenfügen, sondern lehre sie die Sehnsucht nach dem weiten, unendlichen Meer." (Spruch nach Saint-Exupéry 2002: 471)

Visionen sind demnach nicht über reines analytisches Denken zu generieren, denn Analyse bedeutet das Zerlegen einer Idee. Visionäres Denken erfordert jedoch einen anderen, assoziativen Prozess. Durch das Zusammenfügen und Verketten von Erfahrungen und Imaginationen entstehen so visionäre Bilder. Einfälle und Szenarien, die aus unserem Fundus von Wahrgenommenem, Erfahrenem, Gefühltem und Wissen entstehen, bilden die Grundlage von visionärem Denken. Diese inneren und äußeren Bilder sprechen unser assoziatives Denken an und können zu einer sprudelnden Quelle der Einbildungskraft werden, die uns in andere Denkräume entführt, in denen Bilder weitere Bilder hervorrufen und daraus möglicherweise echte Visionen entstehen können (vgl. Dorner 2009: 218f.).

Visionen verlangen nach Umsetzung oder zumindest nach Ausdruck. Sie möchten gedanklich mit Handlungen verknüpft werden, damit die entstandenen ‚Bilder' nicht nur innerlich, sondern auch äußerlich Realität werden. „Bilder sehen heißt zuerst, sich beunruhigen lassen, die begriffliche Leere wirken zu lassen und das dadurch erzeugte Begehren produktiv auszuleben." (Georges Didi-Huberman, zitiert in Berg 2004: 433)

Visionen in die Realität umzusetzen ist ein zentrales Thema ästhetischer Praxis, insbesondere in der Sozialen Arbeit. Beim Gestalten wird visionäres Denken in Form gebracht und weiterentwickelt. Ästhetische Bildung und Praxis können neben der Einübung ästhetischer Aktivitäten und Handlungen vor allem durch die Schulung der Wahrnehmung, besonders der Wahrnehmung des Anderen, eine Grundlage für visionäre Veränderungen der Realität schaffen.

9.3 Design und Werken

Kunstpädagogische Arbeit umfasst zum einen die Anleitung zum freien künstlerischen Gestalten, zum anderen aber auch die Hinführung zu den Gebrauchskünsten, dem Produktdesign und dem Werken. Das umfasst u.a. das textile Gestalten, Schreinerarbeiten aus Holz, das Herstellen von Gebrauchskeramik, Metallarbeiten, Mosaik- und Schmuckherstellung genauso wie das Upcycling von scheinbar wertlosen Abfallgegenständen. Werken muss nicht als grundsätzlicher Gegensatz zum freien künstlerischen Gestalten gesehen werden, sondern ist auch der Erwerb handwerklicher Grundlagen auf dem Weg zum künstlerischen Ausdruck.

In den letzten Jahren hat eine starke DIY-Bewegung (Do-it-yourself) eine erhöhte Wertschätzung und Aufmerksamkeit in vielen gesellschaftlichen Milieus für das von Hand Geschaffene entstehen lassen. Vor dem Hintergrund einer digitalisierten Lebenswirklichkeit und vielen vorgefertigten Produktwelten werden reale sinnliche Erfahrungen für viele Menschen zunehmend immer wichtiger, die gerade in Prozessen des Werkens gemacht werden können. Mit dem Selbermachen bzw. Selberschaffen ist häufig auch der Wunsch nach gesellschaftlichen Veränderungsprozessen verbunden, was sich u.a. in Repair-Cafés und Maker-Spaces manifestiert. So etablierten sich auch eine Vielzahl von DIY- und Werkprojekte in der Sozialen Arbeit.

Beim Werken werden Kompetenzen zur Entwicklung eines Werkstücks, eines Produktdesigns aus der Vorstellung bis zur Realisierung auf Grundlage technischer Verfahren erworben. Werken fördert unterschiedliche Dimensionen von Bildung und leistet damit einen Beitrag zur ganzheitlichen Entwicklung von Lernenden. Werken ist das Entwerfen und das handwerkliche wie kreative Arbeiten mit verschiedenen Materialien, um ein gebrauchsfähiges und/oder dekoratives Produkt herzustellen, also „eine entwerfende, ästhetische, gestalterische (Design) und zugleich […] eine technische, konstruierende, funktionale (Technik) Auseinandersetzung“ (Gfüllner 2015: 79). Werken grenzt sich sowohl vom regelhaften Handwerk, auch wenn es auf dieses vorbereiten kann, da Werken keine professionelle berufliche Tätigkeit ist, als auch von bloßer Bastelei ab (vgl. ebd.: 78). Diese Tätigkeit, die sowohl in der formalen Bildung in Schulen als auch in außerschulischen, informellen Lernumgebungen wie in der Sozialen Arbeit Einsatz findet, fördert nicht nur technische Fähigkeiten, sondern auch kreative, kognitive und soziale Kompetenzen.

Das Werken erfordert ein hohes Maß an Kreativität und Innovationsfähigkeit, wenn eigene Ideen für das zu Gestaltende entwickelt und umgesetzt werden. Werken fördert zunächst einmal motorische Fähigkeiten und die motorische Intelligenz, also den Erkenntnisgewinn durch das Zusammenspiel von Kopf und Hand, wie diese durch neurobiologische Forschung begründet wird (vgl. Bering et al. 2022: 527f.). Werktechniken werden über mimetische Lernprozesse durch das Zuschauen und Nachmachen bzw. das Selbermachen angeeignet. Durch das praktische Arbeiten mit Werkzeugen erwerben die Teilnehmenden wichtige technische Fähigkeiten und gleichzeitig muss der richtige Umgang mit den eigenen Händen sowie dem richtigen Werkzeug gelernt und verinnerlicht werden.

> "The Craftsman explores these dimensions of skill, commitment, and judgment in a particular way. It focuses on the intimate connection between hand and head. Every good craftsman conducts a dialogue between concrete practices and thinking; this dialogue evolves into sustaining habits, and these habits establish a rhythm between problem solving and problem finding." (Sennett 2008: 9)

Diese Fertigkeiten, die der Soziologe und Kulturwissenschaftler Richard Sennett in Bezug auf den Handwerker formuliert und die genauso beim Werken erworben werden können, sind nicht nur für berufliche Karrieren von Bedeutung, sondern fördern auch die Selbstwirksamkeit und Unabhängigkeit der Individuen.

Ein weiterer Aspekt des Lernens über die Hände ist ein Verständnis für das jeweilige Material, seine Potenziale und Grenzen. Dies kann nur durch eine Schulung der Wahrnehmung, sowohl der visuellen als auch der haptischen wie leiblichen, im Tun und eine Aufmerksamkeit für das Material geschehen. Dabei wird ein konstruktiver Umgang mit den jeweiligen Materialeigenschaften erlernt und geübt (vgl. Gfüllner 2015: 99).

Die Ziele des Werkens bestehen nicht nur darin, den ‚richtigen' Umgang mit Werkzeugen und Materialien zu fördern, sondern auch personale und soziale Kompetenzen. Im Werkprozess müssen Widerstände überwunden und Lösungswege gefunden werden, dabei werden kognitive und emotionale Flexibilität geschult. Erfolg stellt sich erst nach intensiver und genauer Arbeit sowie durch ein gewisses Maß an Übung ein, wodurch Ausdauer und Selbstmotivation gefordert sind. Insgesamt handelt es sich bei jedem Werkprozess um einen ganzheitlichen Lernprozess, der die verschiedenen Sinne auf vielfältige Weise anspricht und auf ein bewusstes Wahrnehmen abzielt, und gleichzeitig werden Kompetenzen zur Lebensbewältigung erworben (vgl. ebd.: 4f.). Durch die Förderung von Kreativität, Problemlösungskompetenzen, technischen Fähigkeiten, sozialen Kompetenzen und emotionaler Gesundheit leistet das Werken einen wichtigen Beitrag zur ganzheitlichen Entwicklung von Individuen. Nach einem erfolgreich verlaufenden Werkprozess und dabei bewältigten Problemen kommt es zu der beglückenden Selbstwirksamkeitserfahrung, dass sich die eigene Anstrengung gelohnt hat.

In der Sozialen Arbeit wird Werken mit unterschiedlichen Zielen und zur Unterstützung von verschiedenen Bewältigungsaufgaben eingesetzt, u.a. zur Förderung von Tagesstruktur, Erweiterung der Konzentrationsfähigkeit, zum motorischen Training und zu vertieften Selbstwirksamkeitserfahrungen. Wichtig ist eine Ausrichtung des Werkangebots an den Interessen der Teilnehmenden, denn: „Wesentliche Triebfeder eines Werkprozesses sind Interessen und Bedürfnisse, die in und durch Werkarbeit aufgegriffen werden." (Gfüllner 2015: 141)

Gruppenprojekte im Bereich des Werkens bieten eine Plattform für soziale Interaktionen, die Entwicklung von Teamfähigkeit und generell zur Stärkung sozialer Kompetenzen. Die Notwendigkeit, gemeinsam Lösungen zu finden und Aufgaben zu verteilen, stärkt kommunikative Fähigkeiten und Empathie. Gleichzeitig findet besonders im Austausch mit anderen auch eine Auseinandersetzung über den eigenen Geschmack, die Vorstellung von Schönheit und gutem Design statt, es wird die eigene ästhetische Urteilsfähigkeit (im Sinne der Urteilsästhetik) erweitert. Durch die Umsetzung eigener Entwürfe ist Werken auch Arbeit an der eigenen Identität und Persönlichkeit, am eigenen Stil (vgl. ebd.).

Die Beschäftigung mit handwerklichen Tätigkeiten kann stressreduzierend wirken und zur emotionalen Ausgeglichenheit beitragen und damit die emotionale und psychische Gesundheit fördern. Die Konzentration auf eine gestalterische Aufgabe ermöglicht es, von Alltagssorgen abzulenken und fördert das psychische Wohlbefinden.

Beispiel

Upcycling und Pappmöbelbau
Die jugendlichen Bewohner*innen einer Einrichtung für junge, minderjährige Geflüchtete äußern das Bedürfnis, ihre Zimmer individueller gestalten zu wollen. Da die Einrichtung dafür wenig Budget hat, schlagen die betreuenden Sozialpädagog*innen den Jugendlichen vor, Möbel und Einrichtungsgegenstände wie Lampen aus Abfallmaterialien und Pappe zu bauen. Gleichzeitig soll mit dem mehrtägigen Projekt auch die Wertschätzung für scheinbar Wertloses gefördert und ein Beitrag zur Bildung für nachhaltige Entwicklung geleistet werden.
In einem ersten Schritt werden gemeinsam mit den Jugendlichen auf Wertstoffhöfen Materialien gesammelt, darunter auch alte beschädigte Möbel, aber besonders auch viel stabile Pappe und Holzreste. In verschiedenen Stoffgeschäften wird nach Resten oder Material, das entsorgt werden soll, gefragt.
Als Einstiegsübung, um ein Gefühl für das Material Pappe zu entwickeln, werden kleine Wandregale gebaut. Wer möchte, kann diese mit Sprühlack farbig gestalten. Die Jugendlichen lernen dabei Verbindungs- und Falttechniken kennen, um stabile Möbelstücke herzustellen. In den weiteren Einheiten werden Hocker aus Pappe gestaltet und Sitzkissen für diese genäht und ein großer Raumteiler für den Gemeinschaftsraum entsteht.
Die alten Möbel werden unter Anleitung eines extra für diese Einheit hinzugezogenen Schreiners instand gesetzt und anschließend farbig gestaltet. Ebenso werden aus unterschiedlichen Fundstücken Lampenschirme kreiert.
Der Prozess verläuft nicht ohne Schwierigkeiten, manches will nicht gelingen. Gemeinsam mit den betreuenden Handwerker*innen und Sozialpädagog*innen muss nach neuen Lösungen gesucht werden. Nicht immer reichen Geduld und Frustrationstoleranz, die Fertigstellung muss vertagt werden. Aber am Ende sind die Jugendlichen sehr stolz auf die entstandenen Produkte und behandeln sie auch über lange Zeit wesentlich pfleglicher als die ‚normalen' Einrichtungsgegenstände. Manch eine/r entdeckt dabei zudem seine/ihre handwerklichen Fähigkeiten. Somit wirkt das Projekt auch im Sinne von Berufsorientierung.

9.4 Das Material

Das bildnerische Schaffen und nicht nur das Werken ist eng mit der Erfahrung und Erkundung von Materialien verbunden. Die Materialien selbst nehmen Teil am Gestaltungsprozess, indem sie geformt werden und gleichzeitig Grenzen setzen. Sie laden zur Berührung ein und berühren uns im Gegenzug leiblich und emotional. Durch die Auswahl spezifischer Materialien lässt sich insbesondere die haptische Wahrnehmung gezielt ansprechen und anregen.

In der Planung von gestalterischen Einheiten genauso wie für die Umsetzung deren methodisch-didaktischer Ziele in der Sozialen Arbeit spielt das zur Verfügung gestellte Material eine wichtige Bedeutung und muss gezielt gewählt werden.

Das künstlerische Material beeinflusst den inneren Dialog beim Gestalten und den gestalterischen Prozess in ganz entscheidendem Maße. Jedes Material hat ganz spezifische Eigenschaften, die die Gestaltenden in ihren Handlungsmöglichkeiten anregen und lenken. Ölfarbe hat ein ganz anderes Verhalten als Acrylfarbe, Ton unterscheidet sich grundlegend von Knete und auch Naturmaterialien, z. B. gefunden vor Ort während eines Land-Art-Projektes, haben ihre jeweiligen ganz spezifischen ästhetischen Eigenschaften. Jedes Material hat einen anderen Aufforderungscharakter, was bedeutet, dass es uns ein bestimmtes Angebot macht, uns zu ganz spezifischem Umgang mit ihm einlädt. Es bietet je andere Möglichkeiten, leistet anderen Widerstand und ist Träger unterschiedlicher kultureller, symbolischer Bedeutungen.

Material muss berührt werden, gespürt, handgreiflich erfasst werden, damit wir seinen Charakter erfahren. Die Bildhauerin Magdalena Abakanowicz beschreibt das so: „Ich berühre etwas und erfahre, wie warm es ist. Ich erfahre, wie rau es ist oder wie glatt. Ob trocken oder feucht. Trocken vor Wärme oder Kälte. Pulsierend oder still. Ob es dem Druck meines Fingers nachgibt oder sich mit seiner Oberfläche wehrt. Wie es wirklich ist. Bevor ich es nicht berührt habe, weiß ich nichts.“ (Kathke 2006: 196)

Beim Spüren des Materials spürt man gleichzeitig sich selbst über die Körperstellen, die Materialkontakt haben. Wenn durch Wahrnehmungsübungen, durch die Anleitung zum Gestalten und während des Gestaltens selbst die Aufmerksamkeit auf das eigenleibliche Spüren gelenkt wird, wird darüber auch die eigene Lebendigkeit spürend wahrgenommen, Spüren wird zur Selbstvergewisserung: „Ich bin, was ich spüre.“ (Keupp 2003: 28) Das (Wieder-)Erlangen von Empfindungsfähigkeit für sich selbst und ein sicheres Gespür für die eigene Identität zu entwickeln, ist eine wichtige Voraussetzung für eine gelungene Lebensbewältigung und Handlungsfähigkeit, und kann durch den bewussten ästhetischen Kontakt mit dem Material gefördert werden.

Bildnerische Materialien haben haptische, visuelle und akustische Qualitäten und ermöglichen in der Materialerkundung ganzheitliche polyästhetische Erfahrungen, also ästhetische Erfahrungen über verschiedene Sinneskanäle gleichzeitig, die eine stark anregende, aktivierende Wirkung haben können (vgl. Ströter-Bender/Peez 1998: 12). Die Erkundung von Materialien ist zugleich eine Form der Selbsterkundung, die bereits eine Ahnung vom kreativen Prozess vermittelt. Das bewusste Erleben des Materials, das man betrachtet, in den Händen hält und bearbeitet, eröffnet nicht nur die Wahrnehmung ästhetischer Eigenschaften, sondern auch ein bewusstes Erleben von Nähe oder Distanz zu einem Material, das durch die eigene Lebensgeschichte eine spezifische Bedeutung hat. Die objektiven Eigenschaften des Materials wecken sinnliche, subjektive Assoziationen. Kulturelle Bedeutungen von

Materialien, denen wir sonst vielleicht keine Beachtung schenken, und das persönliche Berührtsein durch das Material, das mit unserer Lebensgeschichte verknüpft ist, werden zu Entdeckungen oder Einsichten einer gezielten Forschungsarbeit beim Erkunden des Materials. Dabei entdeckt man auch seine eigene achtsame Interaktion mit der materiellen Welt. Dies kann als eine grundlegende, sinnlich-verständige Haltung von Künstler*innen angesehen werden, die eine besondere Geduld im Umgang mit dem Material aufbringen, in dem sie sich selbst wiederfinden, das Resonanz bei ihnen erzeugt und mit dem sie sich ausdrücken (vgl. Selle 1993: 48).

Mit ihren spezifischen Aufforderungscharakteren geben Materialien auch wichtige Impulse zur Gestaltung (vgl. Ströter-Bender/Peez 1998: 5). Das Material antwortet auf unsere spielerischen Erkundungen mit Transformationen, die uns staunen lassen und unsere Neugierde genauso wie unsere Experimentierfreude anstacheln können, mit anderen Worten, das freie, absichtslose Spiel mit dem Material regt unsere Kreativität an. Hood und Kraehe sprechen hier auch von „vitalities of matter and agency of things“, also von der aktiven Antwort des Materials, seiner Mitgestaltungskraft (Hood/Kraehe 2017: 33).

> „Mit ‚Vitalität‘ meine ich die Fähigkeit von Dingen – etwa von essbaren Gegenständen, Waren, Stürmen, Metallen –, den Willen und die Vorhaben von Menschen nicht nur zu behindern und zu blockieren, sondern darüber hinaus auch als Quasi-Aktanten [Mitspielende; B. D.] oder Kräfte mit eigenen Entwicklungsverläufen, Neigungen oder Tendenzen zu wirken.“ (Bennett 2020: 8)

Die Arbeit mit dem Material, das Bearbeiten von Material ist ein Denken mit den Händen und ein leibliches Lernen durch das Tun. Huber (2006) bezeichnet daher die Hand als das wichtigste Erkenntnisorgan in der Bildenden Kunst. Schon vor ihm hat der Kunsthistoriker Erwin Panofsky (1892–1968) die Hand als ein Organ des Denkens bezeichnet, das über bloße motorische Fähigkeiten hinausgeht. Der Anthropologe André Leroi-Gourhan (1911–1986) wies außerdem darauf hin, dass die Unfähigkeit, mit den Händen zu denken, den Verlust eines Teils des normalen und in der Entwicklungsgeschichte des Menschen verankerten Denkvermögens bedeute. Doch die Hand ist mehr als ein bloßes Werkzeug der Erkenntnis; sie ist ein zutiefst poetisches Primärinstrument des Menschen. Durch sie werden ästhetische und poetische Prozesse als *Poiesis* realisiert – als ein aktives Wirken, das den Einsatz von Materialien, Techniken und Werkzeugen umfasst. Die Hand ermöglicht nicht nur ästhetische Reflexion, sondern auch künstlerische Praxis. Über die Arbeit, das Gestalten mit Händen können auch blinde und sehbehinderte Menschen bei der Wahl von geeigneten Materialien gut an bildnerischen Angeboten teilhaben und haben Sehenden, was das Gespür für das Material betrifft, häufig einiges voraus. Künstlerinnen und Künstler entwickeln durch die Interaktion mit Materialien und Werkzeugen eine spezielle Fähigkeit zum „Denken mit den Händen“, erlangen umfassendes prozedurales und praktisches Wissen, welches die Hände durch Berührung speichern – ein Wissen, das in der Berührung, im „Touch“, verankert ist (Dorner 2023: 478).

Während des Gestaltens entsteht damit eine innere Kommunikation mit einem externen ‚Partner', das entstehende Werk verleiht dieser Kommunikation und der aus ihr entstehenden Ideen Ausdruck, lässt sie Gestalt annehmen. Im Verlauf des Gestaltungsprozesses, dieser Gestaltungs- und Ausdrucksarbeit, werden sie entwickelt, geformt, verändert, verwirklicht.

9.4.1 Künstlerische Materialien

Dieses Buch bietet nicht den Rahmen für eine umfassende Einführung in künstlerische Materialien und ihre Handhabung, so sei nur auf einige wichtige Aspekte hingewiesen.

Professionelle künstlerische Materialien können die Zufriedenheit der Teilnehmenden mit dem eigenen Produkt erhöhen, beispielsweise Farben, die beim Trocknen ihre Farbbrillanz nicht verlieren im Gegensatz zu herkömmlichen Schulmalfarben. Ebenso erhöht professionelles Werkzeug, wie z. B. hochwertige Druckwalzen, die Qualität des Ergebnisses. Unbekannte Künstlermaterialien können zudem Neugierde wecken und die Lust am Ausprobieren stimulieren.

Wenn in einer Einrichtung Platz für die Lagerung ist, kann auch daran gedacht werden, viele unterschiedliche, vermeintliche (Abfall-)Materialien in Kisten zu sammeln, die sich in unterschiedlichen Projekten in Materialcollagen usw. verarbeiten lassen. Im großen Stil werden solche Abfallprodukte in einer zentralen Remida gesammelt, die es in manchen größeren Städten gibt. Das Konzept der Remida stammt aus der Reggio-Pädagogik. Es werden Materialien zentral gesammelt und bereitgestellt, welche in der Industrie, im Handel, Handwerk und im gewerblichen Sektor als Abfall betrachtet werden, in Wahrheit aber wertvolle Mittel für kreatives und künstlerisches Schaffen darstellen. Unternehmen geben der Remida oft ihre sauberen und ungiftigen Produktionsreste und -abfälle ab, darunter z. B. Folienstreifen, Papierreste, ausgestanzte Metallteile, Papprollen, Musterkollektionen von Bodenbelägen, Textilien und Fliesen, Stücke von Rohren, Verpackungsmaterialien, Seilenden, Flaschen, Deckel und vieles mehr, das sonst entsorgt oder recycelt werden würde. In der Remida erhalten diese Materialien eine inspirierende Präsentation. Soziale Einrichtungen wie Kindertagesstätten oder Kulturprojekte können sich aus dem Angebot für ihre pädagogische Arbeit bedienen. Indem sie zum Wiederentdecken und zur kreativen Zweckentfremdung anregt, fördert die Remida das Bewusstsein für den Wert dieser Materialien und ihre vielfältigen Einsatzmöglichkeiten und leistet einen wichtigen Beitrag zur Bildung für nachhaltige Entwicklung über das Medium der Kunst.

Materialien haben häufig verschiedene Gefahrenaspekte und je nach Zielgruppe ist es wichtig, diese besonders zu berücksichtigen. So ist es bei jungen Kindern und demenzkranken Menschen unerlässlich, dass die verwendeten Farben absolut ungiftig sind, da die Gefahr besteht, dass diese in den Mund genommen werden. Hier können entweder als ungiftig gekennzeichnete Farben aus dem Farbenhandel oder Kitabedarf verwendet werden oder selbst Farben mit natürlichen Bestandteilen gemischt werden.

Neben der Gefahr durch das Verspeisen von Farben muss auch auf giftige Dämpfe von Lösungsmitteln geachtet werden, sowohl in Farben als auch zur Verdünnung derselben. Vielfach sind aber für den Einsatz in künstlerischen Projekten in der Sozialen Arbeit geeignete lösungsmittelarme oder -freie Alternativen erhältlich.

Beim Gebrauch von Werkzeug aller Art muss unbedingt auf die jeweils spezifische Verletzungsgefahr hingewiesen werden. Auch der Staubbelastung durch bildhauerische Materialien wie Gips, Ytong, Speckstein und andere Natursteine muss durch geeignete Filtermasken begegnet werden.

Beispiel

Herstellung ungiftiger Farben: Eitempera
Eitempera enthält neben Farbpigmenten und Farbstoffen Leinöl, Ei und ggf. etwas Wasser. Aus starkfarbigen Gewürzen und Gemüsesäften als Farbstoff können sehr farbintensive Eitemperafarben angerührt werden.
Will man ein intensives Gelb herstellen, wird ein Ei mit etwa der gleichen Menge (Volumen) Leinöl in einem Schraubglas gut geschüttelt und mit Kurkuma vermischt. Aus Rote-Bete-Saft lässt sich ein dunkles Pink-Rot erzeugen, aus Holundersaft ein intensives Violett, aus schwarzem Tee ein dunkles Braun. Weitere Säfte und Gewürze laden zum Experimentieren ein. Um die Farbpalette eventuell zu ergänzen, können aus Lebensmittelfarben weitere Eitemperafarben angerührt werden.
Farben selbst anzurühren ist künstlerische Materialkunde, am Beispiel von Eitempera kann das Prinzip der Herstellung aller Farben erfahren werden: Ein Farbpigment, in diesem Fall ein pflanzliches Pigment, wird mit einem Binder, also einem Klebstoff, in diesem Fall das Ei, so vermengt, dass eine verstreichbare Paste oder Farbflüssigkeit entsteht. Nach dem Antrocknen ist die Farbe fest mit dem Papier verbunden.
Weitere gut geeignete natürliche Binder für ungiftige Farben sind Gummi arabicum, das über Nacht in Wasser eingeweicht werden muss, Quark oder Reisstärke.
Farben mit natürlichen Bindern sollten innerhalb von etwa einer Woche verbraucht werden, damit sie nicht zu stinken beginnen.

9.5 Gestalten mit digitalen Medien und in digitalen Räumen

Wir leben in einer digitalisierten Welt. Digitale Technologien prägen heute fast alle Aspekte des Lebens und digitale Medien werden regelmäßig von den meisten Menschen benutzt. Die Grenzen zwischen der realen Welt und dem virtuellen Raum verschwimmen zunehmend, was zu Veränderungen in der Art und Weise führt, wie wir Dinge wahrnehmen und wie wir kommunizieren. Ein charakteristisches Merkmal der gesellschaftlichen und kulturellen Auswirkungen der Digitalisierung ist die exponentiell steigende Erzeugung, Verbreitung und Rezeption von Bildern. Diese spielen eine wichtige Rolle in der Lebenswelt vieler Menschen und haben eine besondere Bedeutung für die Entwicklung von Kindern, Jugendlichen und jungen Erwachsenen. Durch Bilder und den Umgang mit ihnen formen und entwickeln sich Denk- und Verhaltensweisen, digitale Medienbilder prägen Selbst- und Weltbilder, soziale Beziehungen und ethische Werte.

Bildende Kunst agiert im und beschäftigt sich mit dem jeweilig aktuellen kulturellen und sozialen Umfeld einer Zeit. So experimentiert sie seit dem Beginn der Entwicklung digitaler Medien mit diesen. Jede neue mediale Entwicklung beeinflusst auch die künstlerische Praxis.

Die Werke der Bildenden Kunst inspirieren auch den Einsatz digitaler Medien in der Kunstpädagogik. Aktuell sind das alle (bildgebenden) digitalen Medien und der Gebrauch von Künstlicher Intelligenz (KI). In das derzeitige Repertoire der Werke der Bildenden Kunst im digitalen Raum gehören beispielsweise App- und Game-Design, Gestaltungen mithilfe von *Augmented* und *Virtual Reality* genauso wie Formen des (Um-)Programmierens wie Cultural Hacking. Cultural Hacking greift in ein bestehendes System, also beispielsweise eine Website, auf der Grundlage genauer Kenntnisse der ‚Codes' desselben in diese ein und baut so das bestehende System in künstlerischer Weise um. Dadurch wird die Botschaft des umprogrammierten Systems verändert und es entstehen künstlerische Kommentare durch das Neu- und Umprogrammieren. All diese medienkünstlerischen Ausdrucksformen können auch in Projekten der Sozialen Arbeit ihren Einsatz finden.

Digitale Medien haben einen hohen Aufforderungscharakter hinsichtlich des Gestaltens. Gerade für Kinder, Jugendliche und junge Erwachsene stellen digitale Medien einen wichtigen Bereich ihrer Lebenswelt dar, in dem sie oft selbst gestaltend tätig sind, beispielsweise durch Instagram- oder TikTok-Posts. Messengerdienste prägen die Kommunikation vieler Menschen, digitale Foto- und Videografie ist für viele so zu einem alltäglichen Ausdrucks- und Gestaltungsmittel geworden, das durch die entsprechenden Tools mit *Augmented Reality* (AR) angereichert wird und mit der das Abgebildete bearbeitet werden kann. Auch KI-gesteuerte Bildgeneratoren werden zunehmend zum Alltagswerkzeug (vgl. Peez 2022: 105f.).

Trotz der Alltäglichkeit der medialen Gestaltungsmittel bedeutet das aber nicht, dass alle Menschen, die diese bedienen, das auch medienkompetent tun. Das Erlangen von Medienkompetenz im Umgang mit den medialen Mitteln ist ein gemeinsames Ziel von Kunst- und Medienpädagogik. Mediales Gestalten und Medienkompetenz in der Sozialen Arbeit wird in der Regel eher durch medienpädagogische Fachkräfte als durch Kunstpädagog*innen vermittelt. Die Grenze zwischen Kunst- und Medienpädagogik ist aber fließend, wenn sich Kunstpädagogik digitaler Medien als Gestaltungsmittel bedient.

Künstlerisches Gestalten mit Medien zeichnet sich durch einen stärker spielerischen und experimentellen Zugang zu den medialen Gestaltungsmitteln aus, der auch das Ausloten der Grenzen des jeweiligen Mediums einschließt. Oft wird zudem analoges mit digitalem Gestalten kombiniert, beispielsweise durch Hörstationen zu Bildern oder bei der AR-Erweiterung von Bildwerken.

Zeitgenössische Bildende Kunst setzt sich auch mit den Prozessen auseinander, die mit der Nutzung und dem Konsum genauso wie mit der Entstehung digitaler Werke und Erzeugnisse verbunden sind. Kunstpädagogik befasst sich ebenfalls mit dem Einfluss des Internets auseinander, analysiert seit Langem die Machart- und

Wirkungsweisen digitaler Bilder wie Filme und reflektiert deren Einfluss auf die eigene Wahrnehmung. „Kunstpädagogische Theorie und Praxis kann insbesondere an den ästhetischen und kulturellen Codes der digital vernetzten Welt ansetzen und alternative Entwürfe entwickeln, um durch ästhetische Mittel etwa bildliche Repräsentationen und Umgangsweisen mit netzkulturellem Wissen zu verändern." (Klein 2019)

In kunstpädagogischen Projekten werden die digitalen Medien als Werkzeug benutzt, um Bild- und Gestaltungsideen umzusetzen. Dieses Werkzeug muss ebenso weitreichend erkundet werden wie analoges Werkzeug. Digitale Medien eröffnen auch neue Möglichkeitsräume der Gestaltung, erweitern die bildnerischen Ausdrucksformen und schaffen Zugang zu neuen ästhetischen Ausdrucksformen. Wie in allen anderen ästhetisch-künstlerischen Angeboten steht auch in medienkünstlerischen die Förderung des eigenen Ausdrucks im Zentrum. Gerade bei medienkünstlerischen Projekten gilt es dabei besonders, auf ethische Aspekte des Medieneinsatzes und Mediengebrauchs zu achten (vgl. Bäck/Wenrich/Dorner 2021: 313).

Die digitalen Medien bieten eine breite Palette unterschiedlicher Einsatz- und Ausdrucksformen. Es können die unterschiedlichsten Techniken der Bild- und Filmgestaltung erprobt werden, Posts generiert, Roboter gebaut, Apps und Games programmiert und immersive, virtuelle Welten geschaffen werden. Im Bereich der Objektgestaltung kann Kunstpädagogik in der Sozialen Arbeit auch mit computergesteuerten 3-D-Druckern arbeiten und mit Lasercuttern gestalten.

9.6 Künstlerische Forschung

Künstlerische Forschung und *Arts-Based Research* (kunstbasierte Forschung) bilden ein Forschungsfeld, in dem künstlerische Praktiken sowohl als Forschungsmethode als auch als Gegenstand der Untersuchung dienen. In diesem Kapitel soll es um die künstlerische Forschung in der Bildenden Kunst und der Kunstpädagogik gehen. Sie strebt wie jede Forschung danach, Wissen zu generieren, zu präsentieren und zu vermitteln. In der künstlerischen Forschung wird dieses Wissen direkt aus den künstlerischen Tätigkeiten sowie aus den ästhetischen Ausdrucksformen gewonnen und fließt wiederum in den künstlerischen Ausdruck zurück. Das Wissen wird in künstlerischer Form vermittelt. Durch diese Methodik hebt sich künstlerische Forschung wesentlich von den traditionellen Methoden empirischer Sozialforschung ab. Anders als empirische Forschung in den Sozialwissenschaften arbeitet künstlerische Forschung nicht mit einem anerkannten Methodenrepertoire, das die verifizierbare, nachvollziehbare und verallgemeinerbare Darstellung des Forschungsprozesses beinhaltet, und ist nicht innerhalb eines theoretischen sozialwissenschaftlichen Diskurses verortet. Künstlerische Forschung verfolgt eine konkrete Fragestellung mittels eines individuellen methodischen und erkenntnisleitenden Ansatzes.

Die Praxis der künstlerischen Forschung manifestiert sich in diversen Kunstformen. Sie zielt darauf ab, durch künstlerische Prozesse Werke wie Performances oder visuelle Kunstwerke, Wissen und Erkenntnis zu einem Phänomen, einer Situation, einem Ort oder einer Person(engruppe) zu generieren, zu präsentieren und zu erweitern.

Der künstlerisch-forschende Prozess umfasst explorativ-forschende künstlerische Methoden wie Sammeln, Fotografieren und Filmen, aber auch performatives Explorieren. Nach der Explorationsphase, dem Sammeln von Material, folgt eine Reflexionsphase über das gewonnene Material und anschließend ein Teilen und Präsentieren der Ergebnisse in Form eines künstlerischen Werkes.

> „Künstlerische Forschung ist eine Annäherung an Subjekte (inklusive der eigenen Person), Objekte und Situationen (historische und aktuelle) – eine Auseinandersetzung, die oft kombiniert ist, mit dem Interesse konkrete Erfahrungen zu machen, um diese in sinnlich wahrnehmbarer Form zu vermitteln (zur Reflexion, zum Amüsement, zur Beunruhigung oder Provokation)." (Tepe 2020)

In den letzten Jahrzehnten hat sich die künstlerische Forschung als ein dynamisches und interdisziplinäres Feld etabliert, das die Grenzen zwischen Kunst und Wissenschaft neu definiert und die einst starke Abgrenzung zwischen Kunst und Wissenschaft durchaus ins Wanken bringt. Damit wird auch die klassische Hierarchisierung von Wissensformen, die standardisiertes wissenschaftliches Wissen über künstlerisches Wissen stellt, infrage gestellt (vgl. Matzke 2013). Künstlerische Forschung wurde zunehmend in akademische Studienformate und Institutionen integriert, so beispielsweise auch in das Studium Sozialer Arbeit, vor allem aber in künstlerische Studiengänge. In jüngerer Zeit fand die künstlerische Forschung auch zunehmend Eingang in Projekte der ästhetisch-kulturellen Bildung sowie in Projekte der ästhetisch-künstlerischen Praxis in der Sozialen Arbeit (vgl. z. B. Huss/Bos 2023).

Der Diskurs über künstlerische Forschung in der kulturellen Bildung sowie der Kunstpädagogik wurde maßgeblich durch das Konzept der ästhetischen Forschung geprägt, das die deutsche Kunstpädagogin Helga Kämpf-Jansen (1939–2011) um die Jahrtausendwende entwickelt hat (Kämpf-Jansen 2021). Das Konzept der ästhetischen Forschung ist also ein Vorläuferkonzept für die künstlerische Forschung und geht in dieser auf. Das didaktische Konzept der ästhetischen Forschung fokussiert die Untersuchung von Objekten, Situationen, Menschen oder Orten auf der Basis einer individuellen Fragestellung der Teilnehmenden und wird weitgehend frei von spezifischen Anweisungen oder Richtlinien durchgeführt. Es ist ein Modell des prozessorientierten Lernens, das zwar auf den pädagogischen Ansatz des forschenden Lernens Bezug nimmt, aber auf künstlerische Darstellungsweisen abzielt und Methoden der zeitgenössischen Kunst, insbesondere aus dem Bereich der Bildenden Kunst, sowohl in der Erkundung als auch in die Darstellung einbezieht. Ästhetische Forschung ist ein Ansatz, bei dem Teilnehmende ihren Prozess zum Erlangen von Wissen und Einsichten selbst steuern und der sich nicht primär auf rationale oder logische Methoden stützt. Stattdessen basiert er auf ihren alltäglichen Erfahrungen und bedient sich verschiedener vorwissenschaftlicher Techniken wie dem Sammeln, Ordnen und Präsentieren. Ziel ist es, eine breite Palette von Phänomenen aus der Natur und dem kulturellen wie sozialen Umfeld mittels ästhetischer Werkzeuge zu dokumentieren, zu untersuchen und zu interpretieren. Dieser Ansatz, der wissenschaftliche und künstlerische Methoden vereint, fördert auch eine intensive Beschäftigung mit den Formen und Praktiken der zeitgenössischen Kunst.

Kämpf-Jansen hat in ihrem Buch zur ästhetischen Forschung 15 Thesen zur ästhetischen Forschung formuliert (vgl. 2021: 266ff.), die sehr inspirierend für Projekte der künstlerischen Forschung in der ästhetisch-kulturellen Bildung sein können. Die wesentlichen Aspekte dieser Thesen sind: Grundsätzlich kann alles Gegenstand und Anlass von ästhetischer Forschung sein, also beispielsweise „ein Gedanke, eine Befindlichkeit; ein Gegenstand, eine Pflanze, ein Tier; ein Phänomen, ein künstlerisches Werk, eine Person – fiktiv oder authentisch, ein literarischer Text, ein Begriff, ein Sprichwort" (ebd.: 66). Die Neugier, etwas zu entdecken, zu erforschen und anderen sichtbar zu machen, ist essenziell für künstlerische Forschung. Wie jede Forschung benötigt auch sie eine Fragestellung, ein persönliches Interesse oder eine spezifische Idee. Diese dient als Anfang und als Antrieb des Forschungsprozesses. Die Erkenntnisse werden nicht nur für sich gewonnen, sondern auch für andere erfahrbar gemacht über eine ästhetische Präsentation.

Ästhetische Arbeit basiert auf persönlichem Interesse und unterscheidet sich damit von Aufgaben, die extern vorgegeben, für alle identisch sind und damit oft für einzelne keinen Sinn ergeben. Künstlerische Forschung ist prozessorientiert, sie ist geprägt von Flexibilität und Offenheit für unvorhersehbare Ergebnisse. Die Verfahren der künstlerischen Forschung sind sinnesreich, komplex und vielfältig miteinander verknüpft. Das Herzstück der ästhetischen Forschung ist die Verbindung von vorwissenschaftlichen Techniken wie Sammeln, Systematisieren, Arrangieren, Präsentieren, basierend auf Alltagserfahrungen, künstlerischen Strategien und wissenschaftlichen Methoden. Aktuelle künstlerische Strategien bieten eine Fülle von Anregungen für eigenständiges ästhetisches Handeln, das keine bloße Nachahmung und Aneignung existierender Kunstwerke darstellt. Das künstlerische Endergebnis darf auch Fiktion sein.

Für künstlerisch-wissenschaftliche Projekte sind oft besondere Räumlichkeiten essenziell. Diese bilden häufig den Ausgangspunkt für die künstlerische Forschung, hier kann es sich um Parkplätze, Kaufhäuser, Fabrikanlagen, pädagogische und soziale Institutionen genauso wie um Werkräume handeln. Diese Orte dienen sowohl als Arbeits- als auch Ausstellungsorte.

Ästhetische Forschung ist charakterisiert durch subjektive Zugänge zum Forschungsgegenstand.

> „Im Rahmen ästhetischer Forschung werden alle Vorgehensweisen subjektiv bedacht, emotional begleitet, auf vielfältige Weise fixiert und kommentiert. Tagebuchaufzeichnungen, Skizzen, fotografische Dokumente, poetische Texte, Fragmentarisches und Textauszüge stehen neben Befragungsergebnissen, Gesprächsaufzeichnungen u. a. Im Ausloten eigener Zugänge und Positionierungen werden persönliche Grenzen erweitert bis hin zu tiefgreifenden Grenzerfahrungen, die immer dann gegeben sind, wenn einzelne sich z. B. einer besonderen ästhetischen Erfahrung, den „Selbstversuchen"

> u. ä. aussetzen. Die sich ausbildenden Fähigkeiten, Erkenntnis- und Verhaltensmöglichkeiten führen dazu, Offenheiten und Unsicherheiten auszuhalten, erfordern sie doch ein ständiges Verwerfen, Sich-neu-entscheiden und Annehmen von Situationen, auf die man sich unter anderen Bedingungen nie eingelassen hätte. Ästhetische Forschung knüpft an Bekanntem an und führt zu individuell Neuem, sie ist intensiv und erreicht in gelungenen Momenten Formen der Glückserfahrung (dem „Flow").“ (Kämpf-Jansen 2021: 268)

Ein solches Vorgehen fördert eine tiefe Selbstreflexion und das Bewusstsein persönlicher Grenzen, was zu neuen Erkenntnissen und Verhaltensweisen führen kann.

Sowohl künstlerisch-praktische, vorwissenschaftliche, handlungsorientierte und wissenschaftliche Praktiken münden in die Erkenntnis der ästhetischen Forschung. Diese sind gleichermaßen logisch und intuitiv, persönlich und universell, geformt durch künstlerische Transformationen sowie durch dokumentarische und fotografische Perspektiven. Sie werden ebenso durch sprachliche Diskurse wie durch assoziative wie sinnlich-leibliche Denkweisen beeinflusst. Dies führt zu alternativen Erkenntniswegen, die über rein rationale Ansätze hinausgehen und neue Verständniswege sowie Perspektiven auf die Welt eröffnen (vgl. ebd.: 266ff.)

Projekte Künstlerischer Forschung können mit vielen Zielgruppen ab dem Kindergartenalter durchgeführt werden. Spannende Beispiele zu künstlerischer Forschung in der Kindheit hat die Reggio-Pädagogik dokumentiert.

Beispiel

Künstlerische Forschung zum Thema Kultur
Viele Module zu künstlerisch-Ästhetischer Bildung in Studiengängen der Sozialen Arbeit tragen den Namen ‚Kultur, Ästhetik, Medien‘. Alle Studierenden haben in der Regel ein gewisses Grundverständnis, was Kultur ist. In einer Seminargruppe steht das Thema Kultur im Zentrum und soll tiefer beleuchtet werden. Schon im ersten gemeinsamen Austausch über den Kulturbegriff ergeben sich sofort viele Fragen. Um dem Thema und dem Begriff Kultur intensiver auf die Spur zu kommen, erhalten die Studierenden den Auftrag, sich ihm mit künstlerischer Forschung zu nähern.
Zunächst folgt eine kurze Einführung in die Prinzipien und Methoden künstlerischer Forschung auch mittels Beispielen aus der Bildenden Kunst wie den Werken von Anna Oppermann (1940–1993).
Anschließend erforschen die Studierenden in Kleingruppen das Thema. Zunächst entwickelt jede Gruppe eine spezifische Fragestellung, manche gehen hier von einer eher theoretischen Auseinandersetzung aus, andere wiederum streifen zuerst ziellos durch die Umgebung der Hochschule und entwickeln die Fragestellung aus den Beobachtungen und Gesprächen in der Gruppe.
Nach dem Finden der eigenen Fragestellung wird visuelles Material gesammelt, z. B. Filmdokumentationen, Fotos, Fundstücke und Abfall, aber auch Zeichnungen oder Abriebe mittels Kreiden von Pflastersteinen.

Ganz unterschiedliche Aspekte von Kultur manifestieren sich in den künstlerischen Arbeiten, die Kultur des Wegebaus, der öffentlichen Verkehrsmittel, die Kaffeekultur, akustische und olfaktorische Phänomene von Stadtkultur usw. Zurück an der Hochschule wird aus diesem Material ein präsentierbares gestalterisches Werk entwickelt, um mit den anderen die gewonnenen Erkenntnisse zum Thema Kultur und zu einem spezifischen Aspekt von Kultur zu teilen, sei es in Form eines Films, einer Rauminstallation oder einer kleinen Ausstellung. Die Arbeiten und Erkenntnisse werden zunächst in der Seminargruppe präsentiert und diskutiert sowie anschließend hochschulöffentlich beim Sommerfest. Hier regen die künstlerischen Dokumentationen des Forschungsprozesses vielfältige Diskussionen über das Thema Kultur an.

9.7 Gestalterische Biografiearbeit

Ein wichtiger Bereich, in dem gestalterische Methoden in der Sozialen Arbeit eingesetzt werden, ist die Biografiearbeit. Wenn wir gestalten, sind wir häufig sehr schnell in engem Kontakt mit unserer eigenen Biografie. Der erdige Geruch des Tons setzt genauso Erinnerungen frei wie Bildspuren, die unter der zeichnenden oder malenden Hand entstehen. Welche Farben oder Farbtöne wir bevorzugen, wie wir mit dem künstlerischen Material umgehen, in all dem stecken Spuren unserer Lebensgeschichte. Das künstlerische Gestalten ist ein Wechselspiel zwischen Imagination und Assoziation basierend auf unseren Lebenserfahrungen und leiblichen Reaktionen darauf. In der gestalterischen Biografiearbeit wird dieses Potenzial des gestalterischen Prozesses, so nah an den eigenen Lebenserinnerungen zu sein, systematisch genutzt.

Das Wort ‚Biografie' leitet sich aus den griechischen Wörtern *bios* für Leben und *graphein* ab, was schreiben, zeichnen oder darstellen bedeutet. Hier wird schon deutlich, dass die Darstellung eines Lebens mehr ist als nur eine passive Wiedergabe. Schon bei einer Biografie selbst handelt es sich um ein kreatives Produkt, das durch nachdenkende, auswählende und formgebende Tätigkeiten entsteht. Der zweite Bestandteil des Begriffs Biografiearbeit ist das Wort Arbeit, welches darauf hinweist, dass Biografiearbeit ein prozesshafter, intentionaler, bewusster, zielorientierter und aktiver Vorgang ist. ‚Biografiearbeit' findet in der Sozialen Arbeit auf doppelte Weise Anwendung: Einerseits bezieht sie sich auf die Beschäftigung mit und Reflexion über die eigene Lebensgeschichte, sie ist biografische Selbstreflexion, andererseits meint Biografiearbeit auch die gezielte Anleitung und Begleitung von biografischem Arbeiten mit Einzelpersonen und Gruppen (vgl. Hölzle 2009: 31). Kreative oder gestalterische Biografiearbeit ist ein Ansatz, der verschiedene künstlerische Ausdrucksformen in den Prozess der Reflexion über das eigene Leben bzw. die individuelle Lebensgeschichte integriert.

In der Biografiearbeit wird die eigene Lebensgeschichte oder Aspekte daraus reflektiert, mit dem Ziel, durch das Bewusstmachen und Verstehen der Vergangenheit zu einem gelingenderen Leben in der Gegenwart beizutragen und persönliches Wachstum zu ermöglichen. Professionelle Biografiearbeit in der Sozialen Arbeit will grundsätzlich „Menschen in ihrer Entwicklung, ihrer Lebensbewältigung, Lebensführung und Lebensplanung" unterstützen, besonders aber diejenigen, „deren

Ausgangsbedingungen für die eigenständige Gestaltung der Biografie erschwert sind" (Hölzle 2009: 32). Es geht nicht darum, Lebensereignisse wie in einem Zeitstrahl aufzulisten, sondern die Teilnehmenden entscheiden jedes Mal selbst, welche Aspekte für sie so wichtig sind, dass sie angeschaut und reflektiert werden sollen.

Gestalterische Biografiearbeit bietet eine Möglichkeit, die persönliche Geschichte auf eine nicht traditionelle, also nicht nur erzählende, sondern kreative Weise zu erforschen. Durch das Nutzen von künstlerischen Ausdrucksformen kann sie einen tiefen Einblick in das eigene Leben ermöglichen, da die emotionalen, leiblichen, genauso wie die kognitiven und spirituellen Aspekte des Selbsts berühren. Gestalterische Biografiearbeit kann auch Bilder der Vergangenheit dekonstruieren. Im Rahmen einer kunstpädagogischen Begleitung von Biografiearbeit kann die Auseinandersetzung mit belastenden Eindrücken des jeweiligen Lebenslaufes und mit kritischen Ereignissen im Leben dazu führen, dass diese Bilder, die diese Ereignisse erinnern, dekonstruiert werden. Die ursprünglichen Bilder werden angeschaut, auseinandergenommen und neu zusammengesetzt. Das kann mit vielfältigen Formen der Bildveränderung erreicht werden, sei es über Collagen, Montagen, mediales Bearbeiten oder einfach durch Überzeichnen.

Durch die Auseinandersetzung mit der eigenen Biografie kann eine Person ihre Identität besser verstehen und Sinn in vergangenen Erfahrungen und Lebensphasen finden.

Biografiearbeit wird vor allem dann relevant, wenn Personen Krisen oder Lebenswendepunkte, Zeiten des Übergangs erleben, die einen signifikanten Einschnitt in ihrer bisherigen Lebensgeschichte und Lebensführung markieren. Solche Momente verlangen oft nach einer Reflexion der Vergangenheit, besonders wenn Teile der eigenen Biografie unklar oder unverstanden sind und einer Erklärung sowie Verarbeitung bedürfen. Zu den typischen Anlässen für biografische Reflexionsarbeit gehören beispielsweise der Verlust oder die Trennung von der Familie oder wichtigen Bezugspersonen, wie es bei Pflege- und Adoptivkindern der Fall sein kann. Weiterhin zählen tiefgreifende traumatische Erlebnisse dazu, die den Verlust von nahestehenden Menschen, gewohnten Orten und Lebensumständen nach sich ziehen, etwa durch Migration, Flucht oder Vertreibung. Auch das Erleben von Behinderungen, das Älterwerden, chronische sowie demenzielle Erkrankungen können Gründe für die Auseinandersetzung mit der eigenen Biografie sein. Ebenso führen Lebensbedingungen, die von Armut, Vernachlässigung und einem fehlenden Zugang zu förderlichen Entwicklungsmöglichkeiten geprägt sind, oft zur Notwendigkeit einer biografischen Arbeit (vgl. Hölzle 2009: 32). Auch weniger dramatische Wendepunkte in einem Leben wie eine beginnende Berufstätigkeit, ein angestrebter Stellenwechsel oder die Verrentung können ein guter Anlass sein, dass bisherige Leben zu reflektieren, aber auch den Wünschen und Hoffnungen für die Zukunft Ausdruck zu verleihen.

Beispiel

Den Lebensweg der eigenen Ausbildung gestalten
In einer Maßnahme der Jugendberufshilfe soll der der bisherige Schul- und Ausbildungsweg der Teilnehmenden reflektiert werden. Der anleitende Sozialpädagoge wählt dazu die Methode der Land-Art, also das Gestalten mit all dem, was die Natur an einem bestimmten Ort zur Verfügung stellt, ohne dass man massiv in sie eingreift. Land-Art ist eine Kunstform, die sich ab den späten 1960er-Jahren entwickelt hat und die von verschiedenen Künstler*innen bis heute verwendet wird. Als niedrigschwellige kunstpädagogische Methode hat sie in der Folge auch Einzug in sozialpädagogische Arbeitsfelder sowie in die Erlebnispädagogik gehalten.
In der Land-Art ist die Wahl des Ortes von zentraler Bedeutung, denn ein Wald stellt andere Materialien bereit als ein Flussufer – der Ort hat sein je spezifisches Anregungspotenzial. In diesem Beispiel wurde bewusst die gestalterische Arbeit im Wald gewählt. Der Wald als natürliche Umgebung hat unterschiedlich dicht bewachsene Stellen, gibt immer nur Teilbereiche dem Blick frei. Die Angebotsvielfalt von Materialien vor Ort ist riesig, gleichzeitig haben die gedämpften Grün- und Brauntöne sowie die Stille und die Naturgeräuschen eine zentrierende Wirkung auf die meisten Menschen.
Nachdem die Gruppe der jungen Menschen im Wald angekommen ist, leitet der Sozialpädagoge zunächst einige Wahrnehmungsübungen an, damit sich die Teilnehmenden mit dem Ort und den Materialien vertraut machen. Im Anschluss erhalten sie die Aufgabe, an einem selbst gewählten Ort in dem Waldstück ihren je eigenen Schul- und Ausbildungsweg mit für sie passenden Naturmaterialien zu gestalten.
Zunächst sucht jede/r Teilnehmende nach einem Ort, der sie/ihn anspricht und inspiriert. Dieser Ort wird zum Ausgangspunkt für die Reflexion über die eigene schulische und berufliche Biografie; dabei wird sehr unterschiedlich gearbeitet. Eine Teilnehmende beispielsweise legt einen langen labyrinthischen Weg mit Moos, der auf eine lichtdurchflutete Stelle zuläuft, ein anderer Teilnehmer konstruiert mit Stöcken eine Trasse mit eingestürzten Brücken und Treppen, die ins Nichts führen.
Im Anschluss an den gestalterischen Prozess stellen die Teilnehmenden sich gegenseitig das eigene geschaffene Land-Art-Werk vor, der Sozialpädagoge dokumentiert diese mit Fotos, damit sie auch in weiteren Seminareinheiten noch einmal betrachtet werden können. Die anderen Teilnehmer*innen äußern ihre Assoziationen zu dem jeweiligen Werk. So werden auch mögliche andere Perspektiven sichtbar.

Biografiearbeit in der Sozialen Arbeit kann eingebettet sein in vielfältige Formen von Beratungs- und Betreuungsprozessen, aber auch in Angebote in Bildungssettings. Sie ist bei der Wahl des geeigneten methodischen Settings für alle Altersstufen ab dem Kindergartenalter bis zu hochaltrigen Menschen geeignet. Sie kann auf die Dokumentation der eigenen Familiengeschichte von Pflegekindern genauso abzielen wie auf Kindheitserinnerungen von Senior*innen.

Es gibt eine Vielzahl kreativer Methoden, die in der biografischen Arbeit eingesetzt werden können, wie z. B. das Erstellen von Collagen, das Verfassen von Geschichten oder Gedichten, das Gestalten von (Foto-)Büchern und Filmen, von

Lebenskoffern oder Schatzkisten der Erinnerung oder das Erstellen von Tagebüchern. Auch kreative Methoden der Spurensicherung und des Kartografierens von Lebensgeschichten können genutzt werden. Auf Spaziergängen durch Trödelmärkte können Gegenstände aus vergangenen Perioden des eigenen Lebens entdeckt und künstlerisch bearbeitet werden. In Gruppensettings zur Biografiearbeit können Ausstellungen zu bestimmten Themen wie ‚meine Kindheit/meine Jugend, Arbeiten in den 1960er-Jahren' oder ‚meine Medienheld*innen' entstehen. Dazu werden Gegenstände, Bilder, Gebrauchsgegenstände, Verpackungen, Filmausschnitte, Plakate, die Mode einer bestimmten Zeit zu einer Ausstellung gruppiert und mit Text oder Audioerklärungen versehen.

Gestalterische Biografiearbeit mit demenziell erkrankten Menschen kann über leiblich erinnerte Bewegungen aus früheren Zeiten initiiert werden, wie z. B. Teig ausrollen und sägen, und Erinnerungen in Gang setzen. Ebenso kann mit Gerüchen und Musikstücken gearbeitet werden.

Beispiel

Schatzkästchen der Erinnerung
In einem wöchentlichen Kreativworkshop eines kommunalen Senior*innenzentrums, an dem viele Hochaltrige teilnehmen, kommt immer wieder das Gespräch auf die vielen Bekannten und Freund*innen, die in der Zwischenzeit an Demenz erkrankt sind. Es wird die Angst geäußert, dass man selbst bald betroffen sein könne, weil ja mittlerweile immer so viel vergessen wird. Es wird die Befürchtung geäußert, dass man mit Demenz vielleicht gar nicht mehr wisse, was man so alles erlebt hat im Leben, und sich an viele wichtige Lebensereignisse womöglich nicht mehr erinnern könne.

Um diesem wiederkehrenden Thema zu begegnen, schlägt die anleitende Sozialpädagogin vor, ein Schatzkästchen der Erinnerung zu gestalten, in dem man Fotos oder gemalte Bilder, kleine Skulpturen oder Gegenstände aufbewahren und diese mit schriftlichen Hinweisen versehen könne, an welches Lebensereignis jeweils mit den Objekten erinnert werden soll. So könne immer wieder ein Blick in das Schatzkästchen geworfen werden und später, sollte man tatsächlich an Demenz erkranken, dieses Schatzkästchen auch Familienangehörigen und Pflegepersonal einen Hinweis darauf geben könne, was jeder/m Einzelnen im Leben besonders wichtig war.

Alle Teilnehmenden suchen bis zur nächsten Woche Fotos und Gegenstände, die in dem Schatzkästchen Platz finden sollen. In den nächsten drei Einheiten wird an dem Schatzkästchen gearbeitet: Es werden kurze Texte zu den Objekten verfasst, Bilder gezeichnet oder gemalt, Kleinplastiken aus selbsttrocknender Knetmasse geformt von wichtigen Dingen, für die es kein Bild gibt bzw. geben kann. Zudem wird das Schatzkästchen, das aus einer größeren stabilen Pappschachtel besteht, die die Sozialpädagogin für die Teilnehmenden im gewünschten Format besorgt hat, von innen und außen sorgsam gestaltet. Manche kleiden das Kästchen innen mit edlem Stoff aus, andere bemalen und bekleben es sowohl innen als auch außen.

Während des Arbeitsprozesses wird sich in der Gruppe auch viel zu den Objekten und Ereignissen erzählt und ausgetauscht. Es kommen sowohl tragische als auch glückliche Momente des Lebens in den Blick.

Am Ende wird in der Reflexionsrunde deutlich, wie wichtig es für fast alle Teilnehmenden war, die eigenen Erinnerungen in den Blick zu nehmen und besonders wichtige Momente des Lebens festzuhalten.
Es ist wichtig, bei der Planung von gestalterischer Arbeit mit älteren und hochaltrigen Menschen auf Folgendes zu achten: Zum einen auf die motorischen Fähigkeiten bzw. Einschränkungen der Teilnehmenden, z. B. kann die eingeschränkte Beweglichkeit der Finger beim Gestalten, beim Ausschneiden und Formen usw. ein Thema sein. Das sollte gezielt angesprochen und Unterstützung angeboten werden. Es gibt auch spezielles Werkzeug, das gezielt für Menschen mit motorischen Einschränkungen entwickelt wurde. Ebenso nehmen mit zunehmendem Alter unterschiedliche Sehbehinderungen zu, denen ebenfalls begegnet werden muss. In der Zeitplanung muss die andere Zeitstruktur älterer Menschen berücksichtigt werden. Mögliche (beginnende) Demenzerkrankungen können eine weitere Herausforderung darstellen.

Empfohlene Literatur:

Hölzle, Christina (Hrsg.) (2009): Ressourcenorientierte Biografiearbeit: Grundlagen – Zielgruppen – kreative Methoden, Wiesbaden: VS Verlag für Sozialwissenschaften.

Meis, Mona Sabine/Mies, Georg-Achim (Hrsg.) (2018): Künstlerisch-ästhetische Methoden in der Sozialen Arbeit: Kunst, Musik, Theater, Tanz und digitale Medien, Stuttgart: Verlag W. Kohlhammer.

Matzke, Annemarie (2013): Künstlerische Praktiken als Wissensproduktion und künstlerische Forschung, in: KULTURELLE BILDUNG ONLINE: www.kubi-online.de/artikel/teilhabe-kultur-digitalitaet-kinderarmut-chancen-digitaler-bildung, 21.3.2024.

10 Rezeption und Bildbetrachtung

Zusammenfassung

Rezeption und Bildbetrachtung kann sowohl anhand der künstlerischen Ergebnisse der Teilnehmenden stattfinden als auch über Kunstbetrachtung. Die Begegnung mit und die Betrachtung von Kunstwerken findet in Museen/Ausstellungen oder genauso wie über Reproduktionen in den Institutionen Sozialer Arbeit statt. Die Betrachtung von Kunstwerken kann zu vielfältigen sinnlichen, ästhetischen Erfahrungen führen, die die Ziele Sozialer Arbeit unterstützen. In jedem Falle werden Wahrnehmungskompetenzen und kulturelle Teilhabe gefördert, Selbsterfahrungen genauso wie Differenzerfahrungen ermöglicht.
In diesem Kapitel werden auch methodische Aspekte der Bildbetrachtung und der Kunstvermittlung im Museum dargestellt und ihr Einsatz in der Biografiearbeit erläutert.

Die Rezeption von Bildern und Bildbetrachtung findet in der Praxis der Sozialen Arbeit in vielfältiger Weise statt. Bilder können Anlass für Gespräche bieten, mit Postkarten oder Fotos können Stimmungen beschrieben werden und Bilder können der Ausgangspunkt in einem Erzählcafé oder für Biografiearbeit sein. Gemeinsam mit Adressat*innen kann zudem ein Besuch in einer Galerie, einem Atelier eines Künstlers/einer Künstlerin oder einem Museum für Bildende Kunst geplant werden. Außerdem steht am Ende einer jeden gestalterischen Einheit im Rahmen von Kunstpädagogik in der Sozialen Arbeit in der Regel ein gemeinsames Betrachten der Werke, die während der Einheit entstanden sind. So können wertvolle Differenzerfahrungen durch das Betrachten von Werken anderer gemacht und die eigene Reflexionsfähigkeit erweitert werden.

10.1 Betrachtung der eigenen Werke und Werke anderer Teilnehmender

Das Gestalten mit bildnerischen Mitteln ist wie das Tanzen oder Theaterspielen eine Form der künstlerischen Ausdrucksarbeit mit dem eigenen Körper. Doch im Gegensatz zu diesen anderen künstlerischen Ausdrucksformen bei denen der körperliche Ausdruck selbst das Werk ist, entsteht durch bildnerisches Gestalten in der Regel ein Objekt, das für eine gewisse Zeit bestehen bleibt. Mit Bildern entsteht ein Gegenüber, das angeschaut werden kann, das einlädt zur Reflexion. In diesem Gegenüber sind häufig unwillkürlich körperliche Erfahrungen und leibliches Erleben eingeschrieben. Nach Abschluss des Werks können die Schöpfer*innen eine gewisse Distanz zu den entstandenen Kunstobjekten einnehmen. Diese Distanz erleichtert eine Reflexion wie auch ein Gespräch über das Gestaltete.

> „[…] das Kunstobjekt wird zum Dritten, das die Dyade zwischen Akteur*innen (Pädagog*innen, Adressat*innen) erweitert und dem psychoanalytischen Konzept der Triangulierung entspricht. Das „Pingpong" sonstiger dialogischer Kommunikations- und Interaktionsprozesse erweitert sich um ein Drittes, das zudem nicht flüchtig ist wie die Sprache, sondern sich im künstlerischen Produkt als reales Objekt verfügbar zeigt und unverändert bestehen bleibt." (Niederreiter 2021: 50)

Dieses Dritte im Austausch verändert den Reflexionsprozess sowohl in Gesprächen zwischen Sozialpädagog*in und Adressat*in als auch in der Gruppe.

In der Kunstpädagogik im Rahmen der Sozialen Arbeit spielt der Austausch und Dialog über die künstlerischen Gestaltungen bzw. die gestalteten Werke eine bedeutende Rolle. Bilder sind stets vielschichtig und regen weitere Assoziationen in Form von Bildern an. Daher ist es entscheidend, dass einerseits die Betrachter*innen erfahren, welche Gedanken die Schöpfer*innen bei der Gestaltung ihrer Werke geleitet haben, und andererseits auch die Schöpfer*innen, welche Assoziationen andere zu den Bildern haben. Ein Bild lädt die Betrachtenden zu eigenen Assoziationen ein, da jede/r von ihnen Bilder vor ihrer/seiner Lebenserfahrung bzw. ihrem/seinem Lebenshintergrund betrachtet, die für die Gestalter*innen neue, inspirierende Gedanken zu den eigenen Themen, vielleicht auch zu einem Lebensthema sein können. Die Offenheit für die Wahrnehmung anderer im Austausch ermöglicht neue Selbsterfahrungen genauso wie Differenzerfahrungen, da eigene Sichtweisen hinterfragt und Wahrnehmungsstrategien sowie mögliche eigene Wahrnehmungsverzerrungen erkannt werden können. Diese anderen Sichtweisen bieten die Möglichkeit, eigene Perspektiven, Sichtweisen, Wirklichkeitskonstruktionen zu hinterfragen und helfen, verhärtete Muster in den eigenen Gedanken aufzubrechen, was gerade bei Menschen in prekären Lebenslagen Erleichterung bringen kann. Bildbetrachtungen verstricken uns genauso wie das Gestalten auf verschiedenen Ebenen in Kommunikation, auch in Kommunikation mit bisher wenig oder gar nicht bekannten materiellen Partner*innen, sowie in Kommunikation mit der Gruppe über das ‚Dritte', das Werk. So wird durch das Betrachten entstandener Werke an den eigenen Wahrnehmungs- und Interpretationsmustern gearbeitet und nicht lediglich bildlich und verbal assoziiert.

Trotz der Bedeutung des verbalen Diskurses über das Gestaltete und des ästhetischen Prozesses in der Sozialen Arbeit sollte aber der Eigenwert des gestalterischen Prozesses nicht gering geschätzt werden.

Durch eine Vertrautheit, die oft durch das gemeinsame gestalterische Arbeiten in der Gruppe entsteht, auch wenn jede/r Einzelne an ihrem/seinem eigenen Werk arbeitet, durch die vielen nichtsprachlichen Kommunikationsprozesse innerhalb der Gruppe, können sich die Teilnehmenden in den Austauschrunden meist gut anderen gegenüber zumindest ein Stück weit öffnen. In den gemeinsamen Reflexionsrunden zeigen sie ihr Werk und zeigen gleichzeitig etwas von sich selbst, sind aber dabei dennoch durch das Bild mit seiner mehrdeutigen Struktur geschützt. In der verbalen Präsentation des Werks wie im Werk selbst wird niemals der gesamte innere Kommunikationsverlauf, der während des Gestaltungsprozesses bei den jeweiligen Schöpfer*innen der Werke abgelaufen ist, sichtbar.

Durch das Entschlüsseln und Interpretieren der bildnerischen Werke wird die persönliche Wahrnehmungsfähigkeit gefördert und verfeinert. Dabei wird sowohl die Fähigkeit eingeübt, ständig zwischen Perspektiven der Selbst- und Fremdwahrnehmung zu wechseln, als auch das Erkennen von Unterschieden genauso wie das Fokussieren der Aufmerksamkeit trainiert. Das Betrachten der entstandenen Werke stärkt zudem die Imaginationsfähigkeit und die interpretativen Fähigkeiten, was wiederum hilft, verfestigte alltägliche Wahrnehmungsschemata zu durchbrechen und zu erweitern, also Kompetenzen für Orientierung und Neuorientierung zu erwerben.

Wichtig bei der Betrachtung von Werken der Teilnehmenden ist, dass die Anleitenden auf eine grundsätzlich wohlwollende Haltung bei allen Äußerungen achten, einen bewertungsfreien Raum schaffen und jeder/m Teilnehmenden wie deren Werken entsprechende Aufmerksamkeit schenken. Ebenso sollten alle Teilnehmenden ausreichend Möglichkeit und Zeit bekommen, sich die Werke der anderen Teilnehmenden nach Abschluss der Gestaltungsphase anzuschauen, bevor das Gespräch darüber beginnt. Dazu können die Bilder im Kreis ausgelegt, aufgestellt oder an den Wänden aufgehängt werden. Im Gespräch stehen die Erfahrungen der Teilnehmenden während des Gestaltens und mit dem entstandenen Werk im Fokus, eine Bewertung einer vermeintlichen künstlerischen Qualität oder Nichtqualität wäre nicht zielführend und ist zu vermeiden.

Die Betrachtung der eigenen Werke kann auch verbunden werden mit der Betrachtung von Werken der Bildenden Kunst zu ähnlichen Themen oder von Kunstwerken, die mit ähnlichen künstlerischen Materialien und Techniken entstanden sind.

10.2 Betrachtung von Kunstwerken

Was unterscheidet nun Werke der Bildenden Kunst von Alltagsbildern oder von Werken, die Adressat*innen Sozialer Arbeit selbst gestalten? Zunächst sind Bilder der Kunst eingebettet in das System der Bildenden Kunst (siehe Kapitel 3), meist werden sie in spezifischen Räumen wie Museen oder Galerien gezeigt. Viele sind aber als Reproduktionen auch über das Internet zugänglich und können so ortsunabhängig betrachtet und genutzt werden.

Kunstwerke werden von Menschen geschaffen, die sich intensiv mit Bildern, visueller Kommunikation und Bildsprache auseinandersetzen. Daher enthalten viele Kunstwerke dichte, verdichtete und komplexe visuelle Botschaften. Manche berühren uns direkt durch ihre ästhetische Gestaltung – wir fühlen uns von ihnen körperlich angesprochen durch ihre Atmosphäre, die durch Formen, Farben und Materialien erzeugt wird. Andere wirken hingegen kühl und distanziert, was uns zu einer intellektuellen Auseinandersetzung anregt. „Kunstwerke haben Spielräume für Wahrnehmen und Gestalten, Kunstwerke verdichten Wahrnehmungen und erzeugen somit Erfahrungen der Offenheit, Mehrdeutigkeit, Differenzierung und Kontingenz.“ (Klepacki/Zirfas 2009: 118) Diese Spielräume, die Kunstwerke beim Betrachten eröffnen, sollen im Folgenden dargestellt werden, wobei zunächst die Betrachtung von Kunstwerken in Settings Sozialer Arbeit allgemein in den Blick genommen wird, unabhängig davon, ob es sich um Originale oder Reproduktionen von Werken handelt. Im nächsten Kapitel wird dann die Kunstvermittlung in Museen im Rahmen Sozialer Arbeit im Fokus stehen.

Kunstwerke lösen wie alle Bilder beim Betrachten Assoziationen aus: bildliche Assoziationen, Erinnerungen aus den eigenen Lebenserfahrungen, sinnliche Erinnerungen. Jede Betrachtung von Bildern, unabhängig von deren thematischem Schwerpunkt, ist, wie zuvor bereits dargestellt wurde, Teil eines Diskurses in Bildern. Innere Bilder, die wir in uns erzeugen, werden durch die Betrachtung von äußeren Bildern hervorgerufen. Diese inneren Bilder, die Erinnerungen und Vorstellungen umfassen, beeinflussen wiederum den Betrachtungsprozess und können dann Ausgangspunkt für einen weiteren bildlichen Diskurs sein. „Jedes Ansehen geht über in ein Betrachten, jedes Betrachten in ein Sinnen, jedes Sinnen in ein Verknüpfen, und so kann man sagen, dass wir schon bei jedem Blick in die Welt theoretisieren.“ (Goethe 1993: 317)

Es besteht eine Wechselwirkung zwischen Rezeption, Reflexion und Produktion, ohne dass wir schon in ein künstlerisches Gestalten übergehen müssen. Wir entwerfen unablässig Bilder von uns selbst, von anderen und von der Welt, in der wir leben, verwerfen frühere Bilder und erfinden neue (vgl. Schulze 1993: 44ff.). Unser Standpunkt und unser Blickfeld, unsere Lebensgeschichte fließen dabei, wie zuvor schon dargestellt, in den Prozess der Bildbetrachtung ein.

> „Indem wir die Optik auf die Dinge außen richten, sehen wir sie mit den Augen der Imagination. Wir nehmen wahr, was wir an die Dinge herantragen, und tragen an sie heran, was wir von ihnen wahrgenommen haben. In diesem Wechselspiel der Subjektivität spielt das Gedächtnis die entscheidende Rolle. Gedächtnis bewahrt, was Erfahrung gewinnt, es sieht und interpretiert [...]“ (Tunner 1999: 82)

Erinnerte Bilder sind Teil der ästhetischen Biografie. Geleitete Erinnerungsprozesse anhand von Bildern können die eigenen biografischen Bilder, wahrgenommene Bildkontexte und die biografische Konstruktion aus diesen Bildern bewusst machen.

Bildbetrachtung ist also ein Nachdenken in Bildern, über Bilder, ein Imaginieren und Theoretisieren. Kunstwerke können Gegenstand des Nachdenkens sein und Anstoß zum Nachdenken geben, gerade durch ihre Mehrdeutigkeit. Ihre Bedeutung ist abhängig vom historischen und persönlichen Kontext, von der Betrachtungssituation, der Biografie der Betrachter*in usw. Die Mehrdeutigkeit der Werke schafft die Möglichkeit für eine vielschichtige und kritische Kommunikation über die Bilder.

Ein Diskurs in Bildern befasst sich mit den Fragen, die aus einem Bild hervorgehen, und mit den Antworten, die in ein anderes Bild zurückkehren, indem sie dessen Gestalt verändern, ergänzen oder widerlegen. Dieser Prozess läuft im Alltag ständig ab und kann in gelenkten Bildbetrachtungen intensiviert und fokussiert auf bestimmte Themenkomplexe ablaufen.

Erst wenn wir uns von einem Bild anrühren, bewegen lassen, uns in es hineinversetzen und es leiblich wahrnehmen, beginnt es für uns zu leben. Diese lebendige Wahrnehmung gilt auch für unsere soziale Welt: Wir sprechen davon, uns in andere hineinzuversetzen oder etwas erst wirklich zu verstehen, wenn wir es am eigenen Leib erfahren haben.

Diese Dimension des Spürens oder auch die leibliche Erfahrung von Bildern durch Einfühlen wird beschrieben als eine „jenseits rational-kognitiver Prozesse [...] sich hineinversetzende, intuitiv verstehende Verbindung zum Objekt der Beziehung" und als empathische Kompetenz (Wagner/Schönau 2016: 118). Dadurch kann etwas innerlich nachvollzogen und nachempfunden werden. Das Einfühlen wird daher als Voraussetzung für das Rezipieren und Produzieren von Bildern angesehen (vgl. Wagner/Schönau 2016: 118). Ästhetisches Erfahren ermöglicht

> „ein intensiviertes Wahrnehmen von Selbst und Welt (etwa im Sinne von Erleben, ästhetischem Genuss und emotionaler Beteiligung) [...] Ästhetisch erfahren bedeutet, das Objekt bewusst nach ästhetischen Gesichtspunkten (z. B. nach formalen Aspekten und im Hinblick auf Urteile) wahrzunehmen und eine unmittelbare persönliche Beziehung im Sinne der Erfahrung aufzubauen." (ebd.: 115).

10.3 Philosophieren und Staunen

Kunstwerke bieten Anlass zum Staunen und Philosophieren. Besondere Gestaltungen, besonders kunstvolle Gestaltungen etwa bei einem Landschaftsbild, können uns beim Betrachten staunen lassen. Staunen ist ein Aufmerksam-Werden, ein Innehalten und steht in Zusammenhang mit der ästhetischen Erfahrung. Im nächsten Schritt werden wir möglicherweise angeregt, über die Schönheit der Natur, über unser Verhältnis zur Natur nachzudenken und uns mit anderen darüber auszutauschen.

Kunstwerke lenken unsere Gedanken, unsere Assoziationen durch die Art der Darstellung, durch die Formen und Farben auf dem Bild. Sie schaffen quasi einen Raum für unsere Gedanken. Beim Betrachten eines Werks, auf dem Kinder abgebildet sind, können wir beispielsweise angeregt werden, über unsere Kindheit nachzudenken oder uns an Situationen erinnern, die den auf dem Bild dargestellten ähnlich sind.

An Kunstwerken können wir auch interessante Fremdheitserfahrungen machen, denn vieles an Kunstwerken ist uns erst mal fremd. Sie drücken sich anders aus, als wir das gewohnt sind. Der Philosoph Wolfgang Welsch sagt, dass sich Kunst durch den Sinn für Andersheit und Abweichung auszeichnet (vgl. Welsch 1991: 207). Vieles an Werken der Kunst ist mehrdeutig, außerdem gibt es so viele Formen von Kunstwerken, die uns die Vielfalt und Pluralität bildlich vor Augen führen. Mit solcher Pluralität müssen wir in der Kunst wie im Leben umgehen lernen, das gilt für Sozialpädagog*innen genauso wie für Adressat*innen. Wir können also an der Kunst Kompetenzen ausbauen, die für die Soziale Arbeit und als Ziele sozialer Arbeit wichtig sind.

Kunst kommuniziert über andere Kanäle als die schriftliche und verbale Sprache und berührt dabei verschiedene Sinneskanäle. Sie lässt uns ästhetische und sinnliche Erfahrungen in der Begegnung mit ihr machen, wir erhalten sinnliche, primär visuelle Eindrücke, aber ebensolche durch Berührung, Gefühl und Gehör. Diese Art der Wahrnehmung ermöglicht uns eine neue Sicht auf Themen und Phänomene, wir werden so zum ganzheitlichen Nachdenken, Nachsinnen angeregt, das auch sinnliche und leibliche Erfahrungen miteinbezieht und wiederum für Themen und Phänomene durch diese sinnliche Erfahrung sensibilisiert. Ästhetik ist ja, wie zuvor schon dargestellt, die Wissenschaft von der Erkenntnis über die Sinne. Auch Menschen mit kognitiven Einschränkungen können durch die Kommunikation über die sinnlichen Kanäle gut Zugang zu Bildern bildender Kunst finden.

Bildende Kunst macht oftmals mit ungewöhnlichen Mitteln Aspekte aktueller Realität sichtbar, indem sie beispielsweise durch schmelzende, kunstvoll gestaltete Eisskulpturen im öffentlichen Raum auf die Folgen des Klimawandels aufmerksam macht, aber gleichzeitig über die Vergänglichkeit menschlicher Schöpfungen nachdenken lässt. Diese ungewöhnliche Darstellung lässt uns oft neugierig werden, nachfragen, nachdenken oder auch erst mal ärgerlich werden, weil wir es nicht verstehen. Sie bietet damit aber auch die Chance, dass wir uns mit bestimmten Themen neu konfrontieren.

Kunst lädt zur Kommunikation ein. Beim Betrachten kommunizieren wir mit dem Kunstwerk, wir machen uns unsere Gedanken, um es uns Schritt für Schritt zu erschließen. Wir assoziieren Bilder aus dem eigenen Leben und eigene Lebensereignisse und vieles mehr zu Kunstwerken. Kunstwerke laden uns zur Selbstreflexion ein. Wenn wir sie in der Gruppe betrachten, können wir uns darüber austauschen und dabei auch viel über uns selbst mitteilen und viel über die Sichtweisen der anderen erfahren.

Kunsterfahrung gibt nicht zuletzt Anregungen für das eigene gestalterische Schaffen. Die Begegnung mit und die Betrachtung von Kunstwerken kann sowohl in Museen oder Ausstellungen, aber auch über Reproduktionen in den Institutionen Sozialer Arbeit zu vielfältigen sinnlich ästhetischen Erfahrungen führen, die die Ziele Sozialer Arbeit unterstützen.

Beispiel: Staunen, Betrachten, Gestalten

Hortkinder besuchen die Ausstellung *Wall Sits* von Diamond Stingily
Eine Gruppe Hortkinder aus einer Kita in einem sozial benachteiligten Wohngebiet besuchen zusammen mit Sozialpädagog*innen und einer Kunstpädagogin die Ausstellung *Wall Sits* von Diamond Stingily (US-amerikanische Künstlerin, geb. 1990) im Kunstverein München.
Ein Werk der Ausstellung zeigt über 700 Trophäen und Pokale, die auf großen Regalen in einem Raum präsentiert werden. Diese Fülle an goldenen Pokalen bringt die Kinder zum Staunen und weckt ihre Neugierde.
Die Trophäen sind standardisierte Pokale, wie sie für die Teilnahme an Sportwettbewerben verliehen werden; einige sind größer und erinnern an offizielle Siegerehrungen. Die üblichen vergoldeten Plaketten, die normalerweise die jeweilige Sportart und den erreichten Platz beschreiben, wurden durch Textpassagen ersetzt wie „Ich habe mein Bestes gegeben". Die Kinder bekommen die Möglichkeit, sich frei zwischen den Regalen zu bewegen und die Pokale anzufassen, sie in die Hand zu nehmen. Die Pokale haben englische Beschriftungen und werden den Kindern auf Wunsch übersetzt.
Nach dem Besuch gestaltet jedes Kind vor Ort einen eigenen Pokal, den es für ihre eigenen besonderen Fähigkeiten bekommen könnten. In der Vorbereitung

auf die gestalterische Tätigkeit setzen sich die Kinder noch einmal mit dem Kunstwerk auseinander und mit den Fragen, wer eigentlich einen Pokal, eine Trophäe bekommt und wofür. Sie philosophieren darüber, was ein Pokal wert ist, und was geehrt werden sollte.
Beim Gestalten beschäftigen sie sich außerdem auch mit sich selbst und der Frage „Was kann ich denn eigentlich besonders gut?“ auseinander. Diese Auseinandersetzung kann helfen, sich der eigenen Ressourcen bewusst zu werden.

10.4 Methodische Zugänge zur Bildbetrachtung

Fast immer reagieren wir beim Betrachten spontan auf Bilder der Kunst, schreiben ihnen eine erste Bedeutung zu und sei es, dass wir sie nicht verstehen oder abstoßend finden.

In einem zweiten Schritt kann das Bild erschlossen werden, indem es zunächst intensiver betrachtet wird und man sich über das Bild austauscht. Mit spielerischen Methoden kann man sich ‚mit dem Bild unterhalten‘ und mehr über es erfahren.

Der Medienpädagoge Christian Doelker empfiehlt, für alle Bildbetrachtungen im (sozial-)pädagogischen Kontext die verschiedenen Bedeutungsebenen von Bildern in drei Schritten zu erarbeiten. Zuerst wird die spontane Bedeutung untersucht, „der Betrachter spricht“ (Doelker 2012: 16), anschließend folgt die inhärente Bedeutung, „das Bild spricht“, und schließlich die intendierte Bedeutung: „der Bildautor (oder Experte) spricht“ (ebd.:17). Die inhärente Bedeutung umfasst alle Ebenen und Aspekte, die klar vom Bild selbst ausgehen, das, was das Bild spricht, über Farben, Formen, Komposition und Dargestelltes kommuniziert. Der/die Betrachter*in reagiert mit der Zuschreibung ihrer/seiner spontanen Bedeutungen auf die inhärente Bedeutung des Bildes. Die intendierte Bedeutung hingegen repräsentiert die Absicht der Bildermacher*innen, der/die Bildautor*in spricht. Allerdings sprechen Künstler*innen nicht immer offen darüber, was sie zur Gestaltung eines Bildes veranlasst hat, weshalb die intendierte Bedeutung oft nur indirekt aus den Ebenen der inhärenten Bedeutung abgeleitet werden kann. (vgl. ebd: 17)

Am Ende des ästhetischen Wahrnehmungsprozesses von Kunstwerken steht ein ästhetisches Urteil über das Werk und sei es nur, dass es als schön oder hässlich betitelt wird. Durch vielfältige Bildbetrachtungen können wir unsere ästhetische Urteilskompetenz schulen, aber auch unseren persönlichen Geschmack entwickeln.

In gemeinsamen Werkbetrachtungen sollte zunächst mit dem Modus der Wertschätzung an die vielleicht auch fremd anmutenden Bildwerke herangegangen werden. Das Wertschätzen von Bildern bedeutet, ihnen einen grundsätzlichen Wert zuzuerkennen, die jeweilige gestalterische Leistung zu schätzen und die Vielfalt der bildnerischen Lösungen sowie kulturellen und milieuspezifischen Ausdrucksformen zu würdigen. Dadurch werden auch andere Sichtweisen und Perspektiven anerkannt (vgl. Wagner/Schönau 2016: 125) und unterschiedliche Bildsprachen wie künstlerische Ausdrucksweisen kennengelernt.

Bildbetrachtungen ermöglichen auch (inter-)kulturelle Bildung. Bei der Betrachtung von Kunstwerken aus unterschiedlichen kulturellen Kontexten können mögliche kulturelle ikonografische Unterschiede und Besonderheiten erarbeitet werden, die in unterschiedlichen Bildtraditionen verschiedener Kulturen wurzeln, aber auch die transkulturellen Verwobenheiten und Zusammenhänge von Bildgestaltungen thematisiert werden. Darüber hinaus können bildlich dargestellte kulturelle und soziale Ideale diskutiert werden (vgl. Niehoff 2006: 241).

Durch wiederholte Bildbetrachtungen, durch die zunehmende Vertrautheit mit ihnen, kann auch eine Freude im Umgang mit Bildern der Kunst entwickelt werden, die zu Bildgenuss und zum Genießen des Vorgangs des Betrachtens führt. Bildbetrachtungen fördern also *Visual Literacy* und ästhetische Erfahrungen.

Bei Bildbetrachtungen in der Sozialen Arbeit geht es, wie sicher deutlich geworden ist, nicht um eine kunstwissenschaftliche Bildanalyse, sondern um ein Erleben des Kunstwerks. Um sich mit einem Kunstwerk dennoch systematisch auseinanderzusetzen, kann es für Sozialpädagog*innen hilfreich sein, sich mit einfachen methodischen Zugängen der Bildbetrachtung aus der Kunstpädagogik vertraut zu machen. Einen möglichen didaktischen Rahmen schlägt der amerikanische Kunstpädagoge Trevor A. Bryan vor. Dieser umfasst folgende sechs Schritte:

1. Beschreibe alles, was Du siehst.
2. Bestimme die Stimmung/Atmosphäre und begründe dies mit Aspekten der bildlichen Darstellung.
3. Was verursacht die Stimmung?
4. Bestimme das große Thema des Bildes.
5. Wo entdeckst Du Symbole und Metaphern?
6. Stelle Verbindungen her zwischen dem Bild und Dir (vgl. Bryan 2018).

Das Üben des Herstellens von Verbindungen zu sich selbst, zum eigenen Leben, ist zudem ein effektives Kreativitätstraining. Trevor zitiert hier Steve Jobs mit seiner Definition von Kreativität: „Creativity is just connecting things." (Jobs in Bryan 2018) Die Einladung, das Gesehene mit schon Erfahrenem bzw. mit vorhandenem Wissen zu verknüpfen, hilft, Sinnebenen der Bilder zu erschließen und stellt aber auch eine Verbindung zum jeweilig eigenen Leben her, was sehr motivationsfördernd für den Betrachtungsprozess wirken kann. Verbindungen herzustellen ist darüber hinaus eine Einladung an die Beteiligten, mit anderen zu teilen, was sie erfahren haben und wer sie sind (vgl. Bryan 2018). Es kann zudem fruchtbar sein, beim Betrachten von Bildern die Frage zu stellen, wie die Geschichte, die dort erzählt wird, weitergehen könnte.

Bryan betont, dass die ‚Geschichten' in Bildern maßgeblich durch die erzeugten und wahrgenommenen Stimmungen und Atmosphären erzählt werden (vgl. ebd.). Stimmungen und Atmosphären werden durch das komplexe Zusammenspiel verschiedenster Bildelemente erzeugt. Ein hilfreiches Mittel zur Bildbetrachtung ist daher auch sein Zugang über *Access Lenses*, also bestimmte Lupen, durch die man beim Betrachten blickt und die Zugänge und Einblicke in den Sinn von Bildern schaffen können. Lupen sind hier in einem übertragenen Sinn zu verstehen und meinen einen bestimmten Fokus, den man auf das Bild und seine Elemente richtet. Mit jeder Lupe wird ein spezieller Aspekt des Bildes beleuchtet. Durch die Verwendung mehrerer Lupen kann ein komplexes Verständnis eines Bildes erreicht werden. Der Hauptfokus liegt auf der Atmosphäre und Stimmung der Charaktere, der Objekte wie auch des Gesamtbildes. Bryan schlägt vor, das Bild immer durch mehrere Lupen zu betrachten. Mithilfe der Lupen können sich Sozialpädagog*innen genauso wie Teilnehmende den atmosphärischen Gehalt und die Stimmungen, die das Bild vermittelt, erschließen und in Worte fassen. So kann sowohl der von den Bildschöpfer*innen intendierte Sinn als auch der Sinn, den die Betrachter*innen der Darstellung entnehmen, erarbeitet und diskutiert werden (vgl. ebd.).

Mögliche Lupen können sein:

- Gesichtsausdruck
- Körpersprache
- Farben
- Abstände zwischen Charakteren, Objekten sowie Orten: mit der örtlichen Entfernung wird oft auch die emotionale Nähe oder Distanz thematisiert.
- Die Größenverhältnisse der dargestellten Dinge, Personen zueinander; sie sagen auch etwas zur inhaltlichen Bedeutung der Dinge und Personen in der Erzählung aus.
- Ausdruck von Geräuschen, gesprochenen Wörtern, Lautstärke, Stille durch visuelle Mittel
- Was ist vorne, was ist hinten; gibt es Zoom-Darstellungen, was wird herangezoomt, was in Weitwinkelansicht gezeigt.
- Symbole und Metaphern

Eine weitere hilfreiche Annäherungsstrategie an ein Bild kann sein, darüber zu reflektieren, wie das Bild mit den Betrachtenden interagiert. Werden die Betrachtenden von Elementen des Bildes direkt angeblickt und damit aufgefordert in direkten Kontakt mit ihnen und dem Bild zu treten und/oder etwas zu tun? Oder ist der/die Betrachtende ein/e Beobachter*in einer Szenerie von außen? Die perspektivischen Konstruktionen im Bild bringen den/die Betrachter*in in eine bestimmte Betrachtungsposition, durch Froschperspektive wird der/die Betrachtende von oben vom Bild angeblickt, das Bild ist in einer ‚mächtigen' Position, bei vogelperspektivischen Darstellungen blicken die Betrachtenden von oben auf die Szenerie und befinden sich selbst in einer mächtigen bzw. unabhängigen Position. Diese Wirkungen durch die perspektivische Konstruktion sind Teil der Sinnerschließung des Bilds über Elemente der Bildsprache. Des Weiteren wird die Wirkung der unterschiedlichen Einstellungsgrößen beleuchtet; sieht der/die Betrachter*in einen kleinen Ausschnitt eines großen Ganzen in einer Nahaufnahme oder überblickt man in einer Totale die ganze Szene (vgl. Kress/Leeuwen 2010: 114ff.).

Bilder haben häufig sowohl fiktionale und realistische Aspekte, die Anstoß sein können zur Reflexion über Fiktion und Realität. Bildbetrachtungen können auch übergehen in einen gestalterisch-bildnerischen Prozess, in dem dann wiederum mit Aspekten von Fiktion und Realität experimentiert werden kann. Auch können Kopien der Kunstwerke Anlass zu einer gestalterischen Reflexion des Gesehenen anregen, indem sie zerschnitten und neu zusammengesetzt, übermalt, weitergeführt, in neue Zusammenhänge und Kontexte gesetzt werden und vieles mehr.

Grundsätzlich sollte bei jeder Bildbetrachtung eine Entscheidungsfreiheit gegeben sein, bestimmte Bilder oder Bildausschnitte nicht oder nicht intensiver zu betrachten, sie nicht wahrnehmen zu müssen. Eine solche Entscheidung muss akzeptiert werden. Manchmal stellt sich zudem die Frage, ob ein Bild ethisch durch seine Art der Darstellung, des Dargestellten und des Themas vertretbar ist, das betrifft in besonderer Weise Gewaltdarstellungen und Bilder mit pornografischen oder sexualisierten Darstellungen. Dazu kann es durchaus zu Diskussionen unter den Teilnehmenden kommen, da verschiedene kulturelle Hintergründe auch zu unterschiedlichen ethischen wie ästhetischen Wertmaßstäben führen können. Aber auch andere Bilder können die Betrachtenden so tief berühren, dass sie Unterstützung bei der Bewältigung des Gesehenen brauchen (vgl. Doelker 2002: 153)

10.5 Biografiearbeit durch Bildbetrachtung

Kunstwerke bieten als ästhetische Objekte vielfältige Interpretations- und Assoziationsmöglichkeiten, die individuelle Erinnerungen und Emotionen wachrufen können, die sonst womöglich unzugänglich geblieben wären. Durch das Betrachten eines Bildes oder Kunstwerks entsteht eine Distanz zum eigenen Alltag. Dies erleichtert vielen Menschen den Einstieg in die Reflexion über ihre Lebenssituation und Geschichte. Das Betrachten, die Auseinandersetzung mit einem Kunstwerk in kreativer, gestalterischer Form und der Dialog darüber kann dabei helfen, verschüttete Erinnerungen zu reaktivieren. Bildbetrachtungen schaffen so eine Möglichkeit, über das eigene Leben und die eigene Lebensgeschichte nachzudenken. Die Betrachtung eines Kunstwerks kann daher als gezielter Einstieg in biografische Gespräche oder auch gestalterische Methoden (siehe Kapitel 9.7) der Biografiearbeit in Settings Sozialer Arbeit dienen. Biografiearbeit mit Bildern der Kunst ist also eine methodische Annäherung, um das Verständnis und die Reflexion der eigenen Lebensgeschichte zu fördern, und basiert wie alle Ansätze der Biografiearbeit auf der Annahme, dass die Reflexion über das eigene Leben zur Selbstwahrnehmung, Identitätsbildung und zur emotionalen Verarbeitung beiträgt.

Kunstwerke können durch ihre symbolischen Repräsentationen einladen, über Lebensthemen und -konflikte zu reflektieren. Beispielsweise kann ein Gemälde, das eine Reise darstellt, zur Metapher für den Wunsch nach persönlicher Weiterentwicklung und Veränderung interpretiert werden. Durch die Leerstellen im Bild, also all die Stellen, die sich nicht eindeutig durch das Betrachten erschließen lassen, können bewusst oder unbewusst eigene Lebensthemen und -erfahrungen in die Bildbetrachtung einfließen. Bilder sind zudem stets mehrdeutig und vielschichtig, sie eröffnen so eine breite Palette von Ankerpunkten für Assoziationen und die Reflexion. In jedem Kunstwerk gibt es unbestimmte Stellen, also Stellen, die uns nachfragen oder etwas fragen lassen, z. B. wohin blickt die Person auf dem Bild, was sieht er/sie in der Realität oder vor seinem/ihrem inneren Auge, oder was ist kurz vor der Szene im Bild passiert und was passiert danach? Diese Leerstellen malen wir mit unserer Phantasie aus und die Basis unserer Phantasie ist unsere Lebensgeschichte, unsere Erfahrungen.

Die bildwissenschaftliche Rezeptionsästhetik geht davon aus, dass die Betrachter*innenfunktion in Werken der Bildenden Kunst schon vorgesehen ist und die zukünftigen Adressat*innen von den Künstler*innen bei der Entstehung des Werkes schon mitgedacht und mitbedacht werden. Die Betrachtenden nähern sich einem Bild mit der ihnen eigenen Lebensgeschichte und füllen mit dieser die Betrachter*innenfunktion aus (vgl. Kemp 1996: 242f.). Dies geschieht durch das „Ausmalen" von den genannten „Leerstellen" oder „Ungewissheitsstellen" im Werk durch den Betrachter, dem Hineindenken von persönlichen Aspekten oder durch die Interpretation des Bildes in Form einer Geschichte (vgl. dazu Mann/Schröter/Wangerin 1995: 49ff.).

Methoden der Biografiearbeit mit Werken der Kunst können auch mit Methoden gestalterischer Biografiearbeit (siehe Kapitel 9.7) verknüpft werden.

Beispiel

Bildbetrachtung in der Erwachsenenbildung
Eine Sozialpädagogin zeigt während eines Kurses der Erwachsenenbildung mit dem Fokus auf Biografien den Teilnehmenden das Bild *Die Fabel/la fable* (1883) der Malerin Berthe Morison als Ausgangspunkt für die Reflexion über die eigene Kindheit. Auf dem Bild ist eine junge Frau auf einer Gartenbank und ein Kind dargestellt. In einer lichtdurchfluteten sommerlichen Szenerie erzählt das Kind der Frau etwas, die aufmerksam zuhört. Für die Bildbetrachtung wird zunächst das Gemälde an die Wand projiziert und die Teilnehmenden gebeten, ihre Gedanken und Erinnerungen dazu stichpunktartig zu notieren. Die intensive Betrachtungsphase führt bei einigen Teilnehmenden zu intensiven Selbstbegegnungen und zu vielen Erinnerungen aus der eigenen Kindheit (vgl. Dorner 2004: 96). In einer weiteren Phase werden die Teilnehmenden eingeladen, aus den notierten Assoziationen einen kurzen Text zu schreiben und diesen im Anschluss zu teilen. Eine Teilnehmerin erinnert sich während des Betrachtens an die Sommer auf dem Lande bei ihrer Großmutter und an die schönen Stunden mit der jüngeren Schwester ihrer Mutter dort, andere beschreiben, dass sie so eine intensive Zeit mit Erwachsenen in der eigenen Kindheit gar nicht kannten, sondern in einer ähnlichen Szenerie mit anderen Kindern unterwegs waren. Diese unterschiedlichen Erinnerungen führen zu einem regen Austausch über die Kindheit(en). Dadurch wird eine facettenreiche Reflexion über ein wichtiges Thema im eigenen Leben angeregt.
Durch das Teilen der unterschiedlichen biografischen Assoziationen zu dem Bild in der Gruppe und die unterschiedlichen Sichtweisen und Geschichten der Teilnehmenden wird auch das Bild vielfältig neu erlebt.

10.6 Museum und Kunstvermittlung

Nur ein geringer Teil der Bevölkerung geht regelmäßig ins Kunstmuseum, von vielen Menschen werden Museumsbesuche als anstrengend erlebt und Museen als nicht zeitgemäß gesehen (vgl. Piontek 2018). Gerade Adressat*innen Sozialer Arbeit sind eher selten unter den Museumsbesucher*innen zu finden. Es braucht also geeignete Zugänge und methodische Hilfen, um Museen zu Orten von sinn- und genussvollen Erfahrungen werden zu lassen. Auf der anderen Seite kann gerade bei besonders publikumswirksam präsentierten und beworbenen Ausstellungen ein enormer Boom beobachtet werden mit vollen Museen und Schlangen vor den Kassen. Es scheint, dass man diese Ausstellungen gesehen haben muss, um gesellschaftlich dazuzugehören, um mitreden zu können, aber nicht allen ist ein Besuch derselben möglich.

Museen und Ausstellungen sind keine machtfreien Räume, auch wenn sie im gesellschaftlichen Auftrag gesellschaftlich wertgeschätzte Objekte sammeln und zeigen. Sie selektieren, wer oder was in die jeweilige Sammlung einbezogen wird und dazugehört, und das nicht nur bezogen auf die Exponate. Hohe Eintrittspreise gerade für die attraktiven Sonderausstellungen regeln den Zugang. Auch die Architektur des Museums ist ein nicht zu vernachlässigender Faktor im ästhetischen Machtdiskurs eines Museums. Hohe Räume, große Treppenaufgänge erinnern an herrschaftliche Bauten, diese können sowohl einschüchternd wirken als auch Freiheit spürbar werden lassen. Die Räume und deren Struktur prägen die möglichen Erfahrungen bei einem Museumsbesuch, sie sprechen die Besucher*innen auf leiblicher Ebene direkt durch die gestalteten Atmosphären an (vgl. Nettke 2017). Museumsräume, genauso wie die ungeschriebenen Verhaltensregeln in einem Museum, können dazu führen, sich fehl am Platz zu fühlen, unsicher zu sein und unsichtbare kulturelle Barrieren zu spüren.

Was aber ist überhaupt ein Museum? ICOM, der internationale Fachverband für Museen, definiert es so:

> „Ein Museum ist eine nicht gewinnorientierte, dauerhafte Institution im Dienst der Gesellschaft, die materielles und immaterielles Erbe erforscht, sammelt, bewahrt, interpretiert und ausstellt. Öffentlich zugänglich, barrierefrei und inklusiv, fördern Museen Diversität und Nachhaltigkeit. Sie arbeiten und kommunizieren ethisch, professionell und partizipativ mit Communities. Museen ermöglichen vielfältige Erfahrungen hinsichtlich Bildung, Freude, Reflexion und Wissensaustausch." (ICOM o.J.)

Museen wollen also einen inklusiven Erfahrungsraum schaffen, der kulturelle, sinnliche und ästhetische Erfahrungen in besonderer Weise sowohl durch die Exponate als auch durch die Museumsarchitektur ermöglichen kann. „Aspekte wie Überraschung, Lust, Irritation, Sinnlichkeit und vieles mehr spielen im Museum eine große Rolle." (Preuß/Hofmann 2019) Das Museum versteht sich grundsätzlich auch als sozialer Raum, in dem Begegnungen möglich werden, auch wenn die bereits beschriebenen immateriellen Zugangshürden oftmals nicht für alle zu überwinden sind. Museen sind zudem kommunikative Räume, die Exponate laden zum Dialog über sie ein, sei es zum stillen Dialog mit sich selbst oder im Austausch in der Gruppe. Museen wollen Teilhabe am kulturellen Erbe einer Gesellschaft ermöglichen, sie haben zudem einen Bildungs- und Vermittlungsauftrag, wobei diesem ein weites Verständnis von Vermittlung zugrunde liegt, was im Wesentlichen auf die Ermöglichung von sinnstiftenden Erfahrungen und einem Verständnis von Lernen durch Erfahrung basiert. Um Adressat*innen der Sozialen

Arbeit allerdings den Zugang zum Museum zu erleichtern, braucht es vielfach die Unterstützung von Sozialpädagog*innen.

Museen arbeiten wie Bilder vor allem mit dem Modus des Zeigens. Das ist gerade für Menschen mit eingeschränkten verbalen Kompetenzen ein großer Vorteil, denn über die sinnlich wahrnehmbaren Werke können auch sie mit diesen gut in Kommunikation treten. Zeigen kann als eine grundlegende Methode des bildungswirksamen Handelns eines Museums verstanden werden. Gezeigt werden ganz unterschiedliche Objekte je nach Museum und Museumstyp, schon alleine die Art wie etwas gezeigt wird, ist ein Teil der Vermittlungsarbeit. Durch die wahrnehmbaren Objekte und Objektstrukturen werden auch verschiedene Bedeutungsebenen und Kontexte erfahrbar gemacht. Allerdings können die Bedeutungszuweisungen und Relevanzsetzungen (*meaning making*) der Besucher*innen erheblich von denen des Museums abweichen, da sie von den individuellen Erfahrungen, Vorstellungen, vom kulturellen Hintergrund der Besucher*innen und von spezifischen Bedingungen ihres Museumsbesuchs beeinflusst werden. In der personalen Vermittlungsarbeit im Museum können diese Unterschiede als Ressource für den interaktiven Austausch und für eine konstruktivistische Perspektive auf die Kunstwerke genutzt werden (vgl. Nettke 2017). Eine konstruktivistische Perspektive auf das Bild entsteht durch all die unterschiedlichen Sichtweisen auf das Bild.

Museen ermöglichen Begegnung mit Kunst im Original. Warum aber kann der Besuch von Museen heute noch als eine besondere Möglichkeit zur kulturellen Teilhabe und zur Förderung visueller Kompetenz gelten, obwohl es zahlreiche technische Möglichkeiten zur Reproduktion von Bildern gibt? Zum einen ist es die besondere Atmosphäre im Museum, die uns mit Zeugnissen der visuellen Kultur anders in Kontakt kommen lässt als über Reproduktionen. Die Museumsatmosphäre lenkt die Wahrnehmung auf die ausgestellten Objekte und hilft, Wahrnehmungsfähigkeit zu schärfen und Empathie zu fördern. Zum anderen werden die Werke dort in ihrer tatsächlichen Materialität erlebt, was diese häufig besser verstehen lässt. Im Original haben die Werke eine andere, intensivere Qualität der Begegnung, sie wirken über die Materialität durch besondere Authentizität und Präsenz.

Die Materialität und Herstellungsweise eines Bildes tragen wesentlich zu seiner Wirkung bei. Große Ölgemälde wirken allein durch ihre Dimension anders als kleine Strichzeichnungen, und computergenerierte digitale Bilder haben eine andere Wirkung als Aquarelle. Die Oberflächenstruktur spielt dabei eine wichtige Rolle, weshalb es für ein tieferes Verständnis wichtig ist, Bilder im Original zu sehen, da viele materielle Qualitäten in Abbildungen verlorengehen (vgl. Kress/Leeuwen 2010: 215ff.). Die Auseinandersetzung mit Originalen erweitert das Wissen über visuelle Kultur (vgl. Schumann-Jung 2014: 96f.).

Museumsbesuche tragen so zur Förderung der visuellen Kompetenz und Bildkompetenzen bei, aber auch zur kulturellen Handlungskompetenz im Raum Museum. „Just looking at art is actually a deeply complex, culturally loaded action, requiring a specific framework. Visual literacy is, therefore, closely connected to cultural literacy and to literacy in general. As such, it is fully deserving of serious consideration in basic education." (Rice 1988: 14)

In einer Reihe Studien konnte belegt werden, dass die Begegnung mit Kunstwerken in besonderem Maße im Museum das Gespräch über die Werke, die sprachliche Ausdrucksfähigkeit wie auch das kritisch-reflexive Denken erheblich fördert (vgl. Housen 2001: 122).

> „Our Byron study convinced us that reasoning about art is an effective way to pursue one of education's most elusive goals: the development of critical thinking. That said, we believe that art should not have to be justified as a means to other ends. It is through art that we have experiences we would not have in other ways. Art tells us who we are; it helps us understand what it is to be human." (Ebd.)

In der Begegnung mit Kunstwerken im Museum verschränken sich also allgemeine, kulturelle und sprachliche Bildung und die Förderung von Bildkompetenzen einer Person (vgl. Rice 1988: 15f.).

Ein Besuch im Museum oder in einer Galerie kann besonders auch die sinnlich-visuelle Wahrnehmung fokussieren. Das *Toledo Museum of Art* in den USA, das sich seit Jahrzehnten mit der Forschung zu Kunstwahrnehmung im Museum befasst, unterscheidet zwischen verschiedenen Aspekten der visuellen Wahrnehmung, die bei einem Museumsbesuch relevant sind: ‚Look' bezeichnet den rein physikalischen Sehakt, ‚Observe' meint das genaue Hinschauen, ‚See' beschreibt den mentalen Prozess, bei dem das visuell Wahrgenommene erkannt und mit bisherigen Seherfahrungen sowie Wissen, Erfahrungen und Erlebnissen verknüpft wird, um Bedeutung zu schaffen. ‚Describe' meint das Beschreiben, also die Bestandsaufnahme des Abgebildeten. Es unterstützt das genaue Hinschauen und hilft dabei, Gedanken über das Wahrgenommene zu erkennen und zu ordnen (vgl. Toledo Museum of Art 2018).

Menschen mit Seheinschränkungen können ähnliche Sinneserfahrungen im Modus des Tastens machen. Viele Museen bieten gerade für Menschen mit Sehbehinderungen geeignete interaktive Führungen an. Aber nicht nur die sinnliche Wahrnehmung wird in der Begegnung mit den Werken im Museum angesprochen, auch die Leiblichkeit der Betrachtenden wird durch die in den Werken und durch die Werke gestalteten Atmosphären genauso wie durch ihren emotionalen Gehalt adressiert. Leibliche Erfahrung ist im Museum ein wichtiger Faktor (vgl. Preuß/Hofmann 2019).

Museumsbesuche und Kunstvermittlung in der Sozialen Arbeit hat zunächst immer als Ziel, sinnstiftende Erfahrungen zu machen, zu genießen, sie wollen den Adressat*innen aber auch kulturelles Lernen durch die Begegnung mit musealen Räumen und Werken der Kunst ermöglichen genauso wie kulturelle Teilhabe. Es können bei einem Museumsbesuch in einem Kunstmuseum ganz verschiedene Ebenen der Auseinandersetzung gleichzeitig angesprochen werden: die soziale Ebene im Austausch mit der Gruppe oder die ästhetische und kulturelle Ebene in der Begegnung mit den Kunstwerken und dem Museumsraum, die historische und politische Ebene in der Begegnung mit dem Gezeigten und Erfahrenen, auch hinsichtlich postkolonialer Diskurse oder Diskursen zu Raubkunst. Museumsbesuche ermöglichen die Begegnung mit Fremden im Raum der Kunst und mit den Kunstwerken. Diese Fremdheitserfahrungen laden dann wiederum oft zu verbalem Austausch ein.

Viele Museen bieten Kooperationen mit Institutionen Sozialer Arbeit an und/oder richten sich mit spezifischen Vermittlungsprogrammen an Zielgruppen Sozialer Arbeit. Dabei arbeiten sie wiederum mit oftmals freiberuflichen Kunstvermittler*innen zusammen. So gibt es spezielle interaktive Formate der Kunstvermittlung für Menschen mit unterschiedlichsten Behinderungen, für Kinder genauso wie für Jugendliche und geflüchtete Menschen. Zudem bieten viele Museen Räume für niederschwellige Treffen im Museum an, die dann nach und nach mit Besuchen der Ausstellungen verbunden werden können. Außerdem haben die meisten Museen auch Kreativräume, um im Anschluss an eine Begegnung mit den Werken das Gesehene auch im Modus der Gestaltung verarbeiten zu können.

Wird mit Adressat*innen Sozialer Arbeit ein Museum besucht, steht nicht die Wissensvermittlung in Form einer klassischen Führung im Vordergrund, sondern dialogische, interaktive Formen der Kunstvermittlung und Kunstbetrachtung, die viele unterschiedliche subjektive Zugänge zu den Werken ermöglichen. Mit den assoziativen, dialogischen Methoden soll Aufmerksamkeit fokussiert und gefördert werden. Handlungsorientierte Methoden der Vermittlungsarbeit, die oft ein *Hands-on* beinhalten, ermöglichen ein Selbsttätigwerden der Teilnehmenden und damit eigene Erfahrungen mit den Kunstwerken zu machen. Im Dialog mit den Teilnehmenden wird versucht, einen Gegenwartsbezug genauso wie einen Bezug zu deren Lebenswelt herzustellen.

Spielerisch wird versucht, die inneren Hürden abzubauen, die verhindern, sich auf die Werke im Museum und überhaupt auf das Museum als Ganzes einzulassen. Dabei kommen zum Beispiel nichtsprachliche assoziative Verfahren wie der ‚Chinesische Korb' zum Einsatz. Diese Methode dient beispielsweise als erste Annäherung an Exponate. Beim ‚Chinesischen Korb' handelt es sich um eine mehr oder weniger willkürliche Sammlung von (alltäglichen) Gegenständen, die meistens in einem Korb oder einer Schachtel präsentiert werden. Jede/r Teilnehmer*in wählt entweder blind oder gezielt einen Gegenstand aus. Die Aufgabe besteht nun darin, ein Exponat in der Ausstellung zu finden, das subjektiv zu dem ausgewählten Gegenstand passt oder eine Verbindung herstellt. Eine weitere nichtsprachliche Methode der assoziativen Annäherung an Bilder und ästhetische Objekte ist das Erzeugen von Geräuschen. Mithilfe bereitgestellter Instrumente oder anderer Ton erzeugender Objekte können Geräusche produziert werden, die als Reaktion auf wahrgenommene Phänomene entstehen. Assoziative Verfahren tragen zur notwendigen Vielfalt von Zugangsmöglichkeiten zu Bildern bei (vgl. Bering et al. 2022: 45). Genauso können Situationen auf Bildern gemeinsam szenisch nachgestellt werden, um sich leiblich in die Situation einzufühlen.

Für einen tieferen Einstieg in die Methoden der spielerischen Kunstvermittlung gibt es eine Reihe von Arbeitshilfen, hier erwähnt werden soll das Buch *Kunst-Spiele* (2012) des Kunstvermittlers Alfred Czech.

Beispiel

Museumsbesuch für Menschen mit Demenz
Ein Senioren*innenwohnheim kooperiert mit dem lokalen Kunstmuseum und die Sozialpädagogin bietet für die Bewohner*innen regelmäßig Besuche zu aktuellen Ausstellungen dort an. Gezielt spricht sie auch Bewohner*innen mit einer demenziellen Erkrankung an, für das die Kunstvermittler*innen des Museums in Kooperation mit der Sozialpädagogin ein eigenes Kunstvermittlungsformat entwickelt haben. Die Kunstvermittler*innen des Museums betreuen zusammen mit der Sozialpädagogin die Besucher*innen während einer interaktiven Führung von etwa anderthalb Stunden. Die Kunstvermittler*innen erläutern die Bilder in einfacher Sprache und nutzen dabei Requisiten wie Hüte, Federn oder Musik, um die Aufmerksamkeit der Teilnehmenden zu fokussieren und ihre Sinne zu stimulieren. Ziel ist es, einen Bezug zu den ausgestellten Kunstwerken herzustellen, die Besucher*innen zu aktivieren und Erinnerungen an eigene Lebenserfahrungen zu wecken. Der Dialog über ein Bild wird besonders lebendig, wenn persönliche und menschliche Aspekte thematisiert oder unterhaltsame und witzige Anekdoten zum Objekt erzählt werden. Auch wird versucht, persönliche Beziehungen zum Bild herzustellen wie: „Der Künstler liebte Tiere und die Natur, er hat Tiere in vielen Bilder gemalt. Was ist ihr Lieblingstier?“ Gerade durch die Kunstbetrachtung können Erinnerungen wachgerufen werden, die möglicherweise lange im Verborgenen geschlummert haben und die nun artikuliert werden. Da durch eine Demenzerkrankung zwar die kognitiven Fähigkeiten der Menschen eingeschränkt werden, aber weit weniger stark ihr emotionales Erleben, werden sie häufig auf den sinnlich-emotionalen Ebenen von Kunstwerken berührt.
Zum Abschluss jeder Führung werden Fotos gemacht, die die Besucher*innen als Erinnerung mit in ihr Wohnheim nehmen.
Im Fokus des Besuchs stehen die Aktivierung, der Genuss sowie der Austausch. Für Menschen mit Demenz sind Museumsbesuche nicht nur eine Abwechslung zu ihrem Alltag im Wohnheim, sondern eine wichtige Möglichkeit der sozialen und kulturellen Teilhabe.

Empfohlene Literatur:

Czech, Alfred (2012): *Kunstspiele: Spielend Kunst verstehen lernen*, Schwalbach/Ts: Wochenschau Verlag.

Piontek, Anja (2018): Partizipation und Museum: Spannend und spannungsreich zugleich, in: KULTURELLE BILDUNG ONLINE: www.kubi-online.de/artikel/teilhabe-kultur-digitalitaet-kinderarmut-chancen-digitaler-bildung, 1.6.2024.

11 Präsentieren und Öffentlichkeiten schaffen

Zusammenfassung

„Die künstlerisch-ästhetische Praxis in der Sozialen Arbeit ist vor allem auf die Aktivierung der Selbsthilfe und Selbstbildungspotenziale und auf Selbstständigkeit und Mündigkeit der Adressat*innen ausgerichtet. Ziel ist die Befähigung der Adressat*innen, ein (möglichst) selbstbestimmtes und autonomes Leben (wieder) führen zu können." (Meis/Mies 2018: 40) Darüber hinaus kann gerade über Ausstellungen von bildnerischen Werken und durch künstlerische Aktionen im Sozialraum eine einladende Öffentlichkeit für die Anliegen und Probleme von Adressat*innen Sozialer Arbeit geschaffen werden.

Ebenso wie künstlerische Werke wollen deren Schöpfer*innen sehr häufig mit ihren Werken mit anderen in Kommunikation treten. Die dritte Handlungsform Ästhetischer Praxis in der Sozialen Arbeit ist daher die Präsentation der bildnerischen Ergebnisse als Kommunikations- und Verständigungsgegenstand sowie als Mittel, Öffentlichkeit für bestimmte Werke und Zielgruppen zu schaffen. Ob wohnungslose Menschen, Jugendgruppen, psychisch Kranke, sie alle, sofern sie bildnerisch gearbeitet haben, zeigen ihre Werke einem mehr oder weniger großen Publikum in einem geschützten Raum oder in der Öffentlichkeit. Dieses Publikum kann im kleinsten Fall nur aus einer Person bestehen, wie einer Sozialpädagogin oder einem Sozialpädagogen in der Beratung, oder aus einer kleinen Seminargruppe. Die Werke können aber genauso potenziell ein weltweites anonymes Publikum erreichen wie z. B. ein Videoclip auf der Homepage eines Jugendzentrums.

Präsentation zielt darauf ab, mit dem Publikum in Kommunikation zu treten und Verständnis für die Werke und die Kunstschaffenden zu fördern. Im Dialog mit dem Publikum werden die in der ästhetischen Produktion enthaltenen Botschaften, Ausdrucksformen und Interpretationen vermittelt und geteilt. Dieses Zeigen-Können eines bleibenden Werkes unterscheidet bildnerisch-künstlerische Methoden von anderen künstlerischen und kulturellen Praktiken. Präsentieren, Kommunizieren und Sinnverständigung sind zentrale Methodenelemente ästhetischer Praxis in der Sozialen Arbeit. Während einer Gruppenarbeit können die Mitglieder abwechselnd als ‚Künstler' und ‚Publikum' agieren, dabei intensiv über persönlich wichtige Themen diskutieren und ihre Fähigkeiten in Kooperation, Konfliktlösung, Teamarbeit und sozialer Empathie entwickeln.

Zeigen erfordert einen Perspektivenwechsel, ein Sich-Hineinversetzen in andere, in das Publikum, und enthält auf der anderen Seite eben eine Aufforderung zu sozialer Empathie. Das, was gezeigt und wie es gezeigt wird, sollte nachvollziehbar für andere sein.

11.1 Ausstellen

Soziale Arbeit will Öffentlichkeit für ihre Zielgruppen, deren Wünsche und Anliegen schaffen. Eine Methode, eine solche Öffentlichkeit herzustellen, kann das Organisieren und Gestalten von Ausstellungen sein. Das bildnerische Gestalten, wodurch meist dauerhafte Produkte entstehen, bietet vielfältige Möglichkeiten, eine Ausstellung für ein Publikum zu organisieren. Ausstellungen können auch das Ergebnis einer künstlerischen Forschung darstellen.

Die bildnerisch-ästhetische Praxis lebt davon, sich einer Öffentlichkeit zu präsentieren und deren Urteil zu erfahren. Dies gilt auch für die ästhetische und kulturelle Bildung und die ästhetische Praxis als Teil der Sozialen Arbeit. In Ausstellungen findet über die Werke Wissenstransfer statt. Durch das öffentliche Präsentieren von gestalterischen Arbeiten kann so eine Öffentlichkeit für die jeweilige Zielgruppe geschaffen werden, die das Publikum in einen ganz anderen Dialog mit den Gedanken und Perspektiven der Adressat*innen Sozialer Arbeit eintreten lässt. Diese präsentieren sich als aktiv Tätige, als kreativ Schaffende und nicht als ohnmächtige Hilfeempfänger*innen. In einer internationalen Untersuchung zur künstlerischen Bildung hebt Anne Bamford die Wichtigkeit der öffentlichen Präsentation der erstellten Kunstwerke als einen wesentlichen Qualitätsaspekt der künstlerischen Bildung hervor (vgl. Bamford/Liebau/Liebau 2010: 125). Diese Erkenntnis ist ebenso relevant für die künstlerisch-ästhetische Praxis in der Sozialen Arbeit. Das öffentliche Präsentieren der eigenen Werke fördert bei den Beteiligten maßgeblich Selbstachtung und Selbstvertrauen und stärkt somit das Selbstwertgefühl.

Die eigenen Werke auszustellen, verlangt aber auch Mut. Mit dem öffentlichen Zeigen ist auch verbunden, sich in Diskussion zu bringen, die Werke der Betrachtung auszusetzen und infrage stellen zu lassen. Eine Ausstellung darf niemals nur die Interessen von sinnvoller Öffentlichkeitsarbeit verfolgen, sondern es muss immer mit den teilnehmenden Adressat*innen Sozialer Arbeit gut geklärt werden, inwieweit sie sich diesem Prozess aussetzen möchten. Auch muss vermieden werden, dass diese mit der Ausstellung in irgendeiner Weise für die Interessen des Trägers der Einrichtung oder für andere Interessen instrumentalisiert werden.

Durch die öffentliche Präsentation der Werke können die Künstler*innen Anerkennung und Wertschätzung von Außenstehenden erfahren. Eine positive Rückmeldung kann das Selbstwertgefühl und Selbstbewusstsein der Teilnehmenden stärken, sie weiter zum künstlerischen Schaffen anregen und motivieren. Eine öffentliche Präsentation kann zudem das Bewusstsein für das behandelte Gruppenthema schärfen und die Betrachtenden dafür sensibilisieren. Allerdings kann eine Ausstellung auch überfordernd wirken, insbesondere wenn die Arbeiten sehr persönliche und intime Themen behandeln. Solche Werke könnten bei Außenstehenden auf Unverständnis treffen und abwertend kritisiert werden. Daher sollte sorgfältig abgewogen werden, ob eine Ausstellung sinnvoll ist und ob sie öffentlich oder in einem geschützteren Rahmen stattfinden sollte. Ziel ist es, die Teilnehmenden weder zu überfordern noch sie der Lächerlichkeit preiszugeben. Bei experimentellen und prozessorientierten Arbeiten kann es zudem sinnvoll sein, den Schaffensprozess selbst zum besseren Verständnis über eine Foto- oder Videodokumentation zu präsentieren, um potenzieller Kritik und Missverständnissen vorzubeugen. Das Bedürfnis der Teilnehmenden nach Schutz und Wertschätzung muss bei jeder Entscheidung über eine Präsentation der Arbeiten berücksichtigt werden muss (vgl. Meis/Mies 2018: 30)

Kunst dient als Medium des Sichtbarmachens und der Kommunikation. Diese kann still stattfinden, etwa durch die stille Verständigung zwischen dem/der Künstler*in und einzelnen Betrachtenden in einer Ausstellung, oder ritualisiert wie bei einer Vernissage. Ausstellungen bringen Menschen zusammen und involvieren Publikum wie Gestalter*innen in gleicher Weise. Ausstellungen gestalten ist dabei selbst ein Akt bildnerisch-gestalterischer Tätigkeit:

> „Es geht um das Aufgreifen von Gelegenheiten, das Schaffen von Räumen und das Generieren von Situationen, damit Personen und Objekte überhaupt aufeinandertreffen können. Des Weiteren geht es um Netzwerke, um die Auswahl künstlerischer Positionen, um die Präsentation von Einzelwerken und die Sichtbarmachung von Zusammenhängen. Und schließlich geht es um die Arbeit an der Form der Ausstellung selbst und damit, um die Gestaltung der Verhältnisse zwischen dem, was zu sehen ist, und denjenigen, die das Gezeigte mit all ihren Sinnen wahrnehmen." (Ratzinger/Thalmeir 2020: 50)

Plant man eine Ausstellung, muss zunächst geklärt werden, was gezeigt und was ausgeblendet wird, ein übergreifendes Narrativ für die Ausstellung muss gefunden werden. Das umfasst die bildnerischen Werke genauso wie mögliche Erklärungen, sei es in Schriftform, Videos oder in Hörstationen. In einem nächsten Schritt wird überlegt, in welchen Räumen die Ausstellung gezeigt wird, denn grundsätzlich kann „das Ausstellen nicht getrennt von den Räumen und Kontexten betrachtet werden [...], in denen es sich vollzieht" (ebd.: 54). Es ist abzuwägen, welcher Raum gewählt wird – ein Raum in einer Institution Sozialer Arbeit oder gezielt ein Raum, der mehr ‚Publikumsverkehr' hat, wie z. B. ein Rathaus oder ein Ort der Kunst. Die vielfältigen Möglichkeiten des Digitalen lassen auch an eine virtuelle Ausstellung im digitalen Raum denken. Schon die Wahl der Räume entscheidet darüber, wer dadurch ein- oder ausgeschlossen wird. Genauso muss bei der Form der Präsentation entschieden werden, an welches Publikum sich die Ausstellung vorrangig richtet und wie dieses von der Ausstellungsform und -präsentation inkludiert werden kann. Die gestalterisch-ästhetische Leitlinie der Ausstellung muss geklärt werden, genauso wie viel erläuternder Text etc. notwendig bzw. sinnvoll ist. Gestalterische Elemente wie die Hängung, Präsentation und Komposition der Kunstwerke erweisen sich dabei als genauso relevant wie inhaltliche. Die möglichen Beziehungen zwischen Subjekten und Objekten müssen in den Blick genommen und thematisiert werden, sprich welche Kommunikationsräume sollen in der Ausstellung geschaffen werden, welche Prozesse an der Schnittstelle von der Produktion und der Rezeption von Kunst sollen entstehen. Sollen interaktive Elemente, die von Büchertischen über Zeichenstationen bis zu multimedialen Formaten reichen können, in die Ausstellung integriert werden, damit das Publikum auch aktiv an und in der Ausstellung partizipieren kann. Auch muss geklärt werden, welche möglichen Begleitveranstaltungen ein noch breiteres Publikum erreichen können.

Organisatorische und administrative Abläufe von Sicherheitsaspekten bis zu Öffnungszeiten der Ausstellung, sämtliche ein- und ausschließenden Faktoren, genauso wie Gestaltungskomponenten und die inhaltliche Ausgestaltung einer Ausstellung greifen ineinander und machen das Ausstellen zu einer recht komplexen gestalterischen Aufgabe. Gerade bei den gestalterischen Komponenten wie Hängung und Präsentation kann es sinnvoll sein, eine Kooperation mit ‚Profis', mit Kunstvermittler*innen, Künstler*innen etc. zu suchen.

Beispiel

Ausstellung von Fotografien von Frauen in der Wohnungslosenhilfe
Ein Tagestreff für wohnungslose und vormals wohnungslose Frauen bietet ein mehrwöchiges Kunstprojekt an. Es entstehen sowohl Zeichnungen, Malereien, aber auch Fotoinstallationen und Videos zum Thema „Was mir wichtig ist".
In den abschließenden Treffen des Projekts werden die entstandenen Werke präsentiert und gemeinsam entscheidet man, eine öffentliche Ausstellung der Arbeiten im Foyer des Tagestreffs zu organisieren. Es findet eine Vernissage in der Einrichtung statt, zu der sowohl Freunde und Angehörige aller Beteiligten als auch ein breiteres Publikum über den Träger eingeladen werden. In der zusätzlichen Projekteinheit haben einige der Frauen zusammen mit den Sozialpädagog*innen Texte zu ihren Werken und zur Ausstellung insgesamt verfasst, die in der Ausstellung präsentiert werden. Diese erfolgreiche öffentliche Präsentation erfüllt alle beteiligten Frauen mit großem Stolz, auch diejenigen, die aufgrund ihrer Lebenslage nicht an allen Sitzungen teilnehmen konnten.
Die ausstellenden Frauen erleben sich aus einer für sie neuen Perspektive, da wohnungslose Menschen oft auf ihre Defizite reduziert werden. In der Ausstellung präsentieren sie sich jedoch als kreative und schöpferisch handelnde Individuen. Eine solche öffentliche Präsentation kann daher auch dazu beitragen, das gesellschaftliche Bild und die Vorurteile gegenüber wohnungslosen Menschen zu verändern.
Sowohl die ausstellenden Frauen als auch die Sozialpädagog*innen fühlen sich durch die positive Resonanz der Ausstellung gestärkt. Zudem entsteht durch die Ausstellung Kontakt zu weiteren Einrichtungen der Wohnungslosenhilfe in der Region, die ebenfalls Kunstwerkstätten und -projekte anbieten. Durch die Ausstellungen vernetzen sich auch diese Einrichtungen der Sozialen Arbeit. Es entsteht die Idee, eine größere Ausstellung zusammen mit anderen Einrichtungen für wohnungslose Menschen, die ebenfalls Kunstwerkstätten betreiben, zu organisieren. Diese Vernetzung fördert neue Kontakte sowohl bei den Adressatinnen als auch bei den Sozialpädagog*innen. Gemeinsam wird überlegt, öffentliche Plätze im Stadtraum für die Ausstellung zu nutzen und ein begleitendes offenes Workshop-Programm anzubieten.

11.2 Artivismus

Eine weitere Form Öffentlichkeit mit Mitteln der Kunst zu schaffen, sind alle Formen des *Artivismus*, also eine Verbindung von Kunst und sozialer Aktion im öffentlichen Raum, im Stadtraum und im städtischen Alltag. In der Sozialen Arbeit ist *Artivismus* verbunden mit gemeinwesenorientierter Sozialer Arbeit. Der Begriff *Artivismus* setzt sich aus dem englischen *Art* und *Activism* zusammen und ist eine Form des politischen Aktivismus mit Mitteln der Kunst, eine Thematisierung politischer und sozialer Zustände mit künstlerischen Mitteln. Dabei geht es weniger um das Schaffen eines einzelnen Kunstwerks, sondern häufig um eher performative Formen des künstlerischen Ausdrucks mit recht klaren Botschaften. Es geht bei artivistischen Aktionen neben politischem Protest aber auch um Fragen, wem die Stadt oder wem der öffentliche Raum gehört (vgl. Schmitz 2015: 9).

Artivismus beschreibt eine Form des künstlerischen Ausdrucks, die aktiv gesellschaftliche oder politische Veränderungen anstrebt. Artivist*innen nutzen künstlerische Mittel, um auf Missstände aufmerksam zu machen, Kritik zu üben, Widerstand zu leisten und soziale Gerechtigkeit zu fördern. Sie setzen auf die Partizipation von vielen.

Die Kunstwerke und Aktionen sind dabei oft eng mit aktuellen Ereignissen und Protestbewegungen verknüpft und dienen als Werkzeug, um Bewusstsein zu schaffen und Menschen zum Handeln zu motivieren. „Gleichwohl agieren interventionistische Inszenierungen im Zeichen des ‚performative turn' von jeher nicht nur angriffslustig, sondern auch und heute verstärkt spielerisch (wie etwa die Flashmobs) mit subversiven Praktiken von Fest und Ereignis, mit kalkuliert medienwirksamen ‚Unterhaltungseffekten'." (Voigt 2015a: 56)

Artivismus kann sich durch verschiedene Medien und Stilmittel manifestieren, darunter Performances auf öffentlichen Plätzen, Flashmobs, Clowning, Reenactments, Teach-Ins, Street Art, Urban Gardening, Urban Knitting, Blogging und Dokumentieren in sozialen Medien, Media Jacking, Internetaktivismus und reicht bis zum Platzieren von Postern, Bannern und dem Verteilen von Flugblättern. Was *Artivismus* von traditioneller Kunst unterscheidet, ist der direkte Bezug zu politischen und sozialen Themen sowie das Ziel, durch kreative Ausdrucksformen konkrete Veränderungen herbeizuführen.

Artivismus hat in der Bildenden Kunst schon eine lange Tradition, angefangen bei den Dadaisten um 1920, den Happenings der ausgehenden 1960er-Jahre, den Aktionen von Joseph Beuys. Schon lange kooperieren politischer Protest und Bildende Künstler*innen, das reicht von der Beteiligung von Künstler*innen an Bürgerrechtsbewegungen bis hin zu aktuellen Bewegungen wie *Black Lives Matter* und *Fridays for Future*. *Artivismus* ist heute ein globales Phänomen, es finden sich schnell Beispiele aus Lateinamerika, Afrika, Asien und Europa.

Artivistische Projekte haben ein großes Potenzial für das Entfalten von generationenübergreifenden bürgerschaftlichen Ressourcen im Stadtraum in Kooperation mit Einrichtungen Sozialer Arbeit im Sinne des *Empowerment*-Gedankens. Dabei werden öffentliche Räume durch artivistische Methoden und Aktionen angeeignet, wie beispielsweise Anne Mommertz in dem Beitrag „Tunnelkultur" (2015) sehr eindrücklich beschreibt. Bürger*innen unterschiedlichen Alters verwandeln einen ‚Unraum' Tunnel zu einem städtischen Gemeinschaftsraum, der mit unterschiedlichen Aktionen, Konzerten, Lesungen und Trödelverkauf bespielt wird. *Artivismus* kann auch mit Biografiearbeit, mit Spurensuche im öffentlichen Raum, mit Dokumentation der eigenen Lebenswelt als visueller Handlungsforschung verbunden werden, indem unterschiedliche Ziel- wie Altersgruppen auf Stadtspaziergängen ihre Erfahrungen mit städtischen Räumen festhalten und dokumentieren (vgl. Schmitz 2015: 59ff.). Diese Arbeitsergebnisse können wiederum in Stadtteilzentren oder an Orten unter freiem Himmel gezeigt werden und Anregungspotenzial für die Entwicklung von Gemeinwesen bieten. *Empowerment*, soziale Aktivierung durch *Artivismus* im urbanen Kontext, zielt auf die Förderung kollektiven Bewusstseins, kollektiver Fähigkeiten und die Stärken der Bewohner*innen. Durch die aktive Mitgestaltung, Vernetzung und die Stärkung politischer Bürgerbeteiligung sollen die Menschen selbst Verantwortung für ihr Lebensumfeld übernehmen.

Empfohlene Literatur:

Schmitz, Lilo (Hrsg.) (2015): Artivismus: Kunst und Aktion im Alltag der Stadt (=Urban Studies), Bielefeld: transcript.

12 Kunstdidaktische Grundlagen für die Soziale Arbeit

Zusammenfassung

In diesem abschließenden Kapitel werden grundlegende kunstdidaktische Prinzipien für die Soziale Arbeit, die Ermöglichungsdidaktik, das Arrangieren und das Prinzip der Werkstattarbeit erläutert. Ebenso wird auf die Teilnehmendenorientierung eingegangen und im Zuge dessen die Entwicklung der Kinderzeichnung und der gestalterischen Fähigkeiten aus entwicklungspsychologischer Sicht als theoretische Grundlage für die kunstpädagogische Arbeit mit Kindern ausgeführt.
Zudem wird die Rolle und die Haltung von Sozialpädagog*innen bei der Planung und Durchführung von Angeboten ästhetisch-künstlerischer Bildung thematisiert.

In den vorangegangenen Kapiteln wurde immer wieder auch schon auf methodische und didaktische Themen eingegangen. Nun soll es darum gehen, die grundsätzlichen didaktischen Prinzipien für kunstpädagogisches Handeln in der Sozialen Arbeit zu beleuchten. Didaktik ist die Wissenschaft vom lernwirksamen Lehren, vom Lehren und Lernen, sie beleuchtet die Planung, Konzeptionierung, Durchführung und Evaluation von Bildungsangeboten (vgl. Kerres 2021: 59ff.).

Außerschulische Bildung und damit auch ästhetisch-künstlerische Bildung in der Sozialen Arbeit plant ihre Angebote im Sinne einer Ermöglichungsdidaktik (vgl. Arnold o.J.: 45ff.), um den Teilnehmenden ein möglichst selbstgesteuertes und eigenständiges Lernen zu ermöglichen. Sie arbeitet stringent zielgruppenorientiert, richtet sich an den Menschen aus, mit denen sie arbeitet, will sie empowern und hat gleichzeitig ein großes Vertrauen in deren Potenziale. Dazu ist es beim Planen und Anleiten ästhetischer Prozesse wichtig, auf folgende Aspekte hinsichtlich der Zielgruppe zu achten:

- gestalterische Vorkenntnisse der Zielgruppe, bei Kindern auch die zeichnerische Entwicklungsstufe;
- motorische Fähigkeiten bzw. Einschränkungen, z. B. bei älteren Menschen eingeschränkte Beweglichkeit der Finger;
- Sehbehinderungen und andere Einschränkungen der Wahrnehmungsfähigkeit;
- eine mögliche andere Zeitstruktur einer Zielgruppe;
- mögliche Erkrankungen bzw. Einschränkungen des Denkens und Wollens.

So ist es zunächst notwendig, sich sehr intensiv mit der eigenen Zielgruppe, ihren Bedürfnissen, Ressourcen, Kompetenzen, aber auch Problemlagen und Einschränkungen auseinanderzusetzen, um ein zielgruppenadäquates Angebot schaffen zu können.

Die Teilnehmenden sollen in den ästhetisch-künstlerischen Angeboten die Möglichkeit haben, ihre individuellen Lernziele im gesteckten Rahmen festzulegen. Die Rolle von Sozialpädagog*innen oder anleitenden Künstler*innen ist daher weniger von der Instruktion als von der Begleitung und Moderation der Lernaktivität geprägt. Allerdings braucht es gerade bei der Vermittlung neuer künstlerischer

Techniken zunächst häufig ein gewisses Maß an Instruktion. Nach der Einführung in solche Techniken sollte die vermittelnde Person aber wieder die Rolle der/des Begleitenden einnehmen und den Teilnehmenden die Möglichkeit geben, sich die Techniken möglichst selbstgesteuert anzueignen, mit ihnen zu experimentieren und, wenn nötig, Unterstützung zu geben.

Grundsätzlich sollten Angebote der künstlerischen Bildung in der Sozialen Arbeit so ergebnisoffen wie möglich konzipiert werden. Gerade bei Jugendlichen und Erwachsenen sind oft Hemmungen festzustellen, sich in der Kunst frei zu äußern. Diese Zurückhaltung basiert meist auf unrealistisch hohen eigenen Ansprüchen und negativen Erfahrungen wie abwertenden Kommentaren oder schlechten Bewertungen, sei es im Kunstunterricht oder im sozialen Umfeld. Diese Faktoren führen oft zu Blockaden im gestalterischen Bereich, die das kreative Potenzial einschränken. Manche fühlen sich daher von ganz offenen Aufgabenstellungen und der freien Wahl der Materialien überfordert.

Um zu vermeiden, dass Teilnehmende durch offene Themenstellungen und freie Materialwahl überfordert werden, kann das Vorhandensein konkreter Arbeitsaufträge bezüglich Thema oder Materialverarbeitung hilfreich sein (vgl. Marquardt/Krieger 2007: 64ff.). Wenn Teilnehmende dem Endprodukt viel Bedeutung beimessen, sollten sie zum Erreichen desselbigen entsprechend ihrer Fähigkeiten unterstützt werden, um zufriedenstellende Ergebnisse zu erzielen.

Werden Werkangebote gemacht, impliziert das fast immer eine Produktorientierung, während freies künstlerisches Gestalten eine große Bandbreite zwischen Prozess- und Produktorientierung abdecken kann.

Haben Teilnehmende wenig Erfahrung mit bildnerischem Gestalten, ist es wichtig, sie behutsam an die kreativen Prozesse heranzuführen und sie darauf hinzuweisen, dass der gestalterische Prozess selbst eine mindestens ebenso große Bedeutung hat wie das Endergebnis. Hier bieten sich besonders experimentelle, spielerische Verfahren des Gestaltens an, die nicht auf ein konkretes Endprodukt fokussieren, dagegen aber auf Spaß am Prozess. So wird überhöhten Erwartungen an die eigenen Gestaltungen begegnet und möglichen Misserfolgen oder Frustrationen vorgebeugt und einem vorzeitigen Aufgeben entgegengewirkt (vgl. Lützenkirchen et al. 2011: 25).

Bei der Planung eines ästhetisch-künstlerischen Angebots ist also zunächst eine relativ klare Entscheidung hinsichtlich einer Prozess- oder Produktorientierung des Angebots zu treffen.

Jedes ästhetisch-künstlerische Angebot in der Sozialen Arbeit braucht didaktische Planung und Konzeptionierung und es sollte nach der Durchführung evaluiert werden, um die Stärken und Schwächen der eigenen didaktischen Planung zu reflektieren. Am Anfang jeder Planung stehen didaktische W-Fragen:

Wer?	Wer soll teilnehmen/lernen? Wer soll vermitteln?
Was?	Was wird vermittelt, welche Inhalte, welche Techniken? Welches Vorwissen bringen die Teilnehmenden mit?
Wozu?	Welche Ziele sollen mit dem Angebot erreicht werden?
Warum?	Auf welchen Begründungen basiert meine Planung?
Wie?	Welche Inhalte, Methoden, Sozialformen, Materialien, Medien wähle ich aus, um meine Ziele zu erreichen?
Wann?	Welche zeitliche Struktur hat das Angebot?

Abb. 4: Eigene Darstellung nach Kron/Jürgens/Standop 2014: 22.

> „Trotz überlegter Planung und allen Bemühungen in der Umsetzung beruht der Lernerfolg zunächst immer auf einer eigenständigen Entscheidung des Gegenübers. Die intellektuelle Durchdringung des Lerngegenstandes und das Engagement der Lernenden entscheidet dann, ob ein Lernerfolg zustande kommt [...] Mehr noch als in anderen Dienstleistungen entsteht das Ergebnis von Bildung durch die Konstruktionsleistung der Lernenden: Bildung ist am Ende immer Selbstbildung.“ (Kerres 2021: 59)

Orientierung an den Prinzipien einer Ermöglichungsdidaktik heißt auch, dass nicht alle Details eines kunstpädagogischen Settings im Voraus geplant werden können, da die Teilnehmenden die Möglichkeit der Mitbestimmung des Prozesses erhalten sollen. Das bedeutet, nicht alles kontrollieren zu wollen, eigene Vorstellungen des Ablaufs zu modifizieren, sich auf das Unerwartete einzustellen und das Unvorhergesehene zu erwarten. Dies erfordert eine offene und flexible Haltung der Anleitenden. „Eine rigide Planung kann das interaktive Geschehen und eine bildende Erfahrung behindern. Gerade im Abweichen von Abläufen, im plötzlichen Aufblitzen neuer Sichten und Einsichten, in den vermeintlichen Störungen kann Bildung möglich werden.“ (Ebd.: 73) Gerade in Settings der ästhetisch-künstlerischen Bildung müssen sich Sozialpädagog*innen auf Unerwartetes und Unvorhergesehenes einstellen, es braucht ein gutes Maß an situativer Flexibilität, um die Eigenwilligkeit ästhetisch-künstlerischer Prozesse zu begleiten. Sie müssen im Dialog mit den Teilnehmenden sein, diese mit Aufmerksamkeit, Wertschätzung und Interesse an deren Prozessen begleiten, auch wenn die Lernwege womöglich anders verlaufen als die Sozialpädagog*innen das imaginiert haben.

Wichtig ist es zudem in künstlerischen Angeboten, Raum zu geben für das spielerische Experimentieren mit Material und Thema, bei auftretenden Problemen Zeit zu geben, dass die Teilnehmenden erst einmal selbst nach Lösungswegen suchen können, aber in jedem Fall zu unterstützen, wenn Hilfe eingefordert wird.

Manchmal kann es sinnvoll sein, dass die Anleitenden während des Angebots selbst gestalterisch tätig sind, um eine produktive Werkstattatmosphäre zu schaffen. In anderen Settings kann das geübte Tun von einer anleitenden Person eher hemmend auf die Gestaltungslust der Teilnehmenden wirken, da sich bei ihnen ein Gefühl des Nichtkönnens breitmachen kann.

12.1 Entwicklung der gestalterischen Fähigkeiten in der Kindheit

Arbeiten Sozialpädagog*innen mit Kindern, ist es wichtig, im Sinne der Zielgruppenorientierung die grundlegenden Merkmale der Entwicklung der Kinderzeichnung und der weiteren gestalterischen Fähigkeiten zu kennen, um Kinder sinnvoll bei ihrem künstlerischen Ausdruck unterstützen zu können. Wichtig ist auch zu wissen, dass sich die Bildlesefähigkeit von Kindern sehr viel schneller als die eigenen gestalterischen Fähigkeiten entwickeln. Schon Kinder im Krippenalter können komplexe Bilder in Bilderbüchern etc. verstehen.

Ein Teil der Entwicklung der Kinderzeichnung und der gestalterischen Fähigkeiten im Plastizieren und Malen läuft wie andere Entwicklungen in der Kindheit, wie beispielsweise das Größenwachstum, automatisch ab und kann kaum beeinflusst, auch nicht beschleunigt werden. Andere Aspekte sind kulturabhängig und werden durch die die Kinder umgebende Lebenswelt geprägt.

Seit über hundert Jahren wird zum Thema Kinderzeichnung geforscht und es liegt ein breiter Korpus an Forschungen dazu vor. Andere gestalterische Fähigkeiten wie der plastische Ausdruck oder die malerischen Fähigkeiten sind dagegen bisher kaum Thema der Forschung gewesen. Es darf aber aufgrund der in diesen Bereichen vorliegenden Forschung davon ausgegangen werden, dass sich die gestalterischen Fähigkeiten insgesamt analog der Kinderzeichnung entwickeln.

Es existieren eine Vielzahl an Modellen zum Verlauf der zeichnerischen Entwicklung von Kindern. Der Kunstpädagoge Hans-Günter Richter entwickelte in den 1980er-Jahren ein recht schlüssiges Modell, das häufig im Fachdiskurs zitiert wird und nun mit einigen Ergänzungen aus der neueren Forschung dargestellt werden soll. Richters Modell gliedert sich in verschiedene Phasen, die jeweils charakteristische Merkmale und Entwicklungsstufen in der Zeichenfähigkeit von Kindern aufzeigen. Auf eine Alterszuschreibung der einzelnen Phasen wird aufgrund der Heterogenität von Verläufen kindlicher Entwicklung weitgehend verzichtet. Hans-Günter Richter verweist auch auf den Zusammenhang mit und die Bedeutung der kindlichen Entwicklung insgesamt für die zeichnerische Entwicklung, also die kognitive, motorische, soziale und emotionale Entwicklung und den Einfluss der sozialen Umgebung für die kindliche Zeichenpraxis (vgl. Richter 1988: 107). Er zeigt auf, wie sich die Fähigkeit des bildlichen Ausdrucks parallel zur allgemeinen Entwicklung des Kindes entfaltet und verfeinert.

Im Folgenden werden diese Phasen kurz dargestellt:

Schmier- und Kritzelphase: Diese erste Phase beginnt zum Ende des ersten Lebensjahrs mit zunächst eher zufälligen Bewegungen von Zeichenutensilien auf einem bezeichenbaren Untergrund. Zeitgleich beginnen Kinder vor allem mit Essen zu schmieren und auf diese Weise zu zeichnen. Die Schmierspuren und Kritzel sind zunächst nicht repräsentativ, wollen also noch nichts abbilden; Kinder haben Freude an der Bewegung und sind fasziniert von den Spuren, die entstehen. Diese Spuren lassen sie Selbstwirksamkeitserfahrungen machen, es sind Spuren, die sie selbst hinterlassen und die bleiben. Doch schon etwa ab Ende des zweiten Lebensjahres möchten Kinder mit ihren Zeichnungen sich mitteilen und Dinge mit ihrem zeichnerischen Handeln festhalten, auch wenn Erwachsene dies oft nicht erkennen (vgl. Longobardi/Quaglia/Iotti 2015: 85f.). Mit der Zeit beginnen sie, zu ihren Kritzeln zu erzählen, sie zu benennen, reale Objekte oder Erfahrungen zu den Zeichnungen zu assoziieren, was einen Übergang zur nächsten Phase markiert (vgl. Richter 1988: 20ff.).

Vorschema-Phase: In dieser Phase beginnen Kinder, einfache Symbole für Menschen, Tiere und Objekte zu entwickeln. Diese ersten Symbole sind oft noch stark vereinfacht; das bekannteste ist der Kopffüßler, ein Kreis meist mit Augen, an den sich mehrere Gliedmaßen anschließen. Gezeichnet werden in dieser Phase subjektiv, emotional bedeutsame Dinge. Bei der Bildgestaltung auf einem Blatt gibt es noch keine an den Normen der westlichen Ästhetik orientierte Bildaufteilung (vgl. Richter 1988: 43ff.). Es kann also beispielsweise nur in einer Ecke des Blattes gezeichnet werden und der Rest leer bleiben.

Schema-Phase: Gegen Ende des Kindergartenalters entwickeln die meisten Kinder Schemata der Darstellung für Menschen, Lebewesen genauso wie für Häuser und Aspekte der Umwelt. Ein Schema meint eine standardisierte Art und Weise, bestimmte Objekte und Figuren zu zeichnen, die weitgehend immer sehr ähnlich gezeichnet werden, aber situationsspezifische Abweichungen haben können wie eine besondere Kleidung. Diese Schemata ermöglichen es Kindern, ihre Umwelt komplexer und organisierter darzustellen. Die Schemata und Zeichnungen sind nun durch eine größere Detailtreue und Proportionalität charakterisiert. Die Zeichnung wird zudem nach kompositorischen Prinzipien angelegt, es gibt beispielsweise eine klare Standlinie und eine Himmelslinie in Landschaftsdarstellungen. Die Szene spielt sich dazwischen ab. In dieser Phase wird auch die Darstellung von Menschen und Gegenständen nach dem Prinzip der prägnantesten Ansicht und der wichtigsten Aspekte gestaltet. Das führt beispielsweise zu Umklappbildern oder Menschdarstellungen, die zum Teil von der Seite und zum Teil von vorne betrachtet werden, genauso wie zu transparenten Gegenständen und Lebewesen, in die man hineinblicken kann, da es wichtig ist zu sehen, was drinnen passiert (vgl. Richter 1988: 49ff.).

Übergang zur Jugendzeichnung: In dieser Phase, meist nach dem Eintritt in die Sekundarstufe der Schule, streben Kinder nach mehr Realismus und Detailgenauigkeit in ihren Zeichnungen. Sie beginnen, mit wirklichkeitsnaher Perspektive und dreidimensionalen Darstellungen zu experimentieren. Die kindliche Symbolik löst sich auf und sie wird durch realitätsnähere Darstellungen ersetzt. Auch Symbole der jugendlichen Lebenswelt finden dann verstärkt Einzug in die eigenen Gestaltungen (vgl. Richter 1988: 67ff.).

Ab dem frühen Jugendalter beginnen die Jugendlichen verstärkt, sich kritisch mit den eigenen künstlerischen Fähigkeiten auseinanderzusetzen. Jugendliche beginnen, künstlerische, ästhetische Kriterien an ihre Werke anzulegen, und das Bedürfnis nach realistischer Darstellung nimmt weiter zu. Dies kann auch zu Frustration führen, wenn die eigenen Fähigkeiten als unzureichend empfunden werden.

Insgesamt sind die Phasen der Zeichnungsentwicklung nicht als starre Abfolge zu verstehen, sondern als flexibles Gerüst, das individuelle Variationen in der Entwicklung berücksichtigt. Die Förderung des bildnerischen Ausdrucks in der Kindheit bedeutet nicht, dass diese Phasen schneller durchlaufen werden können. Mit einer Förderung werden die Bildwerke in der jeweiligen Phase aber intensiver und ausdrucksstärker.

12.2 Arrangieren

Neben der Zielgruppenorientierung ist das didaktische Prinzip des Arrangierens ein wichtiges Mittel, um gestalterisch-ästhetische Prozesse, aber auch Prozesse der Kunstbetrachtung zu initiieren und zu begleiten. Das Arrangieren als didaktisches Prinzip hat in der Pädagogik eine lange Tradition, das bekannteste Beispiel ist das Prinzip der vorbereiteten Umgebung in der Montessori-Pädagogik. Die wesentliche Aufgabe der Vermittelnden ist es, die Rahmenbedingungen für das ästhetisch-künstlerische Angebot und eine förderliche Raumatmosphäre für das künstlerische Gestalten zu schaffen. Das Arrangement übernimmt dann einen wesentlichen Teil der Vermittlung sowie der Begleitung des gestalterischen Prozesses und es ist ein Ort, an dem sich die Selbstbildungsprozesse der Teilnehmenden entfalten können. Unwägbarkeiten, Unsicherheiten und ein möglicher Steuerungsverlust vonseiten der Anleitenden sind in das Arrangement miteinkalkuliert. Durch Arrangieren wird ein Möglichkeitsraum durch die vorbereitete Umgebung geschaffen, die zum Gestalten einlädt. Es ist eine kalkulierte Offenheit und durch das Arrangement werden bestimmte Materialien und Techniken ausgewählt und in den Fokus gestellt, andere zurückgestellt. „Arrangements arbeiten, wie jede Didaktik, mit bestimmten Formen der Zurichtung der Welt, mit Selektionen und Reduktionen, ohne die keine Bildung und kein Lernen stattfinden könnte, durch die gedankliche Vorwegnahme eines (möglichen) Lernweges, von dem unterstellt wird, dass er ein (möglichst) optimaler sei." (Lindner 2021: 1249) Dazu ist eine Kenntnis und Auseinandersetzung mit der jeweiligen Zielgruppe fundamental.

Nach Lindner basiert die Methode des Arrangierens auf vier Strukturelementen, auf

- der sachlichen bzw. gegenständlichen Dimension, die den kunst- und sozialpädagogischen Leitgedanken, das Bildungsthema, die möglichen gestalterischen Techniken etc. beinhaltet;

- der zeitlichen Dimension, die den Zeitpunkt, Zeitraum, Dauer, die Abfolge von Aktivitäten im Verlauf sowie auf die Prozessqualität fokussiert;
- der sozialen Dimension, die die Sozialform des Lernens, die Anzahl und Zusammensetzung der beteiligten Personen und konkrete Praktiken einschließt sowie die sozialpädagogische und Peer-bezogene Beziehungsqualität umfasst;
- der sozialräumlichen Dimension, die sich auf Orte und ihre spezifischen Gegebenheiten, Qualitäten und Strukturierungen bezieht (vgl. ebd.: 1247).

Arrangements richten sich nach den und an die Teilnehmenden und haben auch deren individuelle Zonen der nächsten Entwicklung im Blick, ausgehend von einer selbstbildungsorientierten Aneignungslogik. Sie arbeiten nach dem Prinzip der Lebensweltorientierung und fokussieren auf die subjektive Relevanz des Angebots für die Teilnehmenden und dessen Anschlussfähigkeit. Die Vermittelnden agieren im Arrangement als Prozess- und Lernbegleiter*innen unter der Maßgabe von pädagogischem Takt und der Zurückhaltung auf das unumgänglich Notwendige (vgl. ebd.).

Wichtig für Angebote des Gestaltens ist, dass durch die Arrangements eine räumliche Situation geschaffen wird, in der das Schmutzigwerden kein Problem darstellt. Denn außer bei einigen Techniken des Zeichnens, der Performance und dem medialen-digitalen Gestalten entsteht bei vielen künstlerischen Techniken Schmutz durch Farbspritzer, Staub, Sägespäne usw. Ebenso müssen zielgruppenspezifische Sicherheitsmaßnahmen beachtet werden hinsichtlich möglicher Giftstoffe und Verletzungsrisiken.

12.3 Werkstatt als didaktisches Prinzip

Eine besondere Form des Arrangierens ist die Werkstatt als Lernort und als didaktisches Prinzip der künstlerischen Bildung. Aber nicht nur in der künstlerischen Bildung wird das Thema Werkstatt-Lernen seit Längerem thematisiert, auch in anderen Bereichen der Pädagogik wie im Elementarbereich wird das Potenzial von Lernwerkstätten diskutiert. Der Begriff der Werkstatt wird dabei sehr unterschiedlich interpretiert und das Werkstatt-Lernen umfasst sehr verschiedene Konzepte.

Das *Studio Thinking* oder die Werkstatt in der Kunstpädagogik orientieren sich am Atelier, der Künstler*innenwerkstatt und der Handwerkswerkstatt. Ein wesentlicher Gedanke des Arbeitens in einer Kunstwerkstatt ist die offene, handlungsorientierte Form und das Anregungspotenzial, das der Raum mit seinen Materialien und Werkzeugen bietet. Dieser Raum wird durch die eigenständige Arbeit der Lernenden lebendig gestaltet. Der Fokus auf Selbstständigkeit und die Verwirklichung eigener Ideen verbindet das Werkstatt-Lernen mit der Tradition der Reformpädagogik. Die Subjektorientierung und das Arbeiten in werkstattähnlichen Umgebungen sind auch in neueren Ansätzen wie Gert Selles *Ästhetischem Projekt* und kunstorientierten didaktischen Konzepten zu finden.

Historisch gesehen beinhaltet das Konzept einen Raum mit Materialien und Werkzeugen, die zur haptischen Erfahrung einladen. In Zeiten zunehmender Digitalisierung spielen digitale Medien eine immer größere Rolle in Werkstätten und im Kunstunterricht, wodurch das Konzept der ‚Werkstatt' erweitert werden muss, um sowohl reale als auch virtuelle Werkzeuge und Materialien einzubeziehen (vgl. Bering et al. 2022: 597f.).

Der hier verwendete Werkstattbegriff wird nicht nur als ein physischer Ort verstanden, an dem Werke entstehen, vielmehr ermöglicht dieser Ansatz sowohl eine sachbezogene als auch eine subjektbezogene Auseinandersetzung. Durch den Umgang mit ästhetischem Material und eigenen Ideen finden die transformativen und geistigen Prozesse des kreativen Handelns statt. In solch einem Umfeld ist das Individuum ganzheitlich in ästhetisch-praktische Tätigkeiten eingebunden, die nicht durch vorgegebene Lernschritte von außen definiert werden, sondern durch die unmittelbaren prozess- und erfahrungsbasierten Entscheidungen, die die Adressat*innen selbst treffen. Diese Möglichkeit der Selbststeuerung ist den verschiedenen Interpretationen von Werkstatt gemein (vgl. Laven 2018: 114).

Im selbstgesteuerten Gestalten in der Werkstatt verschränken sich unterschiedliche Lernaktivitäten und lernfördernde Haltungen: die Entwicklung von künstlerischer und handwerklicher Technik; das Engagement und die Ausdauer, also eigene Leidenschaften finden und dabei bleiben; das Vorstellen, Imaginieren und Planen; das Ausdrücken, also Bedeutung finden und zeigen; das Beobachten und genaue Hinsehen; das Reflektieren durch Fragen stellen, erklären und bewerten; das Erkunden durch Experimentieren, Entdecken und Spielen, dabei Zufall und Fehler nutzen und Kunstwelten verstehen lernen (vgl. Hetland et al. 2007: 6ff.).

12.4 Die Rolle der Sozialpädagog*innen

Sozialpädagog*innen planen das Setting, in dem künstlerische Angebote stattfinden sollen. Das Angebot selbst kann dann auch in Kooperation mit bildenden Künstler*innen, Kunsthandwerker*innen oder Kunstpädagog*innen erfolgen. Ob das Angebot von den Sozialpädagog*innen selbst angeleitet und begleitet wird, hängt stark von deren eigener bildnerischen Erfahrung und von dem inhaltlichen Zuschnitt des Angebots ab.

Um Projekte ästhetisch-künstlerischer Bildung in Settings der Sozialen Arbeit sinnvoll anzuleiten und initiieren zu können, müssen Sozialpädagog*innen selbst umfangreiche Erfahrungen im künstlerischen und gestalterischen Bereich sammeln. Zum einen ist es wichtig, die eingesetzten künstlerischen Materialien, ihre Charakteristika und Eigenheiten zu kennen, um Hilfestellungen im Umgang mit dem Material geben zu können. Zum anderen ist es auch wichtig, viele gelingende und weniger gelingende ästhetische Prozesse am eigenen Leib erlebt zu haben, um sich vorstellen und nachvollziehen zu können, wo es zu Problemen kommen kann und wie sich dafür Lösungsansätze finden lassen. Nur durch eigene gestalterische Erfahrungen können sie im bildnerischen Bereich die Zonen der nächsten Entwicklung und einen künstlerischen Lernweg imaginieren.

Auch wenn einfache gestalterische Angebote oft von Sozialpädagog*innen selbst angeleitet werden können, ist die Zusammenarbeit an anderer Stelle mit Künstler*innen, Kunsthandwerker*innen oder Kunstpädagog*innen sinnvoll. Wichtig dabei ist, dass die Sozialpädagog*innen dennoch das Angebot aus der Perspektive Sozialer Arbeit begleiten und darauf achten, dass sowohl sozialpädagogische Zielsetzungen als auch Handlungsmaxime in dem Angebot umgesetzt werden.

12.4.1 Atmosphären schaffen

Die Rolle der Anleitenden geht weit über das Bereitstellen von Räumen und Materialien hinaus. Ihre Aufgabe ist es vielmehr, eine Atmosphäre zu schaffen, die von Freiheit und Offenheit geprägt ist und nicht auf leistungsbezogene Endprodukte fixiert ist. Sie sollen Teilnehmende ermutigen, risikobereit zu sein und Materialien auch experimentell zu nutzen, um ihren eigenen künstlerischen Ausdruck zu entwickeln. Sowohl das räumliche Arrangement als auch die Beziehungsgestaltung zwischen Vermittelnden und Teilnehmenden sind wesentlich, um eine entspannte genauso wie produktive Atmosphäre zu schaffen.

So ist es wichtig, dass die Anleitenden eine Atmosphäre der Sicherheit und Geborgenheit schaffen und selbst mit Begeisterung und Motivation an die künstlerische Arbeit herantreten. Dies fördert die Motivation der Teilnehmenden bei ihrem individuellen Schaffensprozess und unterstützt sie effektiv. Demotivierend für Teilnehmende dagegen ist, Angst vor dem Gestalten zu haben. Diese Angst kann viele Ursachen haben, wie z. B. mangelnde Übung, Angst sich zeigen zu müssen, Angst vor dem Material verbunden manchmal mit Ekel, z. B. vor glitschigem Ton, Angst etwas zu tun, was in der Peergroup nicht hoch angesehen wird.

Entscheidend für den Verlauf und die Begleitung gestalterischer Prozesse ist auch die Einstellung der Vermittelnden zu den gestalterischen Werken der Teilnehmenden. Die Werke sind Ausdruck der individuellen Emotionen und Gedanken der Teilnehmenden, sie entwickeln oft auch eine emotionale Verbindung zu ihren Arbeiten. Daher ist es wichtig, dass die Anleitenden eine wertschätzende Atmosphäre schaffen und sensibel mit den Werken der Teilnehmenden umgehen, um diese nicht zu verletzen. Diese bringen zudem vielfältige Fähigkeiten und Vorstellungen in den Prozess mit ein, und die Anleitenden sollten ihre eigenen Vorstellungen zurückstellen und die entstandenen Werke wertschätzen, wie sie sind. Perfektion oder persönliches Gefallen der Anleitung sind hier nicht gefragt (vgl. Meis/Mies 2018: 29). Auf keinen Fall sollten unaufgeforderte Korrekturen an den Werken der Teilnehmenden erfolgen, vielmehr sollten diese ermutigt werden, innerhalb ihrer Möglichkeiten Werke zu schaffen, die ihnen gefallen und mit denen sie zufrieden sind.

Auch das soziale Setting gestaltet die Atmosphäre mit. Ein Gestalten in der Gruppe, bei einer Gruppenarbeit, bei der jede*r etwas zur gemeinsamen Gestaltung beiträgt, kann gerade für ungeübte Teilnehmende hilfreich sein. Hier können alle ihre individuellen gestalterischen Fähigkeiten beisteuern und man muss sich am Ende nicht mit einem individuellen Bildwerk präsentieren, sondern ist durch das Werk der Gruppe geschützt.

Eine spielerische Atmosphäre zu schaffen, ein spielerischer Einstieg fördert jeden Gestaltungsprozess und hilft, bei der gestalterischen Arbeit Druck, Angst oder Konkurrenz zu vermeiden. Eine spielerische Atmosphäre schafft Lust und Spaß am Experimentieren und Gestalten. Eine entspannte Atmosphäre kann durch Entspannungsübungen wie Atemübungen oder Übungen zum leiblichen Spüren (siehe Kapitel 4.3) entstehen.

12.4.2 Gestalterische Prozesse begleiten

Um den Teilnehmenden möglichst gelingende Gestaltungsprozesse zu ermöglichen, gilt es, diese als Anleitende sensibel und aufmerksam zu begleiten. Anleiten bedeutet daher, den gestalterischen Prozess der Teilnehmenden mit Fachwissen und gestalterischem Können zu flankieren und dabei die Selbstständigkeit der Teilnehmenden zu fördern. Die Aufmerksamkeit der Anleitenden ist aber auch hinsichtlich des sozialen Prozesses gefragt, um beispielsweise wenig förderliche Gruppendynamiken zu erkennen und aufzulösen.

Bei aufscheinenden gestalterischen Problemen können sowohl ein zu schnelles Eingreifen als auch das Ausbleiben notwendiger Unterstützung während des gestalterischen Prozesses das Gefühl der Selbstwirksamkeit beeinträchtigen. Während unmittelbare Lösungen und Hilfen die Entwicklung eigenständiger kreativer Lösungen behindern können, kann ein Mangel an Unterstützung zu Unzufriedenheit und erlebtem Misserfolg führen. Anleitende sollten daher sorgfältig abwägen, ob und in welchem Maß Unterstützung notwendig und gewünscht ist. So ist es wichtig, dass wenn es auch bisweilen scheint, dass Teilnehmende im kreativen Prozess nicht vorankommen und ihre Aktivität ins Stocken gerät, diese Phasen des Stillstands zunächst auszuhalten. Kreative Prozesse können nicht erzwungen werden, und Zeiten des scheinbaren Dümpelns sind integraler Bestandteil des kreativen Schaffens.

Dagegen können Anleitende bei festgefahrenen gestalterischen Prozessen kreative Methoden vorschlagen, wie z. B. das Weitermalen eines Bildes mit der linken Hand, um von der Leistungsorientierung abzurücken, oder das Drehen des Bildes während der Bearbeitung, um neue Perspektiven und Ansätze zu fördern.

Am Ende eines gestalterischen Prozesses steht das gemeinsame Betrachten (siehe Kapitel 10.1). Eine sensible Anleitung zu einem wertschätzenden Dialog über die Kunstwerke, in dem die Teilnehmenden ihre Erfahrungen während des gestalterischen Prozesses sowie eigene Empfindungen und Interpretationen äußern, ist ein wesentliches didaktisches Moment in der Kunstpädagogik in der Sozialen Arbeit. Der Austausch in der Gruppe eröffnet neue Perspektiven und ermöglicht oftmals einen Perspektivenwechsel durch neue Erfahrungen. Durch Reflexion und Austausch wird das vorwiegend ästhetische Erleben im gestalterischen Prozess bewusst und auch kognitiv greifbar. Konstruktives Feedback und eine wertschätzende Atmosphäre sind hierbei zentral.

Grundsätzlich sollten Sozialpädagog*innen in der Planung und Durchführung von Angeboten der ästhetisch-künstlerischen Bildung als *Cultural Worker* agieren. Der österreichische Philosoph Gerald Raunig (geb. 1963) bezeichnet Menschen, die in der Kunst tätig sind, als solche. Raunig zeichnet von *Cultural Workern* ein Bild, das sich an einem Schiffer orientiert, der Fahrgäste über die Gewässer von einem Ufer zum anderen, von einer Welt zur anderen übersetzt. Der Schiffer selbst bewegt sich hierbei ständig in einem Raum des Dazwischen, des Übergangs. *Cultural Worker* werden damit zu Personifikationen des Übergangs und begleiten ihre Fahrgäste in ihren Phasen des Übergangs. Die fließenden Gefilde auf denen der Schiffer sich bewegt, sind Räume des Übergangs und der Schiffer ist dabei kein passiv schweigender Ruderkünstler, der unbewegt seiner monotonen Arbeit nachgeht. Er spricht diejenigen an, die sich an den Rändern dieser „Zwischenwelt aufhalten, und fragt nach, was sie wollen. Sie nennen selbst ihr Ziel. [...] Sein Teil besteht nicht in wie immer gearteter ‚Hilfe', sondern in der Ermunterung zur Selbsttätigkeit" (Raunig 1999: 112f.), also zum selber Rudern.

Cultural Worker sollen also ‚Übersetzungshilfe' leisten, sie begleiten die Umsetzung und ‚Übersetzung' von Visionen und Zielen in die Realität, sie managen Zeiten und Prozesse des Übergangs. Dabei verfügen sie über ein breites Wissen und vielfältige Kompetenzen jenseits von engstirnigem Spezialistentum. Sie können in verschiedenen Feldern gleichzeitig aktiv sein und Netzwerke bilden. Sie meistern Situationen von Verdichtung und Komplexität. Sie haben nicht von vornherein bessere Ideen oder Lösungsvorschläge als andere Menschen und für andere Menschen. Sie haben aber gelernt, ihre Kompetenz des ‚Freidenkens', also ihre visionäre Kompetenz, dazu zu nutzen, geeignete Settings für ihre Adressat*innen zunächst zu entwerfen und dann herzustellen, durch Organisationstalent, kontextorientiertes Handeln und systemisches Denken. In der Umsetzung ihrer Visionen sind sie hartnäckig ermutigend wie der Schiffer, denn auch sie bringen Menschen dazu ihre scheinbaren Grenzen zu überschreiten und dabei selbst tätig zu werden (vgl. ebd.: 124).

Empfohlene Literatur:

Arnold, Rolf (o.J.): Ermöglichungsdidaktik – die notwendige Rahmung einer nachhaltigen Kompetenzreifung, in: Berufsbildung in Wissenschaft und Praxis Vol. 41, 2, S. 45–48.

Lindner, Werner (2021): Didaktik der Offenen Kinder- und Jugendarbeit: Situationen arrangieren, in: Ulrich Deinet/Benedikt Sturzenhecker/Larissa von Schwanenflügel/Moritz Schwerthelm (Hrsg.): Handbuch Offene Kinder- und Jugendarbeit, Wiesbaden: Springer Fachmedien Wiesbaden, S. 1245–1250.

Meis, Mona Sabine/Mies, Georg-Achim (Hrsg.) (2018): Künstlerisch-ästhetische Methoden in der Sozialen Arbeit: Kunst, Musik, Theater, Tanz und digitale Medien, Stuttgart: Verlag W. Kohlhammer.

Literaturverzeichnis

Ansorge, Ulrich/Leder, Helmut (2017): *Wahrnehmung und Aufmerksamkeit.* Basiswissen Psychologie, Wiesbaden: Springer.

Arnold, Rolf (o.J.): Ermöglichungsdidaktik – die notwendige Rahmung einer nachhaltigen Kompetenzreifung, in: *Berufsbildung in Wissenschaft und Praxis* Vol. 41, 2, S. 45–48.

Arns, Inke (2001): „Unformatierter ASCII-Text sieht ziemlich gut aus" – Die Geburt der Netzkunst aus dem Geiste des Unfalls, in: *Kunstforum International* 155, S. 236–242.

Avgerinou, Maria D./Pettersson, Rune (2011): Toward a Cohesive Theory of Visual Literacy, in: *Journal of Visual Literacy* 30, 2, S. 1–19.

Baar, Tanja (2015): *Die Gruppe KEKS – Aufbrüche der aktionistischen Kunstpädagogik* (=Kontext Kunstpädagogik), München: kopaed.

Bäck, Regina Maria/Wenrich, Rainer/Dorner, Birgit (2021): Getting There? Together. Cultural Framing of Augmented and Virtual Reality for Art Education, in: *2021 7th International Conference of the Immersive Learning Research Network (iLRN)* vom 17. Mai 2021, S. 1–8.

Baer, Ulrich (2013): Spiel und Bildung | kubi-online: www.kubi-online.de/artikel/spiel-bildung, 19.6.2024

Bamford, Anne (2009): *The wow factor: global research compendium on the impact of the arts in education*, Münster/München/Berlin: Waxmann.

Bamford, Anne/Liebau, Eckart/Liebau, Anke (Hrsg.) (2010): *Der Wow-Faktor: eine weltweite Analyse der Qualität künstlerischer Bildung*, Münster/München/Berlin: Waxmann.

Bartelheimer, Peter (2008): Was bedeutet Teilhabe?, in: Jens Maedler (Hrsg.): *TeilHabeNichtse: Chancengerechtigkeit und kulturelle Bildung*, München: kopaed.

Baumgarten, Alexander Gottlieb (1983): *Texte zur Grundlegung der Ästhetik: lateinisch-deutsch* (=Philosophische Bibliothek), Hamburg: Meiner.

Bennett, Jane (2020): *Lebhafte Materie: eine politische Ökologie der Dinge*, Berlin: Matthes & Seitz Berlin.

Berg, Ronald (2004): Was wir sehen blickt uns an, in: *Kunstforum International* 171, S. 433.

Bering, Kunibert/Niehoff, Rolf/Pauls, Karina/Mußenbrock, Johanna/Nafe, Nadja/Pfafferoth, Julia/Wiehagen, Philip (Hrsg.) (2022): *Lexikon der Kunstpädagogik.* Bielefeld: ATHENA.

Boehm, Gottfried (Hrsg.) (1995): *Was ist ein Bild?* (=Bild und Text), München: W. Fink.

Böhme, Gernot (2001): *Aisthetik: Vorlesungen über Ästhetik als allgemeine Wahrnehmungslehre*, München: Verlag Wilhelm Fink.

Böhme, Gernot (2005): Phänomenologie oder Ästhetik der Natur?, in: Anna Blume (Hrsg.): *Zur Phänomenologie der ästhetischen Erfahrung*, Freiburg: Alber, S. 17–25.

Böhme, Gernot (2013): *Atmosphäre: Essays zur neuen Ästhetik*, Berlin: Suhrkamp.

Böhme, Hartmut (1995): Einführung in die Ästhetik, in: *Paragrana* 4, 32, S. 240–254.

Böhnisch, Lothar (2018): *Sozialpädagogik der Lebensalter: eine Einführung.* Grundlagentexte Pädagogik, Weinheim/Basel: Beltz Juventa.

Böhnisch, Lothar (2023): *Lebensbewältigung: ein Konzept für die Soziale Arbeit.* Weinheim/Basel: Beltz Juventa.

Bonnemann, Jens (2018): Pathische Wahrnehmung oder eigenleibliches Spüren? Eine Alternative zur Neuen Phänomenologie, in: *Synthesis philosophica* 33, 2, S. 419–434.

Bourdieu, Pierre (1987): *Die feinen Unterschiede. Kritik der gesellschaftlichen Urteilskraft*, Frankfurt a.M.: Suhrkamp.

Bourdieu, Pierre (2001): *Wie die Kultur zum Bauern kommt: über Bildung, Schule und Politik* (=Schriften zu Politik & Kultur/Pierre Bourdieu). Hrsg. von Margareta Steinrücke. Aus dem Franz. von Jürgen Bolder, Hamburg: VSA-Verlag.

Brandstätter, Ursula (2013): Ästhetische Erfahrung, in: KULTURELLE BILDUNG ONLINE: www.kubi-online.de/artikel/teilhabe-kultur-digitalitaet-kinderarmut-chancen-digitaler-bildung, 20.6.2024.

Braun, Tom/Schorn, Brigitte (2013): Ästhetisch-kulturelles Lernen und kulturpädagogische Bildungspraxis, in: KULTURELLE BILDUNG ONLINE: www.kubi-online.de/artikel/teilhabe-kultur-digitalitaet-kinderarmut-chancen-digitaler-bildung, 3.4.2024.

Breckner, Roswitha (2012): Bildwahrnehmung – Bildinterpretation: Segmentanalyse als methodischer Zugang zur Erschließung bildlichen Sinns, in: *Österreichische Zeitschrift für Soziologie* 37, 2, S. 143–164.

Brinkmann, Malte/Willatt Herrera, Carlos Jose (2019): Ästhetische Bildung und Erziehung. Eine phänomenologische und bildungstheoretische Vergewisserung, in: *Zeitschrift für Pädagogik* 65,6, S. 825-844.

Bryan, Trevor Andrew (2018): *Art of comprehension: exploring visual texts to foster comprehension, conversation, and confidence*, Portsmouth, New Hampshire: Stenhouse Publishers.

Budde, Jürgen/Weuster, Nora (2018): Theoretische Perspektiven auf Persönlichkeitsbildung, in: *Erziehungswissenschaftliche Studien zu schulischer Persönlichkeitsbildung*, Wiesbaden: Springer Fachmedien Wiesbaden, S. 5–31.

Csikszentmihalyi, Mihaly (2019): *Das flow-Erlebnis: jenseits von Angst und Langeweile: im Tun aufgehen*, Stuttgart: Klett-Cotta.

Czech, Alfred (2012): *Kunstspiele: Spielend Kunst verstehen lernen*, Schwalbach/Ts: Wochenschau Verlag.

Dannenbeck, Clemens (2018): Kernaufgaben inklusionsorientierter Handlungskompetenz, in: Manfred Blohm/Andreas Brenne/Sara Hornäk (Hrsg.): *Irgendwie anders: Inklusionsaspekte in den künstlerischen Fächern und der ästhetischen Bildung*, Hannover: fabrico Verlag, S. 23–27.

Danto, Arthur Coleman (2013): *What art is*, New Haven (Conn.): Yale University Press.

Degener, Theresia (2016): Völkerrechtliche Grundlagen und Inhalt der UN BRK, in: Theresia Degener/Klaus Eberl/Sigrid Graumann/Olaf Maas/Gerhard Schäfer (Hrsg.): *Menschenrecht Inklusion*, Göttingen: Vandenhoeck & Ruprecht, S. 11–51.

Dewey, John (2018): *Kunst als Erfahrung* (=Suhrkamp-Taschenbuch Wissenschaft), Frankfurt a.M.: Suhrkamp.

Dietrich, Cornelie/Krinninger, Dominik/Schubert, Volker (2012): *Einführung in die Ästhetische Bildung* (=Grundlagentexte Pädagogik), Weinheim: Beltz Juventa.

Doelker, Christian (2002): *Ein Bild ist mehr als ein Bild: visuelle Kompetenz in der Multimedia-Gesellschaft*, Stuttgart: Klett-Cotta.

Doelker, Christian (2012): Bilder sind nicht selbstverständlich, in: *Weiterbildung, Zeitschrift für Grundlagen, Praxis und Trends.*

Dorner, Birgit (2004): Bildende Kunst, in: Jutta Jäger/Ralf Kuckhermann (Hrsg.): *Ästhetische Praxis in der Sozialen Arbeit: Wahrnehmung, Gestaltung und Kommunikation*, Weinheim: Juventa-Verlag, S. 83–102.

Dorner, Birgit (2009): Visionen entwickeln, Visionen sichtbar machen – Visionen gestalten ein Aufgabenschwerpunkt des Studienbereichs „Kultur-Ästhetik-Medien“ an der KSFH München, in: Susanne Sandherr/Katholische Stiftungsfachhochschule München (Hrsg.): *Einhundert Jahre Ausbildung für soziale Berufe mit christlichem Profil: von Ellen Ammanns sozial-caritativer Frauenschulung zur Katholischen Stiftungsfachhochschule München; 1909–2009*, München: Don Bosco Medien.

Dorner, Birgit (2022): Bildende Kunst, in: Anne van Rießen/Christian Bleck (Hrsg.): *Handlungsfelder und Adressierungen der Sozialen Arbeit*, Stuttgart: Verlag W. Kohlhammer, S. 410–417.

Dorner, Birgit (2023): Handgreiflich (und) berührt werden. Interaktionen von Material und Künstler*in im gestalterischen Prozess, in: Charlotte Uzarewicz/Robert Gugutzer/Michael Uzarewicz/Tom Latka (Hrsg.): *Berühren und berührt werden: zur Phänomenologie der Nähe*, Baden-Baden: Verlag Karl Alber.

Duncker, Ludwig (2012): Sammeln, Staunen und Fragen. Über den Zusammenhang von Erkenntnis und ästhetischer Erfahrung, in: Ludwig Duncker/Hans-Joachim Müller/Bettina Uhlig/Deutsches Hygiene-Museum Dresden/Carl von Ossietzky Universität Oldenburg (Hrsg.): *Betrachten – Staunen – Denken: philosophieren mit Kindern zwischen ästhetischer Erfahrung und Reflexion*, München: kopaed, S. 59–78.

Duncker, Ludwig/Lieber, Gabriele (Hrsg.) (2013): *Bildliteralität und Ästhetische Alphabetisierung: Konzepte und Beispiele für das Lernen im Vor- und Grundschulalter*, München: kopaed.

Duncker, Ludwig/Lieber, Gabriele/Neuß, Norbert/Uhlig, Bettina (Hrsg.) (2010): *Bildung in der Kindheit: das Handbuch zum Lernen in Kindergarten und Grundschule*, Seelze: Klett/Kallmeyer.

Eisler-Stehrenberger, Karin (2007): Kreativer Prozess – Therapeutischer Prozess, in: Hilarion Petzold/Ilse Orth (Hrsg.): *Die neuen Kreativitätstherapien: Handbuch der Kunsttherapie. Bd. 1*, Bielefeld: Edition Sirius, S. 113–167.

Fancourt, Daisy/Finn, Saoirse (2019): *What is the evidence on the role of the arts in improving health and well-being?: a scoping review*, Copenhagen: WHO Regional Office for Europe.

Feige, Daniel M./Siegmund, Judith (Hrsg.) (2015): *Kunst und Handlung: ästhetische und handlungstheoretische Perspektiven* (=Edition Moderne Postmoderne), Bielefeld: transcript.

Fritz, Jürgen (2018): *Wahrnehmung und Spiel*, Weinheim/Basel: Beltz Juventa.

Fritz-Hoffmann, Christian (2017): Grundzüge eines erweiterten Berührungsbegriffs, in: *Soziale Welt* 68, 2–3, S. 199–224.

Fuchs, Max (1999): *Mensch und Kultur: zu den anthropologischen Grundlagen von Kulturarbeit und Kulturpolitik*, Opladen/Wiesbaden: Westdeutscher Verlag.

Fuchs, Max (2008): *Kultur Macht Sinn. Einführung in die Kulturtheorie*, Wiesbaden: VS Verlag für Sozialwissenschaften/GWV Fachverlage GmbH, Wiesbaden.

Fuchs, Max (2013): Kulturbegriffe, Kultur der Moderne, kultureller Wandel, in: KULTURELLE BILDUNG ONLINE: https://www.kubi-online.de/artikel/kulturbegriffe-kultur-moderne-kultureller-wandel, 20.3.2024.

Fuchs, Max (2018): Kulturelle Bildung, in: Hans-Uwe Otto/Hans Thiersch/Rainer Treptow/Holger Ziegler (Hrsg.): *Handbuch Soziale Arbeit: Grundlagen der Sozialarbeit und Sozialpädagogik*, München: Ernst Reinhardt Verlag, S. 831–840.

Fuchs, Thomas (2000): Psychopathologie von Leib und Raum: Melancholie und Schizophrenie, in: *Psychopathologie von Leib und Raum*, Heidelberg: Steinkopff, S. 99–184.

Füssenhäuser, Cornelia (2021): Lebensweltorientierung und Lebensbewältigung, in: Michael May/Arne Schäfer (Hrsg.): *Theorien für die Soziale Arbeit*, Baden-Baden: Nomos, S. 115–134.

Gfüllner, Johannes (2015): *Werkstück Gesundheit: angewandtes Gestalten im Jugendalter unter dem Gesichtspunkt der Salutogenese*, München: kopaed.

Goethe, Johann Wolfgang von (1993): *Goethes Werke. Hamburger Ausgabe in 14 Bänden*, Band 13, München: Beck.

Graumann, Sigrid (2016): Menschenrechtsethische Überlegungen zum notwendigen Paradigmenwechsel im Selbstverständnis von Sozialpolitik und sozialen Diensten, in: Theresia Degener/Klaus Eberl/Sigrid Graumann/Olaf Maas/Gerhard Schäfer (Hrsg.): *Menschenrecht Inklusion*, Göttingen: Vandenhoeck & Ruprecht, S. 52–73.

Günzel, Stephan/Mersch, Dieter/Kümmerling, Franziska (Hrsg.) (2014): *Bild: ein interdisziplinäres Handbuch*, Stuttgart: Metzler.

Haager, Julia Sophie/Baudson, Tanja Gabriele (Hrsg.) (2019): *Kreativität in der Schule – finden, fördern, leben*, Wiesbaden: Springer.

Hammerschmidt, Peter/Stecklina, Gerd/Steindorff-Classen, Caroline (Hrsg.) (2024): *Kulturelle Bildung und Soziale Arbeit* (=Aktuelle Themen und Grundsatzfragen der sozialen Arbeit), Weinheim/Basel: Beltz Juventa.

Hartogh/Wickel, Hans Hermann (2004): *Handbuch Musik in der sozialen Arbeit*, Weinheim: Juventa.

Herriger, Norbert (2020): *Empowerment in der Sozialen Arbeit: eine Einführung*, Stuttgart: Verlag W. Kohlhammer.

Hetland, Lois/Winner, Ellen/Veneema, Shirley/Sherida, Kimberley M. (2007): *Studio Thinking: The Real Benefits of Arts Education*, New York and London: Teachers College Press

Hieber, Lutz/Moebius, Stephan (2009): Grundriss einer Theorie des künstlerischen Aktivismus von Dada bis zur Postmoderne, in: Lutz Hieber/Stephan Moebius (Hrsg.): *Avantgarden und Politik: künstlerischer Aktivismus von Dada bis zur Postmoderne*, Bielefeld: transcript, S. 7–30.

Hockley, W. E. (2008): The picture superiority effect in associative recognition, in: *Memory & Cognition* 36, 7, S. 1351–1359.

Hoffmann, Hilmar (1979): *Kultur für alle: Perspektiven u. Modelle*, Frankfurt a.M.: S. Fischer.

Hölzle, Christina (Hrsg.) (2009): *Ressourcenorientierte Biografiearbeit: Grundlagen – Zielgruppen – kreative Methoden;[Lehrbuch]*, Wiesbaden: VS Verlag für Sozialwissenschaften.

Hood, Emily Jean/Kraehe, Amelia M. (2017): Creative Matter: New Materialism in Art Education Research, Teaching, and Learning, in: *Art Education* 70, 2, S. 32–38.

Hörning, Karl H./Reuter, Julia (2004): *Doing Culture: Neue Positionen zum Verhältnis von Kultur und sozialer Praxis*, Bielefeld: transcript.

Housen, Abigail (2001): Æsthetic Thought, Critical Thinking and Transfer, in: *Arts and Learning Research Journal,* 18, 1, S. 99–125.

Huber, Hans Dieter (2004): Bildhafte Vorstellungen. Eine Begriffskartografie der Phantasie, in: Hans Dieter Huber/Bettina Lockemann/Michael Scheibel (Hrsg.): *Visuelle Netze. Wissensräume in der Kunst*, Ostfildern-Ruit: Hatje Cantz, S. 165–216.

Huber, Hans-Dieter (2006): Das Gedächtnis der Hand, in: Johannes Kirschenmann/Frank Schulz/Hubert Sowa (Hrsg.): *Kunstpädagogik im Projekt der allgemeinen Bildung*, München: S. 39–51.

Hübner, Kerstin/Kelb, Viola (2015): Kulturelle Bildung und Sozialraumorientierung: Kontexte, Entwicklungen und Herausforderungen, in: KULTURELLE BILDUNG ONLINE: www.kubi-online.de/artikel/teilhabe-kultur-digitalitaet-kinderarmut-chancen-digitaler-bildung, 1.2.2024.

Huss, Ephrat/Bos, Eltje (Hrsg.) (2023): *Social work research using arts-based methods* (=Research in social work), Bristol: Policy Press.

Imdahl, Max (1996): *Giotto Arenafresken: Ikonographie, Ikonologie, Ikonik* (=Bild und Text), München: Fink.

Jäger, Jutta/Kuckhermann, Ralf (2004): *Ästhetische Praxis in der Sozialen Arbeit: Wahrnehmung, Gestaltung und Kommunikation*, Weinheim: Beltz Juventa.

Jebe, Frank (2019): *Kulturelle Bildung durch Künstlerinnen und Künstler in der Schule: eine empirische Untersuchung zu den künstlerischen Angeboten im offenen Ganztagsbereich von Grundschulen* (=Pädagogik: Perspektiven und Theorien), Oberhausen: ATHENA.

Josties, Elke/Hemberger, Ulrike/Kaiser, Johanna/Plöger, Andrea (2020): Professionalisierungstendenzen aus der Perspektive der Sozialen Kulturarbeit, in: Bettina Völter/Heinz Cornel/Silke Birgitta Gahleitner/Stephan Voß (Hrsg.): *Professionsverständnisse in der Sozialen Arbeit*, Weinheim/Basel: Beltz Juventa, S. 145–158.

Jung, Julia (2020): *Stimmungen weben: eine unterrichtswissenschaftliche Studie zur Gestaltung von Atmosphären* (=Research), Wiesbaden [Heidelberg]: Springer VS.

Kämpf-Jansen, Helga (2021): *Ästhetische Forschung: Wege durch Alltag, Kunst und Wissenschaft: zu einem innovativen Konzept ästhetischer Bildung* (=Kontext Kunst – Vermittlung – kulturelle Bildung), Baden-Baden: Tectum Verlag.

Karnath, Hans-Otto/Thier, Peter (Hrsg.) (2012): *Kognitive Neurowissenschaften* (=Springer-Lehrbuch), Berlin/Heidelberg: Springer Berlin Heidelberg.

Kathke, Petra (2006): *Sinn und Eigensinn des Materials. 1: Sand und Erde, Gezweig, Geäst und Gehölz, Feuer, Ruß und Asche, Fundstücke*, Weinheim/Basel Berlin: Beltz.

Kemp, Wolfgang (Hrsg.) (1992): *Der Betrachter ist im Bild: Kunstwissenschaft und Rezeptionsästhetik*, Berlin: Reimer.

Kerres, Michael (2021): *Didaktik: Lernangebote gestalten*, Münster/New York: Waxmann.

Klafki, Wolfgang (1993): Über Wahrnehmung und Gestaltung in der ästhetischen Bildung, in: *Kunst+Unterricht* 176, S. 28–29.

Klafki, Wolfgang (2007): *Neue Studien zur Bildungstheorie und Didaktik: zeitgemäße Allgemeinbildung und kritisch-konstruktive Didaktik*, Weinheim/Basel: Beltz Verlag.

Klein, Kristin (2019): Kunst und Medienbildung in der digital vernetzten Welt. Forschungsperspektiven im Anschluss an den Begriff der Postdigitalität, in: *Zeitschrift Kunst Medien Bildung.*

Kleine-Benne, Birte (2022): Künstlerische Poiesis ft. Menschenrechte ft. künstlerische Poiesis, in: *kunsttexte.de – Journal für Kunst- und Bildgeschichte,* S. 1–36.

Klepacki, Leopold (2020): Bildung für nachhaltige kulturelle Entwicklung, in: Karola Braun-Wanke/Ernst Wagner (Hrsg.): *Über die Kunst, den Wandel zu gestalten: Kultur, Nachhaltigkeit, Bildung*, Münster/New York: Waxmann, S. 174–179.

Klepacki, Leopold/Zirfas, Jörg (2009): Ästhetische Bildung: Was man lernt und was man nicht lernt, in: Eckart Liebau/Jörg Zirfas (Hrsg.): *Die Kunst der Schule*, transcript, S. 111–140.

Klütsch, Christoph (2007): *Computergrafik: Ästhetische Experimente zwischen zwei Kulturen die Anfänge der Computerkunst in den 1960er Jahren*, Wien: Springer.

Knecht, Gerhard (2013): Mobile Spielanimation, in: KULTURELLE BILDUNG ONLINE: https://www.kubi-online.de/artikel/mobile-spielanimation, 15.5.2024.

Korte, Hermann/Schäfers, Bernhard (Hrsg.) (2006): *Einführung in Hauptbegriffe der Soziologie*, Wiesbaden: VS Verlag für Sozialwissenschaften.

Kress, Gunther R./Leeuwen, Theo van (2010): *Reading images: the grammar of visual design*, London: Routledge.

Kron, Friedrich W./Jürgens, Eiko/Standop, Jutta (2014): *Grundwissen Didaktik*, München: Ernst Reinhardt Verlag.

Kuckhermann, Ralf (2015): Ästhetische Praxis in der Sozialen Arbeit, in: Tom Braun/Max Fuchs/Wolfgang Zacharias (Hrsg.): *Theorien der Kulturpädagogik*, Weinheim/Basel: Beltz Juventa, S. 182–206.

Kulke, Dieter (2023): Teilhabe und Inklusion, https://www.bpb.de/themen/inklusion-teilhabe/behinderungen/521497/teilhabe-und-inklusion/

Langer, Rebecca/Stern, Alexander/Schroeder, Sascha (2020): Transfereffekte Kultureller Bildung auf die Persönlichkeit: Forschungsstand und -desiderate, in: Esther Pürgstaller/Sebastian Konietzko/Nils Neuber (Hrsg.): *Kulturelle Bildungsforschung*, Wiesbaden: Springer Fachmedien Wiesbaden, S. 41–53.

Lätzer, Raika (2020): Inklusionsorientierte Anleitung musikalischer Praxis von und mit Kindern, in: KULTURELLE BILDUNG ONLINE: www.kubi-online.de/artikel/teilhabe-kultur-digitalitaet-kinderarmut-chancen-digitaler-bildung, 10.4.2024.

Laven, Rolf (2018): Empowerment im inklusiven ästhetisch-künstlerischen Werkstattunterricht. Aktive Gestaltung statt passiver Teilnahme, in: Manfred Blohm/Andreas Brenne/Sara Hornäk (Hrsg.): *Irgendwie anders: Inklusionsaspekte in den künstlerischen Fächern und der ästhetischen Bildung*, Hannover: fabrico Verlag, S. 113–118.

Lehnerer, Thomas (1994): *Methode der Kunst*, Würzburg: Königshausen und Neumann.

Leuerer, Nathalie/Fuchs, Sarah/Weber, Annette Dorothea (2022): Handreichung zur Community Art. Konzeption-Methodik-Erfahrung. COMMUNITYartCENTERmannheim, vom 2022.

Lindner, Werner (2021): Didaktik der Offenen Kinder- und Jugendarbeit: Situationen arrangieren, in: Ulrich Deinet/Benedikt Sturzenhecker/Larissa von Schwanenflügel/Moritz Schwerthelm (Hrsg.): *Handbuch Offene Kinder- und Jugendarbeit*, Wiesbaden: Springer Fachmedien Wiesbaden, S. 1245–1250.

Link, Jörg-W. (2018): Reformpädagogik im historischen Überblick, in: Heiner Barz (Hrsg.): *Handbuch Bildungsreform und Reformpädagogik*, Wiesbaden: Springer Fachmedien Wiesbaden, S. 15–30.

Longobardi, Claudio/Quaglia, Rocco/Iotti, Nathalie O. (2015): Reconsidering the scribbling stage of drawing: a new perspective on toddlers' representational processes, in: *Frontiers in Psychology* 6.

Lützenkirchen, Anne/Leifheim, Petra/Moll, Gabriele/Schmahl, Roman/Wendt, Torsten/Wittig, Annika (2011): *Kunst in der sozialen Arbeit: bildnerisches Gestalten als Interventionsmethode – Theorie und Praxis*, Lage: Jacobs.

Mann, Christine/Schröter, Erhart/Wangerin, Wolfgang (1995): *Selbsterfahrung durch Kunst: Methodik für die kreative Gruppenarbeit mit Literatur, Malerei, und Musik*, Weinheim: Beltz.

Marquardt, Petra/Krieger, Wolfgang (2007): *Potenziale ästhetischer Praxis in der sozialen Arbeit: eine Untersuchung zum Bereich Kultur-Ästhetik-Medien in Lehre und Praxis*, Baltmannsweiler: Schneider-Verlag. Hohengehren.

Maset, Pierangelo (1995): *Ästhetische Bildung der Differenz: Kunst und Pädagogik im technischen Zeitalter*, Stuttgart: Radius-Verlag.

Matzke, Annemarie (2013): Künstlerische Praktiken als Wissensproduktion und künstlerische Forschung, in: KULTURELLE BILDUNG ONLINE: www.kubi-online.de/artikel/teilhabe-kultur-digitalitaet-kinderarmut-chancen-digitaler-bildung, 21.3.2024.

Mechler-Schönach, Christine/von Spreti, Flora (2005): „FreiRaum": Zur Praxis und Theorie der Kunsttherapie, in: *Psychotherapeut* 50, 3, S. 163–178.

Meis, Mona Sabine/Mies, Georg-Achim (Hrsg.) (2018): *Künstlerisch-ästhetische Methoden in der Sozialen Arbeit: Kunst, Musik, Theater, Tanz und digitale Medien*, Stuttgart: Verlag W. Kohlhammer.

Menrath, Stefanie Kiwi (2022): Kreativressource, sozialer Kitt oder (selbst-)kritische Kulturproduktion?: Kulturarbeit zwischen Subjekt und Gesellschaft, politischen Erwartungen und Eigenwert, in: *Sozial Extra* 46, 6, S. 435–440.

Menzen, Karl-Heinz (2017): *Heil-Kunst: Entwicklungsgeschichte der Kunsttherapie*, Freiburg/München: Verlag Karl Alber.

Mitchell, W. J. T./Frank, Gustav/Jatho, Heinz (2013): *Bildtheorie*, Frankfurt a.M.: Suhrkamp.

Mollenhauer, Klaus (1996): *Grundfragen ästhetischer Bildung: theoretische und empirische Befunde zur ästhetischen Erfahrung von Kindern*, Weinheim/München: Juventa Verlag.

Mommertz, Anne (2015): Tunnelkultur, in: Lilo Schmitz (Hrsg.): *Artivismus: Kunst und Aktion im Alltag der Stadt*, Bielefeld: transcript, S. 69–80.

Müller, Marion G./Geise, Stephanie (2015): *Grundlagen der visuellen Kommunikation*, Konstanz: UVK Verlagsgesellschaft mbH.

Myers, Rhea (2023): „Die Blockchain faszinierte mich sowohl technisch als auch kulturell". Die Kryptokünstlerin im Gespräch mit Tilman Baumgärtel, in: *Kunstforum International* 290, S. 182–193.

Nett, Nadine (2019): Kreativität – was ist das überhaupt?, in: Julia Sophie Haager/Tanja Gabriele Baudson (Hrsg.): *Kreativität in der Schule – finden, fördern, leben*, Wiesbaden: Springer, S. 3–22.

Nettke, Tobias (2017): Was ist Museumspädagogik? – Bildung und Vermittlung in Museen, in: KULTURELLE BILDUNG ONLINE: www.kubi-online.de/artikel/teilhabe-kultur-digitalitaet-kinderarmut-chancen-digitaler-bildung, 10.4.2024.

Neuenfeld, Jörg (2005): *Alles ist Spiel: zur Geschichte der Auseinandersetzung mit einer Utopie der Moderne*, Würzburg: Königshausen & Neumann.

Nichols, Catherine (2021): Utopie heißt ja der Plan. Unruhig bleiben mit Joseph Beuys, in: *Kunstforum International* 275, S. 120–125.

Niederreiter, Lisa (2021): *Kunst, Bildung und Bewältigung: Kunsttherapie in pädagogischer und psychosozialer Praxis*, Stuttgart: Verlag W. Kohlhammer.

Nieding, Gerhild/Ohler, Peter (2013): Bildverstehen, Entwicklung, in: Markus A. Wirtz (Hrsg.): *Dorsch Lexikon der Psychologie*, Verlag Hans Huber, S. 364.

Niehoff, Rolf (2006): Bildkompetenz. Begriffsklärung, Diskussionsstand und Probleme, in: Johannes Kirschenmann/Frank Schulz/Hubert Sowa (Hrsg.): *Kunstpädagogik im Projekt der allgemeinen Bildung*, München: kopaed, S. 239–243.

Noack, Winfried (2007): Das Phänomen der Unsichtbarkeit in der Sozialen Arbeit, in: *Soziale Arbeit* 56, 4, S. 122–129.

Nünning, Ansgar (2009): Vielfalt der Kulturbegriffe, in: https://www.bpb.de/lernen/kulturelle-bildung/59917/vielfalt-der-kulturbegriffe/, 12.4.2024

Otabe, Tanehisa (2018): Die „Einbildungskraft“ und der „innere Sinn“. Kants „Kritik der Urteilskraft“ aus der Sicht der Aisthetik, in: *Aesthetics* 21, S. 1–12.

Otto, Ulf (2013): Mimesis, in: KULTURELLE BILDUNG ONLINE: www.kubi-online.de/artikel/teilhabe-kultur-digitalitaet-kinderarmut-chancen-digitaler-bildung, 15.5.2024.

Packard, Sandra (1976): Jane Addams Contributions and Solutions for Art Education, in: *Art Education* 29, 1, S. 9.

Pankofer, Sabine (2000): Empowerment – eine Einführung, in: Tilly Miller/Sabine Pankofer (Hrsg.): *Empowerment konkret! Handlungsentwürfe und Reflexionen aus der psychosozialen Praxis*, Stuttgart: Lucius und Lucius, S. 7–22.

Panofsky, Erwin/Höck, Wilhelm (2002): *Sinn und Deutung in der bildenden Kunst*, Köln: DuMont Literatur-und-Kunst-Verlag.

Pauen, Sabina/Siegler, Robert/Eisenberg, Nancy/DeLoache, Judy/Saffran, Jenny (2016): *Entwicklungspsychologie im Kindes- und Jugendalter*, Berlin/Heidelberg: Springer.

Peez, Georg (2022): *Einführung in die Kunstpädagogik* (=Grundrisse der Erziehungswissenschaft), Stuttgart: Verlag W. Kohlhammer.

Pettersson, Rune (2013): *Information Design: An introduction*, John Benjamins Publishing Company.

Pfeifer, Corinna (2017): Zum Zusammenhang zwischen Flow-Erleben und Stress im Kontext von Leistung und Wohlbefinden, in: Michaela Brohm-Badry/Corinna Peifer/Julian M. Greve/Falko Rheinberg (Hrsg.): *Positiv-Psychologische Forschung im deutschsprachigen Raum – State of the Art*, Lengerich, Westf.: Pabst Science Publishers, S. 18–36.

Piontek, Anja (2018): Partizipation und Museum: Spannend und spannungsreich zugleich, in: KULTURELLE BILDUNG ONLINE: www.kubi-online.de/artikel/teilhabe-kultur-digitalitaet-kinderarmut-chancen-digitaler-bildung, 1.6.2024.

Preuß, Kristine/Hofmann, Fabian (2019): Der Erfahrung Raum geben: Vorschläge zur Theoriebildung in der Kunstvermittlung und Museumspädagogik, in: KULTURELLE BILDUNG ONLINE: www.kubi-online.de/artikel/teilhabe-kultur-digitalitaet-kinderarmut-chancen-digitaler-bildung, 10.5.2024.

Ratzinger, Gudrun/Thalmeir, Franz (2020): Ausstellen als...Bilder eines künstlerischen Handlungsfelds, in: *Kunstforum International* 270, S. 50–66.

Reckwitz, Andreas (2016): *Kreativität und soziale Praxis: Studien zur Sozial- und Gesellschaftstheorie* (=Sozialtheorie), Bielefeld: transcript.

Reichenbach, Roland/Meulen, van der, Nicolaj (2010): Ästhetisches Urteil und Bildkompetenz. Einleitend zum Thementeil, in: *Zeitschrift für Pädagogik* 56, S. 795–805.

Reinwand-Weiss, Vanesa-Isabelle (2020): Kulturelle Bildung als Bildung für nachhaltige Entwicklung? Impulse für die Verbindung zweier normativer Ansätze und Praxen, in: KULTURELLE BILDUNG ONLINE: www.kubi-online.de/artikel/teilhabe-kultur-digitali taet-kinderarmut-chancen-digitaler-bildung, 1.4.2024.

Reinwand-Weiss, Vanessa-Isabelle (2013): Künstlerische Bildung – Ästhetische Bildung – Kulturelle Bildung, in: KULTURELLE BILDUNG ONLINE: www.kubi-online.de/artikel /teilhabe-kultur-digitalitaet-kinderarmut-chancen-digitaler-bildung, 18.3.2024.

Rice, Danielle (1988): Vision and Culture: The Role of Museums in Visual Literacy, in: *The Journal of Museum Education* 13, 3, S. 13–17.

Richter, Hans-Günther (1988): *Die Kinderzeichnung: Entwicklung, Interpretation, Ästhetik*, Düsseldorf: Schwann.

Richter-Reichenbach, Karin-Sophie (1992): *Identität und ästhetisches Handeln: präventive und rehabilitative Funktionen ästhetischer Prozesse*, Weinheim: Dt. Studien-Verlag.

Richter-Reichenbach, Karin-Sophie (1996): *Männerbilder, Frauenbilder, Selbst Bilder: Projekte, Aktionen, Materialien zur ästhetisch-kreativen Selbsterkundung*, Aachen: Shaker.

Riegl, Alois (2018): *Der moderne Denkmalkultus*, Bremen: inktank publishing.

Saint-Exupéry, Antoine de (2002): *Die Stadt in der Wüste*, Düsseldorf: Karl Rauch Verlag.

Schäfer, Gerd E. (2006): Kinder sind von Anfang an notwendig kreativ, in: Hildegard Bockhorst (Hrsg.): *Kinder brauchen Spiel & Kunst: Bildungschancen von Anfang an – Ästhetisches Lernen in Kindertagesstätten*, München: kopaed, S. 37–50.

Schäfer, Gerd E. (2016): *Bildungsprozesse im Kindesalter: Selbstbildung, Erfahrung und Lernen in der frühen Kindheit*, Weinheim/Basel: Beltz Juventa.

Schaper, Florian (2012): *Bildkompetenz: Kunstvermittlung im Spannungsfeld analoger und digitaler Bilder*, Bielefeld: transcript.

Schiller, Friedrich/Berghahn, Klaus L. (2013): *Über die ästhetische Erziehung des Menschen in einer Reihe von Briefen: mit den Augustenburger Briefen*, Stuttgart: Reclam.

Schmitz, Lilo (Hrsg.) (2015): *Artivismus: Kunst und Aktion im Alltag der Stadt* (=Urban Studies), Bielefeld: transcript.

Schneider, Wolfgang/Lindenberger, Ulman/Oerter, Rolf/Montada, Leo (Hrsg.) (2018): *Entwicklungspsychologie*, Weinheim/Basel: Beltz.

Schubert, Sandra/Loderer, Kristina (2019): Wie erkennt man Kreativität?, in: Julia Sophie Haager/Tanja Gabriele Baudson (Hrsg.): *Kreativität in der Schule – finden, fördern, leben*, Wiesbaden: Springer, S. 39–74.

Schulze, Gerhard (2008): *Die Erlebnisgesellschaft: Kultursoziologie der Gegenwart*, Frankfurt a.M.: Campus Verlag.

Schumann-Jung, Bettina (2014): Museumspädagogik im Kindergarten, in: Alfred Czech/Josef Kirmeier/Brigitte Sgoff (Hrsg.): *Museumspädagogik: ein Handbuch: Grundlagen und Hilfen für die Praxis*, Schwalbach/Ts: Wochenschau Verlag, S. 94–104.

Schwiedrzik, Caspar M./Singer, Wolf/Melloni, Lucia (2011): Subjective and objective learning effects dissociate in space and in time, in: *Proceedings of the National Academy of Sciences* 108, 11, S. 4506–4511.

Selle, Gert (1993): *Gebrauch der Sinne: eine kunstpädagogische Praxis*, Reinbek bei Hamburg: Rowohlt-Taschenbuch-Verlag.

Sennett, Richard (2008): *The craftsman*, New Haven: Yale University Press.

Skladny, Helene (2013): *Ästhetische Bildung und Erziehung in der Schule: Eine ideengeschichtliche Untersuchung von Pestalozzi bis zur Kunsterziehungsbewegung*, München: kopaed.

Steigerwald, Claudia (2019): *Kulturelle Bildung als politisches Programm: zur Entstehung eines Trends in der Kulturförderung*, Bielefeld: transcript.

Ströter-Bender, Jutta/Peez, Georg (1998): Zur „Sprache“ des Materials, in: *Kunst+Unterricht* 219, S. 5–12.

Tepe, Peter (2020): Künstlerische Forschung: Was ist das?, in: *w/k – Between Science and Art.*

Toledo Museum of Art (2018): The Art of Seeing Art™, www.toledomuseum.org/education/visual-literacy/art-seeing-art, 1.6.2020.

Treptow, Rainer (2001): *Kultur und soziale Arbeit: Gesammelte Beiträge*, Münster: Votum.

Tunner, Wolfgang (1999): *Psychologie und Kunst: vom Sehen zur sinnlichen Erkenntnis*, Wien/New York: Springer.

UNESCO (1976): *Records of the General Conference*, Paris: United Nations Educational, Scientific and Cultural Organization.

Uzarewicz, Charlotte/Moers, Martin (2012): Leibphänomenologie für Pflegewissenschaft: eine Annäherung, in: 17, 2, S. 101–110.

Voigt, Kirsten Claudia (2015a): „Artivismus", Pragmatismus und Narrativierung. Signaturen einer Kunst als sozialer Praktik, in: *Kunstforum International* 231.

Voigt, Kirsten Claudia (2015b): WochenKlausur. Problemlösung als kreativer Prozess, in: *Kunstforum International* 232, S. 102–108.

Wagner, Ernst (2020): Kunst, Nachhaltigkeit und Bildung, in: Karola Braun-Wanke/Ernst Wagner (Hrsg.): *Über die Kunst, den Wandel zu gestalten: Kultur, Nachhaltigkeit, Bildung*, Münster/New York: Waxmann, .

Wagner, Ernst/Schönau, Diederik (Hrsg.) (2016): *Gemeinsamer Europäischer Referenzrahmen für Visual Literacy: Prototyp*, Münster/New York: Waxmann.

Walch, Johann Georg (1775): *Johann Georg Walchs philosophisches Lexicon*, Leipzig: Gleditschens Buchhandlung.

Weibel, Peter (2021): Digitale Kunst, in: *Informatik Spektrum* 44, 1, S. 19–29.

Welsch, Wolfgang (1991): Gibt es eine postmoderne Ästhetik?, in: Florian Rötzer/Sara Rogenhofer/Jean Baudrillard/Manuela Ott (Hrsg.): *Kunst machen? Gespräche und Essays*, München: Boer, S. 192–216.

Welsch, Wolfgang (1993): *Die Aktualität des Ästhetischen*, München: Fink.

Wick, Rainer (1974): Zur Theorie des Happenings (2. Teil), in: *Kunstforum International* 10, S. 171–194.

Wolf, Claudia Maria (2006): *Bildsprache und Medienbilder: die visuelle Darstellungslogik von Nachrichtenmagazinen*, Wiesbaden: VS Verlag für Sozialwissenschaften.

Zihl, Josef (2012): *Sehstörungen bei Kindern: Visuoperzeptive und visuokognitive Störungen bei Kindern mit CVI*, Wien: Springer.

Zimmer, Renate/Madeira Firmino, Nadine/Menke, Ricarda/Sandhaus, Mareike (2020): *Mit allen Sinnen die Welt erfahren: Themenheft: Nah- & Fernsinne Entwicklung, Bedeutung, Impulse: Natur-Spielplatz Wahrnehmungsförderung im Freien*, Freiburg: Verlag Herder.

Zirfas, Jörg (2023): Normativität der Ästhetischen Bildung, in: KULTURELLE BILDUNG ONLINE: www.kubi-online.de/artikel/teilhabe-kultur-digitalitaet-kinderarmut-chancen-digitaler-bildung, 15.5.2024.

Zirfas, Jörg/Klepacki, Leopold (2013): Die Geschichte der Ästhetischen Bildung, in: KULTURELLE BILDUNG ONLINE: www.kubi-online.de/artikel/teilhabe-kultur-digitalitaet-kinderarmut-chancen-digitaler-bildung, 18.3.2024.

Sachregister

Die Angaben verweisen auf die Seitenzahlen des Buches.

Personenregister

Die Angaben verweisen auf die Seitenzahlen des Buches.

Bereits erschienen in der Reihe
STUDIENKURS SOZIALE ARBEIT

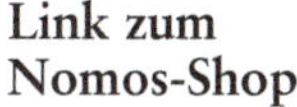

Recht für die Soziale Arbeit
Von Prof. Dr. Thomas Beyer
3. Auflage 2022, 254 S., broschiert,
ISBN 978-3-8487-7285-8

Einführung in die Soziale Arbeit
Von Prof. Dr. Hugo Mennemann, Prof. Dr. Jörn Dummann
4. Auflage 2022, 247 S., broschiert,
ISBN 978-3-8487-7226-1

Sozialpolitik für die Soziale Arbeit
Von Prof. Dr. Thilo Fehmel
2. Auflage 2022, 239 S., broschiert,
ISBN 978-3-8487-8372-4

Psychologie für die Soziale Arbeit
Von Prof. Dr. Barbara Jürgens
2. Auflage 2021, 305 S., broschiert,
ISBN 978-3-8487-6917-9

Pädagogik für die Soziale Arbeit
Von Prof. Annette Ullrich, Ph.D., Prof. Dr. Karin E. Sauer
2021, 189 S., broschiert,
ISBN 978-3-8487-5340-6

Theorien für die Soziale Arbeit
Herausgegeben von Prof. Dr. Michael May, Prof. Dr. Arne Schäfer
2. Auflage 2021, 229 S., broschiert,
ISBN 978-3-8487-7689-4

Soziologie für die Soziale Arbeit
Von Prof. Dr. Klaus Bendel
2. Auflage 2020, 259 Seiten, broschiert,
ISBN 978-3-8487-5050-4